후배
하나
잘 키웠을
뿐인데

당신의 가치는
성과가 아니라
사람에 있다

후배
하나
잘 키웠을
뿐인데

실비아 앤 휴렛 지음

서유라 옮김

부·키

지은이 **실비아 앤 휴렛** Sylvia Ann Hewlett

경제학자이자 휴렛컨설팅파트너스의 CEO이며, 인재혁신센터[CTI]의 설립자 겸 명예회장이다. 경제학계의 오스카상이라 불리는 '싱커스50[Thinkers 50]'에 2회 연속(2013-2014) 이름을 올리고, 2014년 《HR 매거진》에서 '가장 영향력 있는 사상가상[Most Influential International Thinker]'을 수상한 세계적인 리더십 및 인재 개발 분야의 구루다. 《하버드비즈니스리뷰[HBR]》에 17편의 논문을 발표했고, 지금까지 출간한 16권의 저서는 '로버트 F. 케네디 북어워드'를 수상하고, '아마존 최고의 비즈니스 도서' '글로브 앤 메일 최고의 비즈니스 도서'에 선정되는 등 그 가치를 인정받았다. 국내에 소개된 저서로는 《리더의 존재감은 어디서 오는가》와 《직장과 아이, 둘 다 가져라》가 있다. 영국 사우스웨일스의 가난한 탄광 마을에서 태어나 케임브리지대학을 졸업하고, 런던대학에서 경제학 박사 학위를 받았다. 케임브리지와 컬럼비아, 프린스턴대학교에서 학생들을 가르쳤고, 현재는 뉴욕에서 살며 세계경제포럼[WEF], 미국외교협회[CFR]에서 활동하고 있다.

옮긴이 **서유라**

서강대학교 영미어문학과 및 신문방송학과를 졸업했다. 백화점 의류패션 팀과 법률사무소 기획 팀을 거쳐 현재 바른번역 소속 번역가 및 작가, 그리고 유튜브 크리에이터로 활동 중이다. 《태도의 품격》 《인듀어》 《인재로 승리하라》 《트렌드 인사이트 2030》 등을 우리말로 옮겼으며, 에세이 《오늘을 버텨 내는 데는 때로 한 문장이면 충분하니까》 《회사 체질이 아니라서요》 《나와 작은 아씨들》을 펴냈다.

후배 하나 잘 키웠을 뿐인데

2020년 11월 10일 초판 1쇄 인쇄 | 2020년 11월 20일 초판 1쇄 발행

지은이 실비아 앤 휴렛 | 옮긴이 서유라
펴낸곳 부키(주) | 펴낸이 박윤우
등록일 2012년 9월 27일 | 등록번호 제312-2012-000045호
주소 03785 서울 서대문구 신촌로3길 15 산성빌딩 6층
전화 02) 325-0846 | 팩스 02) 3141-4066
홈페이지 www.bookie.co.kr | 이메일 webmaster@bookie.co.kr
제작대행 올인피앤비 bobys1@nate.com
ISBN 978-89-6051-821-6 03320
책값은 뒤표지에 있습니다. 잘못된 책은 구입하신 서점에서 바꿔 드립니다.

이 도서의 국립중앙도서관 출판예정도서목록(CIP)은 서지정보유통지원시스템
홈페이지(http://seoji.nl.go.kr)와 국가자료공동목록시스템(http://www.nl.go.kr/kolisnet)에서
이용하실 수 있습니다. (CIP제어번호: CIP2020046077)

2018년 내가 치유되어 다시 강해질 수 있도록 도와준
사랑하는 남편, 리처드에게 이 책을 바칩니다.

선배 혼자 고뇌하고, 이끌고, 해결하던 시대는 지났다

르브론 제임스, 스티브 잡스, 유재석, 유명 사립대 최연소 대외협력 처장을 지낸 S 교수, 그리고 내가 이전에 몸담았던 회사의 Y 부사장, 이들의 공통점은 무엇일까. 유명인? 글쎄… 앞에 세 사람 정도면 모를까 뒤의 두 사람은 자신의 업에서 어느 정도 성공을 이뤘을 뿐 일반인들이 이름만 대면 알 만한 인기인 축에는 들지 못한다. 부자? 권력자? 역시 마찬가지다. 물론 모두 권력과 부를 어느 정도 거머쥔 인물들이긴 하지만, 그런 범주로 한데 묶기에는 조금 억지스럽다. 그러면 무엇일까? 내가 이들을 하나로 묶은 이유는.

돌아보니 그곳에
후배가 있었다

사실 이들을 한데 묶은 이유는 단순하다. 처음 이 책《후배 하나 잘 키웠을 뿐인데(원제: The Sponsor effect)》의 원고를 받아 들고, '후배 하나 잘 키워서' 성공한 선배라고 할 만한 대표적인 인물을 생각했을 때 내 머릿속에 곧바로 떠오른 사람들이라는 것이다.

미국 프로농구 NBA를 대표하는 스타 플레이어인 르브론 제임스는(이 책의 전반부에도 사례로 등장한다) 자신만의 성공에 만족하지 않고 주변 사람들을 챙겨, 그들을 성공시키는 데 엄청난 노력을 기울인 사람이다. 그가 일주일에 한 번씩 다양한 성별과 나이대의 지인들을 불러 만찬을 즐기며, 이제는 엄청난 유행어가 된 "타코를 먹는 화요일이야!It's taco Tuesday!"를 외치는 영상은 전 세계 SNS 사용자들에게 가장 인기 있는 영상 중 하나가 된 지 오래다. 그 '유명한' 만찬의 고정 멤버였던 매버릭 카터는 르브론의 전폭적인 지원을 발판으로 스포츠 미디어 플랫폼을 설립해 성공적으로 운영하고 있다. 스티브 잡스나 유재석 또한 마찬가지다. 전자는 팀 쿡과 조너선 아이브Jonathan P. Ive를, 후자는 양세형과 조세호와 같은 이들을 성장시켜(혹은 함께 성장하며) 그들을 최고의 자리에 올려놨다.

여러분은 잘 모를 내 지인 S 교수와 Y 부사장 역시 그쪽에 일가견이 있었다. S 교수가 연구실 조교였던 시절, 전공 공부와는 담을 쌓았던 두 학번 밑의 복학생을 달래서 대학원에 진학시키고, 유학까지 주선해서 결국 학과 후배 교수로 만들어 낸 '사건'은 학교에 전설처럼 회자되고 있고, Y 부사장이 비용 집행 문제로 자신을 '들이받았던' 옆 팀 대리를 자신의 직속 팀 중 하나로 이동시켜 결국 팀장으로 승진시킨 일은 여전히 회사에 동화 같은 스토리로 전해진다.

선배가 후배에게 적절한 지원을 제공해 그들을 성장시키는 행위, 또는 후배가 선배에게 긍정적인 영향력을 제공해 동반 성장하는 모습. 이 책은 그간 다소 두루뭉술하고 감정적으로 접근해 왔던 그런 '선후배 관계'에 대해 대규모의 데이터를 수집하고, 냉철한 통계와 분석 작업을 거친 끝에 그 효과를 과학적으로 입증하고, 구체적인 실행 방법을 제시한 '세계 최초의 시도'가 담긴 책이다.

아주 오래된 선입관

그러나 우리나라 사람들에게는 '스폰서' 혹은 그와 유사한 단어에 대해 오래된 선입관이 존재한다. 이른바 학연, 혈연, 지연처럼 인간관계를 통한 인사와 선발 때문에 정작 탁월한 인재가 성장하지 못하고 도태되는 일이 비일비재했고, 이런 '패거리 문화'로 인한 조직 문화의 붕괴, 각종 낭비와 비리 등 그 피해는 꽤 심각했다.

'부장님 라인이냐, 차장님 라인이냐' '누가 누구랑 대학 동문이라더라' 등을 따지는 이른바 '줄 세우기' 문화는 우리 조직에 은밀하지만 강력하게 존재해 왔다. 그러한 상황에서 '선후배 관계' 같은 단어는 부정적인 이미지를 더해 갔고, 오늘날 리더십 분야에서는 금기어로 여겨질 정도였다.

그랬던 '선후배 관계'를 '스폰서십'이라는 개념으로 새롭게 정의하고, 그 효과를 과학적으로 입증해 낸 사람이 바로 이 책의 저자 실비아 앤 휴렛 박사다. 케임브리지대학과 런던대학에서 학위를 받고 컬럼비아대학과 프린스턴대학에서 학생들을 가르쳤던 저자는 40여 년간 전 세계를 누비며 숫자와 통계를 기반으로 리더십과 인적 자원 개발 등을 가르쳐 온 저명한 경제학자다.

14년 전, 나는 라스베이거스 힐튼 호텔에서 개최된 학회에서 휴렛 박사를 만난 적이 있다. 청중을 단번에 매료시키는 에너지 넘치는 모습이 인상적이었는데, 아쉽게도 그의 소식을 다시 들은 것은 6, 7년 전쯤 투병 중이라는 지인의 이야기를 통해서였다. 그러나 역시 그답게 병상을 털고 씩씩하게 일어나더니 일흔이 훌쩍 넘은 나이가 무색하게 이처럼 화끈하고 멋진 메시지를 들고 찾아왔다.

저자의 가장 탁월한 점은 리더십이나 인재 개발 분야에 대한 자신의 견해를 이야기할 때 검증할 수 없는 선언적 명제나 출처를 알 수 없는 사례를 절대 이용하지 않는다는 것이다. 치밀하게 계산된 조사 방법으로 혹자의 눈에는 미련해 보일 만큼 성실하게 자료를 수집한 뒤, 그 데이터를 과학적으로 분석하여 자신의 주장을 입증해 보이는 것이 그만의 남다른 능력이다.

이 책 역시 마찬가지다. 그는 지난 저서에서 멘토링을 대체할 만한, 새로운 선후배 간의 관계 형성 기법이자 리더십 역량으로 '스폰서십'을 제시한 이후 약 6년간의 지난한 노력 끝에 자신의 주장을 명쾌하게 뒷받침할 뿐 아니라 일반인들도 쉽게 실천할 수 있는 '스폰서십의 바이블'을 집필했다. 그를 위해 자신이 설립한 인재혁신센터의 방대한 연구 자료를 일일이 통계 내는 수고를 마다하지 않았으며, 풍부한 인맥을 동원해 유수의 기업 CEO, 중역들과 직접 만나 기업 경영의 현장에서 선후배가 함께 성과를 만들어 낸 사례들을 수집했다. 이 책은 그러한 노력의 오롯한 결실로, 우리가 갖고 있던 선후배 관계에 대한 '아주 오래된 선입관'을 깨부순다.

이제는 멘토르와 텔레마코스를
좀 쉽게 하자

과거 조직에서는 신규 영입 인력을 조기에 육성하는 방법으로 수백 년간 '도제徒弟 방식'을 활용해 왔다. 숙련된 선임을 보고 따라 하며 후배가 스스로 깨우치도록 하는 이 방법은 여러 장점도 있었지만, 인재의 성장 속도가 시대의 변화 속도를 따라가지 못하고, 창의 발현이 제약되는 등 단점도 많았다. 그러면서 도제 방식은 어느 때부터인가 '멘토링'으로 대체되기 시작했다. 그리스 신화 속 등장인물인 오디세우스가 친구 멘토르Mentor에게 자신의 아들 텔레마코스Telemachos의 훈육을 맡긴 이야기에서 모티브를 따온 이 방식은 각 기업에 선풍적으로 퍼졌고, 현재까지도 널리 활용되고 있다. 그러나 시대 변화에 따라 멘토링 역시 그 한계를 드러내고 있다. 일단 멘토가 발휘할 수 있는 역할이 지나치게 소극적이고 제한적인데다 멘토와 멘티의 관계는 일방향으로만 이루어진다. 무엇보다 멘토에게는 부담만 있고 이득은 없어 제도에 대한 몰입도가 떨어지기 때문에 조직에서도 점차 외면받고 있다.

이런 상황에서 우리에게 익숙했던 선후배 관계를 새롭게 정립해 '선배는 후배를 어떻게 체계적으로 육성하고 지원할 것인가', 또 '후배를 통해 선배는 어떻게 성장하는가'를 과학적으로 분석해 이야기하는 이 책은 리더십 개발에 새로운 영감을 불어넣는다.

저자가 제안하는 선후배 사이의 '스폰서십'은 매우 역동적이며, 쌍방향적이라는 특성이 있다. 앞서 언급한 르브론과 카터의 관계, 팀 쿡과 조너선 아이브가 잡스와 애플에 기여한 것, 양세형과 조세호가 제 역할을 톡톡히 하며 유재석을 더욱 돋보이게 한 모습처럼 말이다. S 교수와 Y 부사장 역시 적극적으로 지원한 후배들이 맹활약한 덕분에 성공적인 커리어를 쌓았음은 물론, 조직 내에서도 '사람 보는 안목이 출중하고, 인재를 길러 내는 능력이 탁월하다'는 평판을 얻으며 승승장구할 수 있었다.

저자는 어떤 자리에 있더라도 제대로 된 평가를 통해 적절한 후배를 발굴하고, 체계적으로 육성하며 지원해 '스폰서 효과'를 발휘하면, 우리 모두가 르브론 제임스, 유재석처럼 최고의 자리에 올라서 자신의 가치를 빛낼 수 있다고 주장한다. 특히 코로나19로 촉발된 언택트 시대에는 과거처럼 대규모의 학습이나 연수도 쉽지 않고, 실행한다 해도 그 실효성은 미지수다. 이러한 상황에서 소규모, 일대일 관계를 중심으로 한 스폰서십 활동은 조직의 암묵지를 끊김 없이 계승시키고, 우수한 인재의 이탈을 방지하며, 조직을 끈끈하게 묶어 주는 매우 강력한 도구가 되어 줄 것이다.

현업에 있는 나는 많은 젊은 세대들이 '믿고 의지할 만한 어른다운 어른, 선배다운 선배가 없다'고 불평하고, 기성세대들은 '요즘 후배들은 후배다운 맛이 없어'라며 불만을 이야기하는 것을 종종 목격한다. 이럴 때 선후배 관계의 본질적인 가치와 그것을 제대로 맺는 방법에 대해 깊이 고민해 보는 것은 어떨까. 바로 그 관계에 대해 과학적, 통계학적으로 접근하여 의미 있는 메시지와 실질적인 방법론을 선사해 주는 이 책이 독자에게 이정표가 되어 주리라 믿는다.

신인철
(LG화학 리더십개발팀장, 《링커십》《따라야 따른다》 저자)

차례

추천의 글 **6**

서문: 지금 당신 뒤에는 누가 있는가? **16**

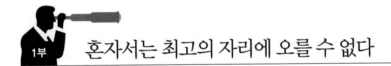

1부 혼자서는 최고의 자리에 오를 수 없다

1장 당신에게는 '내 사람'이 있는가 ··· 23

잘 키운 후배 한 명의 가치 **24** | 우리의 발목을 잡는 리스크들 **29** | 이 책을 100% 활용하는 방법에 대하여 **32**

2장 스폰서십, 한계를 이겨 낸 리더들의 원칙 ··· 39

이미 달콤한 열매를 수확하고 있는 사람들 **40** | 숫자가 모든 것을 증명한다 **44** | 승진 확률을 53% 높여 주는 방법 **48** | 스폰서가 빠지기 쉬운 3가지 함정 **50** | 개인과 조직을 성장시키는 특별한 힘 **56**

3장 잘 키운 후배가 당신에게 가져다줄 보상들 ··· 59

메릴린치가 새로운 시장을 개척할 수 있었던 이유 **60** | 완벽한 내 사람을 확보할 때 일어나는 일 **65** | 당신이 원하는 일이라면 무엇이든지 **70** | 인생 최고의 성과를 보여 줄 기회가 온다 **75** | 밀레니얼 세대와 혁신을 함께한다는 것 **80**

2부

뒤를 밀어줄 인재를 어떻게 찾고 키울 것인가

4장 STEP1 : 어떤 조건의 후배를 찾아야 할까 … 87
민첩성 높은 후배를 선택할 때 벌어지는 일 89 │ 당신의 넓이와 깊이를 확장해 줄 사람을 찾아서 92 │ 완전히 솔직한 사람에게 권위를 덜어 줄 때 98 │ 【실전 활용법】 103

5장 STEP2 : 전혀 다른 성향의 인재를 주목하라 … 107
벼랑 끝에 있던 폭스뉴스를 구해 낸 사람 109 │ "대체 어디서 저 사람을 찾아낸 겁니까?" 117 │ 당신에게는 없고, 그에게는 있는 것 121 │ 【실전 활용법】 124

6장 STEP3 : 야망에 어떻게 불을 지필 것인가 … 127
두 사람이 공동의 이정표를 향해 간다면 129 │ 최악의 상황에서도 어깨를 두드려 주는 사람 132 │ 권한 부여, 빠른 속도로 사람을 성장시키는 기술 136 │ 【실전 활용법】 139

7장 STEP4 : 부족한 것이 있다면 훈련시켜라 … 143
찾고 또 찾는다, 특별한 가치가 보일 때까지 144 │ 매달 화이트보드에서 벌어지는 전쟁 같은 회의 147 │ 일천한 스펙이라면 투자는 더욱 필요하다 150 │ 그들이 서로에게 손을 내민 이유 153 │ 사람을 성장시키는 피드백의 기술 157 │ 【실전 활용법】 162

8장 STEP5 : 과연 그는 당신이 키울 만한 사람인가 … 165
성과를 낸다고 해도 검증은 멈추지 않는다 169 │ 지금이 관계를 끊어야 할 순간은 아닌가? 175 │ 부적절한 행동에는 단호히 칼을 들어라 177 │ 한계인가, 단순한 실수인가 179 │ 조언과 지원에도 그가 반응하지 않는다면 182 │ 【실전 활용법】 186

9장 STEP6 : 이것은 거래다, 그것도 아주 철저한 … 189
신속히 움직일 때 보상은 배가된다 191 │ 무엇을 서로에게 안겨 줄 것인가 194 │ 완전한 적도 눈여겨봐야 하는 이유 198 │ 【실전 활용법】 203

10장 STEP7: 3가지 투자법으로 호혜의 고리를 만들어라 … 207

첫 번째 투자법, 소리 높여 지지하라 209 | 두 번째 투자법, 닫힌 문 안에서 지원하라 213 | 세 번째 투자법, 공중 엄호를 제공하라 215 | 흙 속의 진주를 찾았다면, 무슨 수를 써서라도 파내라 216 | 때로는 원칙과 통념에서 벗어날지라도 219 | **【실전 활용법】 226**

11장 Final: 조직을 키우는 건 '혼자'가 아닌 '함께'의 정신이다 … 229

1. 고무하라, 훈련하라, 투자하라 232 | 2. 조직을 위해 다양한 관점을 확보하라 234 | 3. 잠재력을 간파하고 성장을 촉진하라 236 | 4. 기술 격차에 투자함으로써 새로운 시장을 개척하라 238 | 5. 조직 주도형 스폰서십 프로그램을 설계하라 243 | 6. 조직에는 어떤 보상이 돌아오는가 245

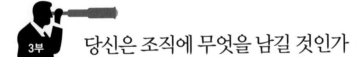

3부 당신은 조직에 무엇을 남길 것인가

12장 #미투를 넘어서면 얻을 수 있는 것들 … 249

합의된 이성관계조차 위험한 이유 252 | 조심하되, 포기하지는 마라 254 | #미투 시대에도 흔들림 없는 관계를 구축하는 방법 257

13장 사람, 리더가 남길 수 있는 최고의 유산 … 263

잘 키운 후배에서 조직의 후계자로 265 | 존 스컬리는 왜 애플의 CEO 자리에서 내려왔나 274 | 자신을 키워 준 사람을 배신하다 275 | 팀 쿡이 우리에게 말해 주는 것들 277 | 한 세기 동안 살아남은 유산 280

책을 마치며 284 | 감사의 말 287 | 주 289

지금 당신 뒤에는
누가 있는가?

당신에게 자원을 제공하는 사람이 있는가? 당신의 뒤를 받쳐 주는 조력자가 있는가? 당신의 브랜드를 빛내 주고 역량을 확장시켜 주는 이가 있는가? 당신의 시야를 넓혀 주는 충실한 보좌관이 있는가?

만약 이 질문 중 하나에라도 '아니요' 혹은 '잘 모르겠어요'라는 대답이 나온다면, 당신이 조직의 꼭대기로 올라갈 확률은 지극히 낮으며 행여 그곳에 도달한다고 해도 능력을 제대로 펼칠 가능성은 매우 낮다.

농구계의 슈퍼스타 르브론 제임스를 떠올려 보자. 많은 스포츠 스타와 마찬가지로 그에게는 명성을 쌓는 동안 쭉 함께해 온 오랜 친구들이 있다. 하지만 보통 스타들과 달리, 그는 단순히 친구들에게 돈을 뿌리는 데 그치지 않았다. 르브론은 그들을 학교에 보내고 인턴십 프로그램에 참가시키며 경영과 마케팅 기술을 익히도록 했다. 두 가지 모두 르브론 자신은 갖지 못한 기술이었다. 그 결과 그의 죽마고우 리치 폴Rich Paul은 스포츠 전문 에이전시 클러치 스포츠 그룹Klutch Sports Group의 대표가 되었으며 또 다른 친구 매버릭 카터Maverick Carter는 스프링힐 엔터테인먼트와 디지털 스포츠 미디어 플랫폼 언인터럽티드UNINTERRUPTED를 운영하고 있다. 폴과 카터를 비롯한 르브론의 지인 모임은 그들이 받은 돈을 갚고도 남을 만큼의 보상을 가져왔다. 예를 들어 카터는 2016년 르브론과 나이키 사이에 향후 10억 달러 규모로 성장할 후원 계약을 성사시켰다.[1]

자신이 발굴한 영리한 인재들에게 '투자'할 안목을 갖췄다는 점에서 르브론 제임스는 다른 운동선수들은 물론 수많은 기업 경영자와도 차별화된다. 그는 단순히 연락을 유지하거나 수표 몇 장을 써 주는 것으로 끝내지 않았다. 르브론은 재능 있는 친구들에게 교육과 인맥을 제공하고, 그들에게 힘을 실어 주는 '스폰서'가 되었다. 자신이 직접 할 수 없는 일을 발 벗고 도와줄 사람, 르브론이 농구 코트를 떠난 후에도 오랫동안 성공적이고 영향력 있는 인사로 남을 수 있도록 유망한 사업 기회를 찾아내고 그것을 성장시켜 줄 능력 있고 충성스러운 인물을 찾아내 그들을 '프로테제(피후원자)'로 키워 낸 것이다.

성공한 사람들은 제아무리 똑똑하고 열정적인 인재에게도 주어진 시간과 정력이 유한하다는 사실을 잘 알고 있다. 모든 일을 혼자 해낼 수 있는 사람은 없다. 비상하고자 하는 리더에게는 르브론 제임스에게 10억 달러 규모의 계약을 따내 준 매버릭 카터처럼 시야를 넓혀 주고, 뒤를 받쳐 주고, 부가 가치를 더해 줄 프로테제가 필요하다.

스폰서십은 이런 기회를 현실로 만들어 줄 선택이다. 스폰서십이란 베테랑 리더, 혹은 신인 리더가 뛰어난 인재의 재능을 검증하고, 그들을 선택하고, 그들의 커리어를 키워 주고, 그 대가로 훗날 커다란 보상을 받는 프로다운 관계를 말한다. 스폰서십은 상호 이익을 추구하는 관계이며, 그런 의미에서 멘토가 멘티에게 '선의에서 우러난' 조언을 짧고 가볍게 제공하는 전통적인 멘토십보다 훨씬 더 깊고 보람 있는 결속을 맺어 준다.

스폰서십에는 스폰서와 프로테제 모두를 위한 약속과 투자가 필요하다. 이 책에서 말하는 스폰서는 후원을 제공할 최고의 인재를 찾아내고, 그들의 역량을 강화시키고, 성장 과정을 감독하고, 그들을 지지하는 데 진지한 관심을 기울이는 사람이다. 프로테제란 뛰어난 성과와 견고한 신뢰를 보이며, 스폰서 개인은 물론 팀과 조직 전체에 가치를 더해 줄, 차별화된 기술을 연마하는 사람을 말한다. 책에서 내내 등장할 말이니 다소 낯설더라도 각인하고 넘어가자.

그런 의미에서 스폰서십의 바탕은 호의나 관용이 아니라 '강력한 리더십 역량'이다. 만약 업무 능력과 영향력을 키우고 더욱 빨리 승진의 사다리를 올라가고 싶은 하급 관리자나 중간 관리자라면 유능한 프로테제를 통해 모자란 기술을 메우고, 복잡한 업무를 나눠 맡고, 필요한 순간마다 정신적 지지를 얻고, 개인 브랜드를 함께 구축할 수 있다. 충성스러운 보좌관을 통해 시야를 조직 전체로 확장하고 싶은 중역 혹은 경영자라면, 잘 키운 프로테제의 도움으로 리더십 기술과 업무 스타일을 보완하고, 정직한 피드백을 받으며, 일과 중에 여유 시간을 확보하고, 다른 역할이나 환경으로 옮겨 간 다음에도 영향력을 유지할 수 있다.

만약 조직의 정상에 오른 리더라면, 그는 이미 스폰서십이 주는 혜택을 잘 알고 있을 것이다. 기업의 고위 임원까지 올라가는 리더들은 대부분 자신의 생산성을 높이며 조직의 다음 세대가 되어 줄 탁월한 인재 그룹에 투자를 아끼지 않는다. 아직도 그들을 찾는 작업에 적극적으로 뛰어들지 않았다면, 지금이 바로 시작할 때다.

1부

혼자서는
최고의 자리에 오를 수 없다

"

스폰서는 특정한 인재의 성장만을
지원하는 사람이 아니다.
그들은 조직의 필요에 따른 인재를 양성하는 동시에
잠재력을 지닌 프로테제의 재능과 역량, 신뢰에 투자함으로써
자기 자신에게 '성공적인 커리어'를 가져다줄
기반을 마련한다.
"

1장

SPONSORSHIP AND THE POWER OF PROTÉGÉS

당신에게는
'내 사람'이 있는가

내가 설립한 싱크탱크 인재혁신센터The Center for Talent Innovation, CTI는 얼마 전 신입 사원부터 최고위 중역에 이르기까지 전국의 정규 사무직 직장인을 대상으로 표본 설문 조사를 실시했다. 여기서 수집한 데이터는 이 책 전체에 걸쳐서 소개할 예정이지만, 우선 그중 한 가지 결과를 인용하고자 한다. 남성의 경우, 지난 2년 사이 조직 내에서 프로테제와 함께한 구성원의 약 38%가 승진한 반면, 그렇지 못한 구성원의 승진 비율은 약 22%에 그쳤다. 전자가 약 73% 높은 확률로 승진에 성공한 것이다. 여성의 경우에는 프로테제 유무에 따른 승진 비율이 각각 27%와 18%가량으로 백분율로 따지면 약 50%라는 스폰서

효과를 확인할 수 있었다.[2]

잘 키운 후배
한 명의 가치

스폰서와 프로테제에 대한 데이터들은 일관된 방향을 가리킨다. 2013년에 나는 책《멘토는 버리고 스폰서를 찾아라Forget a Mentor, Find a Sponsor》를 통해 스폰서가 프로테제에게 주는 효과를 계량화한 적이 있다. 스폰서를 갖춘 남성 구성원이 다음 인사이동 시기에 승진할 확률은 그렇지 못한 동료보다 약 23% 높았으며, 여성 구성원은 약 19% 높았다.[3] 이후에 진행된 후속 연구에서 나는 스폰서십의 혜택이 성별뿐 아니라 지리적, 문화적 요소에 따라 달라진다는 사실을 확인했다. 다국적 기업의 구성원들은 스폰서를 통해 더욱더 커다란 이익을 얻을 수 있었다.

스폰서와 프로테제는 어떻게 서로에게 이토록 큰 가치를 더해 주는 것일까? 다음의 그림에서 확인할 수 있듯이 스폰서십의 투자와 지원 관계는 쌍방향적이다. 양측은 한 배를 타고 동등한 노력을 기울이고, 좌측에 표기된 것처럼 프로테제는 스폰서에게 다양한 도움을 준다. 하지만 스폰서 또한 그에 상응하는 혜택을 보장한다. 자신의 프로테제를 신뢰하고, 그들을 위해 귀중한 정치 자본과 지원을 공급하며, 성공의 길에 종종 따르는 리스크를 감수하고 이른바 '공중 엄

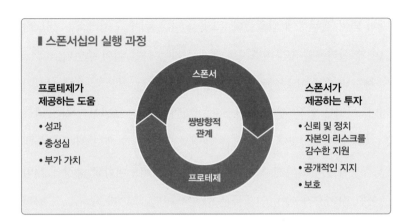

■ 스폰서십의 실행 과정

**프로테제가
제공하는 도움**

스폰서

쌍방향적
관계

프로테제

• 성과
• 충성심
• 부가 가치

**스폰서가
제공하는 투자**

• 신뢰 및 정치
 자본의 리스크를
 감수한 지원
• 공개적인 지지
• 보호

호'를 제공한다.

멘토십과 달리 스폰서십은 스폰서와 프로테제가 서로의 성공을
위해 적극적이고 공개적으로 '함께' 작업하는 위치에 놓는다.

그 상호 간의 헌신과 노력은(차차 알아보겠지만, 이 작업의 상당 부분
은 프로테제, 즉 조력을 받는 후배가 해내야 할 몫이다) 양측 모두에게 도움
이 되는 관계를 만들어 낸다. 미국의 전 재무부 장관이자 하버드대
학교 사상 최연소 정교수, 동시에 저명한 경제학자인 로런스 서머스
Lawrence Summers와 페이스북 최고운영책임자COO 셰릴 샌드버그Sheryl
Sandberg의 사례를 들어 보자. 샌드버그가 하버드대학교 3학년에 재학
중이던 1990년, 존경받는 교수였지만 당시만 해도 해당 분야 밖에서
는 이름이 잘 알려지지 않은 인물이었던 서머스는 제자의 가치와 잠
재력을 알아보고 그에게 기회를 제공했다. 연구조교로 선발된 샌드
버그는 서머스를 따라 세계은행에 들어갔고, 그다음에는 수석 보좌

관이 되어 재무부에 입성했다. 그곳을 나온 뒤에도 서머스는 샌드버그에게 실리콘밸리의 비즈니스 세계로 가는 문을 열어 주었다.

샌드버그가 이 관계로부터 도움을 받았다는 것은 분명한 사실이지만, 이익을 얻은 것은 서머스도 마찬가지였다. 초반부터 샌드버그는 매우 유능한 '넘버 2' 역할을 해냈고, 독립한 후에도 서머스에 대한 충성심을 확고하게 유지했다. 몇 년 후 하버드대학교 총장에 재임 중이던 서머스가 여성 인재들은 STEM(과학Science, 기술Technology, 공학Engineering, 수학Math의 준말로, 융합형 인재를 양성하기 위한 교육 정책-옮긴이) 분야에 적합하지 않다는 취지의 발언을 했다며 비난받을 때, 샌드버그는 성공한 여성 중역으로 성장해 메가폰을 잡고 그가 여성 인재에 대한 지원을 아끼지 않는 사람이라고 주장하며 적극적으로 변호했다. 서머스에 대한 그의 옹호 발언은 이후에도 계속됐다.[4]

스폰서십의 이런 '호혜적 특성'은 단순한 멘토십뿐 아니라 일반적인 기업의 리더십 개발 과정과도 확연히 차별된다. 스폰서는 특정한 인재의 성장만을 지원하는 사람이 아니다. 그들은 조직이 필요로 하는 인재를 양성하는 동시에 잠재력을 지닌 프로테제의 재능과 역량, 신뢰에 투자함으로써 자기 자신에게 성공적인 커리어를 가져다줄 기반을 마련한다. 스폰서 역할을 효과적으로 해낸다면 단기적으로는 가치 상승과 생산성 향상을 통해서, 중장기적으로는 신뢰와 충성심 확보를 통해서 더 나은 리더가 될 역량을 키울 수 있다.

미국 시카고에 기반을 둔 유명 투자회사 아리엘 인베스트먼트Ariel

Investments가 설립되었을 무렵, 멜로디 홉슨Mellody Hobson은 이제 갓 대학을 졸업한 인턴 사원에 불과했다. 얼마 지나지 않아 높은 야망과 열정을 가진 그는 회장 겸 CEO인 존 로저스John Rogers의 눈에 띄었다. 기회를 직감한 홉슨은 CEO의 지지에 더욱 성실한 태도로 보답했다. 그는 한 인터뷰에서 자신은 로저스의 '메뚜기'가 되어 그가 필요로 하는 곳이라면 어디든 뛰어다니며 최선을 다했다고 말했다.

홉슨이 사용한 표현에 강렬한 인상을 받은 나는 그에게 구체적으로 어떤 일들을 했는지 더 자세히 알려 달라고 요청했다. 그는 로저스 밑에서 정확히 무슨 업무들을 했던 걸까? 나의 질문에 홉슨은 잠시 생각에 잠기더니 자신은 로저스의 요구를 미리 예측해서 그의 시간을 절약하고, 그가 자신의 동력을 효율적으로 활용할 수 있게 해 줌으로써 더욱 영향력 있는 리더이자 경영자가 될 수 있도록 도왔다고 말했다. 홉슨은 이와 더불어 로저스에게 새로운 마케팅 아이디어를 제시하는 것을 자신의 핵심 역할로 삼았다. 그는 특히 자신과 같은 아프리카계 미국인 여성에게 어필하는 전략을 수립하는 데에 두각을 나타냈는데, 이 그룹은 로저스의 회사가 처음부터 타깃층으로 잡았던 대상이었다. 홉슨이 성공적으로 이루어 낸 시장 개방은 이후에도 수년간 기업의 성장에 큰 도움이 되었다.

홉슨은 자신이 로저스에게 제공한 남다른 헌신의 바탕에는 단순한 격려나 승진 이상의 이유가 있었다고 강조했다. 로저스는 그를 고무시키는 존재였다. 홉슨은 과거에도 지금도 로저스의 비전과 그가 아리엘 인베스트먼트에서 창조한 것들에 대한 열렬한 지지자다. "미국에서 가장 성공한 소수자가 소유한 투자회사의 사명에 완전히 동화되는 것은 어려운 일이 아니었어요"라고 그는 설명했다.

홉슨은 로저스를 위해 자원을 조달했고, 로저스 또한 자기 자리에서 할 수 있는 모든 지원을 그에게 해 주었다. 만 31세의 나이에 사장으로 승진한 홉슨은 현재까지 그 직함을 유지하고 있다.

프로테제는 스폰서를 돕고, 스폰서는 그 조력에 대해 보상한다. 이러한 상호 교환 관계는 스폰서와 프로테제 모두에게 정상으로 가는 사다리를 만들어 주고, 양측을 그 위에 올려놓고 번영을 맛볼 수 있게 해 준다. 성공을 원한다면 유능한 스폰서가 되어 제대로 된 후보를 찾아내고, 적절한 지원을 그들에게 제공함으로써 빛나는 인재로 성장시켜야 한다.

이렇게 하기 위해서는 재능을 발굴하는 전략이 필요하다. 그 전략을 통해서 당신과 다른 역량을 가진, 당신에게 부족한 부분을 채워줄 프로테제를 찾아내야 한다. 그 뒤에도 해당 인재가 당신과 조직에 장기적으로 충성할 수 있도록 동기를 부여하고, 소프트 스킬(리더십, 문제 해결 능력, 의사소통 능력을 비롯해 단순 지표로 측정하기 어려운 인재의 역량-옮긴이)을 중심으로 그들에게 부족한 역량을 가르치고, 그들이 자신의 잠재력을 제대로 끌어내고 있는지 평가해야 한다. 그리고 이렇게 당신의 에너지를 전폭적으로 투자하기 전에 이 거래가 무엇을 의미하는지 분명히 밝혀야 한다.

이 책이 제공하는 건 바로 그 강력한 스폰서십 관계를 구축하고 그것을 통해 특별한 보상을 얻어 낼 수 있는 매뉴얼이다. 제대로 된 스폰서십은 수년, 수십 년에 걸쳐 이익을 회수하는 성공적인 '장기 투자'라 할 수 있다.

■ 우리의 발목을 잡는 리스크들

스폰서십이 가져다주는 힘의 이면에는 일정 수준의 리스크도 있다. 멘토십의 경우, 만약 당신이 호의를 베푸는 멘티가 실망스러운 성과를 보인다 해도 당신에게 책임을 묻는 사람은 없을 것이다. 사실 둘 사이의 관계를 제대로 아는 사람 자체가 거의 없을 확률이 높다. 하지만 만약 당신이 공개적으로 시간과 책임, 평판과 자본을 투자한 당신의 프로테제가 조직을 실망시킨다면 어떤 상황이 펼쳐질까? 어쩌면 당신이 투자한 인재가 핵심적인 역량을 키우지 못하고, 중요한 주주들에게 깊은 인상을 남기지 못하고, 당신의 짐을 덜어 주지 못할 수 있다. 이 경우 당신의 생산성과 브랜드에 손상을 입힐 위험이 생긴다.

리스크는 이것으로 끝나지 않는다. 만약 당신의 후원 덕분에 권력을 얻게 된 프로테제가 당신의 신뢰를 배반하고 등을 돌린다면? 이런 상황을 맞닥뜨릴 경우 성공은 물론이고 조직 내에서 당신의 자리마저 위협받을 수 있다.

엄청난 잠재적 이익의 뒷면에 도사리고 있는 리스크를 고려할 때, 프로테제는 스폰서에게 자기 자신을 증명할 필요가 있다. 좀 더 자세히 얘기하자면, 자신의 잠재력은 무엇이고 또 충성심이 어느 정도인지 분명하게 보여 주지 않는 한, 그 어떤 스폰서도 그를 자신의 프로테제로 삼지 않을 것이란 뜻이다. 스폰서 또한 거래를 성사시키고 자신의 귀중한 힘과 자본을 완전히 쏟아붓기 전에 잠재적 프로테제 후보들을 발굴하고, 격려하고, 가르치고, 그들을 검증하는 데에 힘과 노력을 쏟아야 한다.

미국 선거 캠페인의 러닝메이트인 대통령과 부통령 후보는 스폰서십의 가장 궁극적인 형태라고 할 수 있다. 이 관계의 기본적인 바탕은 신뢰지만, 그 외에도 해당 부통령 후보가 캠프에 성과와 충성심을 보여 주고, 가치 상승을 가져다주리라는 확신이 있어야만 성립될 수 있다.

선거 운동 기간 중 부통령 후보는 토론과 유세에서 효과적으로 대리 역할을 수행하고(성과), 당의 이념적 분열을 해소하고 지리적 다양성을 확보하며(가치 상승), 늘 대통령 후보의 의견과 요구에 부응함으로써(충성) 캠프의 선봉에 있는 후보가 표심을 확보하는 데에 도움을 주어야 한다.

만약 그 대통령 후보가 당선된다면, 부통령에게는 스포트라이트가 쏟아지고 동시에 아주 민감한 정보에까지 접근할 수 있는 권한을 손에 쥘 수 있다. 무엇보다 중요한 것은 그가 국가에서 가장 높은 자리로부터 딱 한 걸음 떨어진 곳까지 올라갔다는 사실이다.

지난 2018년 사망한 존 매케인John McCain 상원의원은 2008년 대통령 선거에 출마하면서 거의 알지도 못하는 여성인 세라 페일린Sarah Palin을 러닝메이트로 선택했다. 페일린은 충성심을 제외한 그 어떤 자질도 증명하지 못한 채 선거 운동에 악영향을 미쳤다. 현재는 그가 매케인 의원의 정치적 유산에 흠집을 남겼다는 평가가 일반적인 중론이다. 후원자가 인재를 제대로 평가하지 못하고, 그 능력을 개발하지 못하면 이런 일이 생기고 만다.

그러나 조지 W. 부시 전 대통령과 콘돌리자 라이스의 관계는 페일린의 예와 대조적이다. 부시는 대선 출마를 막 준비할 무렵인 1998년에 아버지를 통해 라이스를 소개받았다. 몇 년 후, 두 사람은 스폰서십 관계로 발전했고, 라이스는 부시의 가장 신뢰받는 외교 정책 조언자면서 그 외 분야에서도 믿을 수 있는 고문으로 활약했다. 자기 자신의 어젠다만 주장하는 정치인들이 득실대는 백악관에서(물론 그것이 백악관의 본질이긴 하지만) 부시는 라이스가 남들과 다른 어젠다를 가졌다는 사실을 알고 있었다. 라이스의 어젠다는 바로 부시의 어젠다를 따르는 것이었다. 라이스가 국무부 장관으로 재임해 있을 때 열린 외교관 회의에서 부시는 "우리는 완벽하게 일치합니다"라며 "그가 어떤 발언을 하면, 사람들은 그것이 나를 위한 발언이라는 사실을 압니다"라고 말했다.[5] 라이스 장관은 부시 대통령의 외교 정책 수립을 보조했을 뿐 아니라 아프리카 원조 정책을 유도함으로써 정적들마저 인정할 수밖에 없는 그의 유산을 확고히 세우는 데 큰 기여를 했다.[6]

스폰서의 유산에 기여하는 프로테제의 역할은 비즈니스 세계에서도 중요한 영향을 미친다. 후원하는 프로테제의 역량에 따라 당신이 조직의 높은 자리까지 올라간 뒤에 은퇴를 맞이하게 될지, 또는 여전히 조직에 남아서 제 역할을 하고 있는 프로테제 덕분에 새로운 기회를 얻게 될지 결정된다. 이 책의 후반부에서 나는 이 유산이 얼마나 큰 보상을 가져다주는지 그 면면을 보여 줄 예정이다. 오랜 세월 자신을 보좌한 후임에게 배턴을 넘긴 국제적인 회계법인 언스트 앤 영Ernst & Young의 스티브 하우Steve Howe 경영 파트너 겸 미국 명예 회장의 사례, 자신의 죽음 이후에도 애플이 탄탄한 리더십을 유지할 수 있도록 만든 스티브 잡스의 사례, 1919년에 떨쳤던 영향력을 현재까지도 유지하고 있는 어느 경제학자의 사례를 통해서 스폰서십이 당신의 비전을 장기적으로 지속시켜 줄 열쇠임을 알게 될 것이다.

■ 이 책을 100% 활용하는 방법에 대하여

나는 다양한 통계 자료와 현직 CEO와의 인터뷰를 비롯한 실제 사례를 적극 활용하여 스폰서십이 실제 비즈니스 환경에서 어떤 역할을 하는지, 당신과 조직에 어떤 식으로 보탬이 될지, 어떻게 하면 동반되는 위험을 피하고 이익을 오래 유지할 수 있는지 보여 줄 것이다. 이 책은 인재혁신센터의 연구 데이터를 통해 서로 다른 도구와 전략이 스폰서의 광범위한 목표 달성에 어떤 도움을 주는지(혹은 주지 않는지) 밝힐 뿐 아니라 스폰서–프로테제 그룹과의 심층 인터뷰를 기반으로 한 구체적인 사례들을 담고 있다. 그 자료와 이야기를 따라가는 과정에서 당신은 어떻게 각 리더들이 자신과 조직에 새로운 기회를 가져다줄 프로테제를 발굴하고 친밀한 관계를 맺었는지, 이를 통해 자신의 영향력을 어떻게 강화하고 비전을 현실화했는지 알게 될 것이다.

2장에서는 스폰서십의 본질적인 특성을 이 관계가 선사하는 주요 혜택과 그에 대한 데이터와 함께 설명한다. 스폰서의 시야를 가로막아서 스폰서십의 이점을 놓치게 만드는 일반적인 실수들 또한 상세히 알려 줄 것이다.

3장은 스폰서십이 제공하는 특정한 보상에 초점을 맞춘다. 프로테제는 스폰서의 생산성과 영향력의 도달 범위를 더욱 넓게 확장시키고, 결과적으로 그들이 더 높은 곳으로 더 빨리 나아갈 수 있는 환경을 마련한다. 스폰서–프로테제 관계가 모든 경제 영역에서 커리어의 발전을 가져올 수 있다는 사실을 증명하기 위해 금융 서비스와 미디어, 엔터테인먼트, 그리고 기술 업계의 예시를 다양하게 활용했다.

이 책의 핵심인 2부에서는 스폰서를 위한 단계별 매뉴얼을 제시한다. 이는 아래에 간략하게 요약해 놓은 '효과적인 스폰서십을 위한 7단계 전략'의 구체적인 사용 설명서다. 가치를 극대화하기 위해서뿐 아니라 리스크를 줄이기 위해서 각 단계의 세부 사항을 정확히 이해하는 것이 중요하다. 당신이 누군가의 스폰서가 된다는 건, 다시 말해서 당신의 커리어를 누군가와 단단히 연결한다는 건 그 누군가가 당신이란 브랜드를 이마에 써 붙이고 돌아다니게 허락한다는 뜻이다. 그때 어떻게 하면 리스크를 조절할 수 있을까? 어떤 도구와 전술이 최고의 효과를 가져다줄까? 각 단계를 어떻게 실전에 적용할 수 있을까? 이 질문들에 대한 대답은 2부에서 확인할 수 있다.

각 장의 마지막에는 언제든 펼쳐 볼 수 있도록 성공적인 스폰서 관계를 구축한 결과로 자신의 커리어를 강화하고, 조직 발전을 이끌어 낸 리더들의 인터뷰, 그리고 객관적인 설문 조사 데이터를 요약 정리한 실전 활용법을 배치해 두었다.

효과적인 스폰서십을 위한 7단계 전략

1단계: 잠재적인 프로테제 후보를 물색하라.
업무 성과와 충성심에서 출발하여 당신이 해당 인재에게서 얻고자 하는 '재능'이 무엇인지 파악하라.

2단계: 다양한 관점을 확보하라.
성향이나 관점, 성별, 나이, 민족성, 경험, 배경 면에서 당신과 '다른' 인재를 찾아라.

3단계: 성과와 충성심을 고무하라.
프로테제에게 당신의 가치관을 공유하고, 그들의 열정과 야망에 불을 지펴 앞으로 나아가게 만들어라.

4단계: 부족한 기술을 훈련시켜라.
업무 지식이든 소프트 스킬이든, 프로테제가 필요한 역량을 적절히 개발할 수 있도록 견인하라.

5단계: 잠재 후보의 자질을 검증하라.
프로테제가 꾸준한 성과를 내고 있는지 주시하고, 무엇보다 그의 신뢰성을 계속해서 확인하라.

6단계: 거래에 착수하라.
그를 독려하고 교육하고 검증했다면, 이제 당신의 요구를 분명히 밝힌 뒤 서로 가치를 주고받는 쌍방향적 거래 관계에 대해 상세히 알려라.

7단계: 세 가지 방식으로 투자하라.
이제 당신은 이 관계에 '올인'해야 한다. 당신의 정치 자본과 영향력을 전방위적으로 지원하는 동시에 그들이 위험을 무릅쓰고 앞으로 나아갈 수 있도록 보호막을 제공하라.

위의 7단계를 다 하려면 너무 막대한 시간이 소요되지 않을까 의문이 들 수 있다. 게다가 이 책의 독자 대부분에게 시간은 무엇보다 귀한 자원일 것이다. 하지만 이 과정을 성공적으로 수행한다면, 스폰서인 당신은 관계의 초반부터 투자와 보상의 균형을 자신에게 유리한 방향으로 맞출 수 있다. 예를 들어 제대로 고른 프로테제는 즉각적으로 당신의 시간 자원을 확보해 준다. 당신은 그들에게 과중한 업무 중 일부를 인계하면서 더 높은 우선순위의 일에 집중할 여유 시간을 확보할 수 있다.

2부에 담긴 매뉴얼의 마지막 부분에서는 글로벌 회계법인 빅4 중한 곳인 언스트 앤 영의 리더들과 함께 진행한 일대일 인터뷰를 보여주며 7단계 전략을 한 점으로 통합할 것이다. 언스트 앤 영에 소속된 네 쌍의 스폰서-프로테제 그룹을 통해서 우리는 수준 높은 상호보완적 관계가 어떻게 커리어의 중간 지점에 있는 실무자와 승진 사다리의 정점에 있는 중역의 커리어를 탄탄하면서도 세심하게 보완해주는지를 알 수 있다. 이와 더불어 그들의 이야기는 스폰서십을 통해상승한 가치와 그 과정에서 성장한 프로테제의 역량이 결국 조직 전체의 이익으로 이어진다는 것을 증명할 것이다.

3부는 스폰서십이란 퍼즐에 추가적으로 붙어 다니는 두 개의 조각, 다시 말해서 스폰서십의 잠재적인 덫 중 하나인 '성 관련 이슈'(그리고 이와 관련된 두려움들)와 잠재적인 이득에 해당하는 '미래의 유산'에 대해 논의할 것이다. 12장은 오래 곪아 온 문제를 수면 위로 드러내고 사람들에게서 가치 있는 관심을 이끌어 냈지만, 그와 동시에 새로운 불안을 자아내고 있는 '#미투 운동' 시대에 스폰서십을 어떻게 이끌어야 하는지 길잡이를 제공한다. 스폰서십의 핵심은 성별과 세대의 경계를 넘나드는 것이다. 그러지 않으면 뛰어난 자질을 지닌 인재들이 중간에 낙오하거나 기술과 에너지를 무의미하게 낭비하는 사태가 벌어지고 만다. 하지만 적지 않은 리더들이 세간의 이목과 혹시 모를 리스크 때문에 이성 인재와 긴밀한 관계를 맺는 것 자체를 두려워한다. 그들을 위해 12장에는 스폰서십에 꼭 필요한 친밀함을 구축하면서도 부적절한 관계의 암시를 피하는 방법 또한 담겨 있다. 아주 기본적인 몇몇 원칙만 준수한다면, 남성과 여성은 자신의 직업과 명성, 그리고 속한 조직에 아무런 위협을 끼치지 않고 서로를 지지하며, 존중에 기반한 업무 환경을 만들어 갈 수 있다.

13장에서는 당신의 커리어에 성공을 가져다준 스폰서십을 활용해 직업적 유산을 공고히 하는 방법을 보여 주고 이 책을 마무리할 것이다. 후계자를 찾는 CEO든, 역할 변화를 계획 중인 중간 관리자든, 스폰서는 자신이 떠난 후 그 자리를 채운 프로테제가 자신이 조직에서 이룩했던 공헌에 가치를 더하고, 자신의 비전을 오래도록 지속시키기를 원할 것이다. 마지막 장에는 스폰서십이 미래의 평판, 당신의 명예에 미칠 영향에 대한 자료가 담겨 있다. 스폰서의 유산이 어떻게 이 관계가 만들어 낸 강점을 발판으로 빛을 발하는지(혹은 무너지는지) 확인할 수 있는 생생한 사례를 제공할 것이다.

스폰서십의 여정은 처음부터 끝까지 이익으로 가득 차 있다. 이 관계는 당신의 주변을 둘러싼 인재들과 자기 자신의 커리어를 바라보는 관점에 혁신을 선사해 줄 것이다.

자, 이제 본격적으로 출발할 시간이다.

"

인생에서 확신할 수 있는 것은 아무것도 없다.
그러나 이미 정상에 가까워진 이들의
승진 확률을 53% 높이거나
이제 막 성공의 사다리에 진입한 이들에게
167%의 확률로 핵심적인 업무가 주어진다는 것은
스폰서십이 가져다주는 인상적인 '보상'이다.

"

2장

스폰서십,
한계를 이겨 낸 리더들의 원칙

스폰서십은 오랜 기간 적극적으로 이루어지는 '상호 교환적인 투자 관계'다. 젊은 후배를 도움으로써 단순히 '선행'을 베푸는 것도, 아무런 보상도 없이 그들의 재능과 에너지를 착취하는 것도 아니다. 당신은 스폰서로서 인재에게 든든한 지원, 지지, 보호를 제공하고, 그 인재는 당신에게 성과와 능력, 충성, 헌신을 바치는 것이다. 여기에 더해 (당신이 적절한 인재를 알아보고 제대로 성장시킨다면) 프로테제는 당신의 부족한 기술을 보완하고 커리어에 특별한 가치를 더해 준다.

이 장에서는 인재혁신센터의 연구 자료를 통해 스폰서십이 가져다주는 이익과 스폰서들이 흔히 저지르는 일반적인 실수를 알아볼 것이다. 이러한 실수가 발생하는 이유는 성공한 조직의 리더 중 상당수가 스폰서십의 가치를 단순히 직관적으로만 이해하고, 종종 구체적인 매뉴얼이 아니라 본능에 따라 행동하기 때문이다.

스폰서십이 전통적으로, 그리고 노골적으로 존재하는 정치계에서 이 관계가 어떻게 작동하는지 살펴보는 것은 매우 유의미한 작업이다. 차차 알아보겠지만, 우리는 정확히 똑같은 모델을 학계와 비즈니스, 그리고 그 외 모든 분야에 그대로 적용할 수 있다.

■ 이미 달콤한 열매를 수확하고 있는 사람들

정치 세계에 스폰서십이 존재한다는 것은 상식이나 다름없는 명백한 사실이다. 영국의 유명 TV 프로듀서이자 영국 정치계에서 수년 동안 주요 인사로 꼽혔던 트레버 필립스Trevor Phillips의 사례를 살펴보자. 그가 런던 의회 의장과 영국 평등인권위원회CRE 위원장으로 이어진 정치 경력을 대학생 때부터 시작할 수 있었던 것은 스폰서 덕분이었다.

그는 이에 대해 "정치인이라면, 이 패거리에 속한 사람이라면 누구나 그 사실을 알고 있습니다. 당신의 일 중 하나는 누군가를 지원하는 것이고, 그의 일 중 하나는 당신을 돕는 것이죠. 그건 거래예요. 스폰서십은 언제나 거래 관계입니다"라고 말했다.

필립스의 출발점은 1970년대 영국 전국학생연합National Union of

Students 총회에서 연설을 하던 순간이었다. 연설을 마치고 내려온 그에게 찰스 클라크Charles Clarke라는 젊은 남성이 다가왔다. 카리브해 출신 이민자들이 모여 살던, 북런던의 노동자 사회에서 자란 필립스와 달리 클라크는 상류층 집안 출신이었다. 하지만 그는 연설을 하는 필립스의 모습에서 정치적 재능을 한눈에 알아보았다. "당신의 인생이 어떤 모습이길 바랍니까?" 그의 질문에 필립스는 우물거리며 화학과를 졸업한 뒤에 취직을 할 거라면서 미래 계획에 대해 장황하게 대답했다.

그러자 클라크가 물었다. "우리가 당신을 전국학생연합의 집행 위원회 간부로 지명한다면 받아들일 건가요? 당신은 언젠가 회장 자리에 오를 게 분명합니다."

영국에서 전국학생연합이란 중요한 조직이다. 그들은 수백만 명의 학생을 대표하고, 연합 명의의 부동산을 관리하며, 여행업과 요식업, 보험업을 비롯한 사업체를 운영하고, 수천 명의 직원을 고용하고, 수억 달러의 매출을 기록한다. 간부들은 전일제 정규직으로 일하며, 보통 대학 재학 중에 휴학계를 내고 업무를 시작하고 졸업 후에는 곧바로 정식으로 채용된다. 전국학생연합 회장은 영국 전역에 중요한 위상을 가지는 직책이며 대개는 정치 경력을 쌓기 위한 발판으로 활용된다.

당연한 얘기지만, 클라크가 필립스에게 이토록 중요한 기회가 걸린 스폰서십을 한번에 전폭적으로 제공한 것은 아니다. 필립스가 완전히 신뢰를 얻기까지는 2년이란 시간이 걸렸다.

"저는 그를 실망시킬 수도 있었습니다. 실패할 수도 있었고요. 만약 그랬다면 그는 다른 후보들과 마찬가지로 저를 미련 없이 탈락시켰을 겁니다. 제가 지난 몇 년간 저 자신의 프로테제들에게 그렇게 해오고 있는 것처럼 말이죠." 필립스는 자신의 경험에 대해 이렇게 회상했다.

클라크의 선택은 선한 마음에서 우러나온 단순한 호의가 아니었다. 그는 당장 전국학생연합의 회장이 되고 싶었고, 자신의 임기가 성공적으로 이어지길 바랐다. 그에게는 선거 운동 기간 동안 그를 위해 표를 모으고, 당선된 후에는 집행 위원회를 경쟁력 있게 운영할 사람들, 그가 상정한 안건들을 통과시키기 위해서 필요한 여론을 형성해 줄 프로테제들이 필요했다. 이와 더불어 클라크는 자신의 팀에 흑인 구성원이 포함되어 있는 편이 유리하다는 사실을 알고 있었다. "당시 집행 위원회 간부는 전원 백인으로 구성되어 있었지만, 전국학생연합 구성원 중 6분의 1은 유색인종이었습니다. 클라크는 계속 이런 식으로 조직을 이끌어 갈 수는 없다고 말했죠."

2년 후, 필립스는 클라크의 도움을 받아 최초로 흑인 집행 위원회 간부가 되었다. 그와 다른 프로테제들의 헌신 덕분에 클라크는 전국학생연합 회장으로 선출되어 성공적으로 임기를 마쳤다.

필립스는 뛰어난 성과를 보여 주었고, 연합 구성원의 6분의 1인 유색인종과의 연결 고리를 제공하는 추가적인 가치 또한 창출했다.

그뿐 아니라 충성심까지 증명해 낸 그를 클라크는 지속적으로 이끌어 주었다. "저는 클라크로부터 많은 것을 배웠습니다." 필립스는 말했다. "현실적으로 제가 그의 모든 의견에 동의했던 건 아니지만, 그럼에도 그에 대한 지지를 거부한 적은 한 번도 없었습니다."

집행 위원회 간부로 입성한 지 2년 만에 필립스는 그 자신의 표현에 따르면 '찰스의 후계자'로서 회장에 당선되었다. 클라크와 마찬가지로 필립스 또한 전국학생연합 회장직을 정치 경력의 스타트 지점으로 삼았다. 그가 결국 노동당 의원이 될 수 있었던 것 또한 클라크의 소개와 조언 덕분이었다.

1999년 영국 정부가 '런던 시장'이라는 새로운 선출직을 만들었을 때, 필립스는 출마를 진지하게 고민했다. 당시 교육부 장관 자리에 있던 그의 오랜 스폰서는 이번에도 필립스에게 지지와 후원을 약속했다. "클라크는 제 출마에 반대했습니다. 그 자리를 실권도 거의 없는 명예직이라고 판단했기 때문이죠. 그는 제가 계속 의회에 남아 있기를 바랐어요. 하지만 그렇게 판단하면서도 이렇게 말해 주었습니다. '그렇지만 자네가 출마하기로 결정한다면, 나는 무조건 지지할 걸세'라고 말입니다."

결국 필립스는 출마를 포기했지만, 그 대신 클라크의 지지에 힘입어 런던 의회의 의장직에 올랐다. 그 후 정치판을 떠난 그는 TV 프로듀서 겸 방송인으로 돌아가 커다란 성공을 거뒀다. 그곳에서 필립스는 여전히 자신을 후원해 주는 오랜 스폰서를 도울 수 있었다.

"다수의 저널리스트들이 클라크의 반대파를 대놓고 지지하던 그 시기에 저는 클라크와 정부 측에 더 많은 편성과 공정한 청문회 기회를 제공할 수 있었습니다"라고 필립스는 말했다.

간단하게 말하면 이렇다. 클라크는 필립스를 도왔고, 필립스는 클라크를 도왔고, 클라크는 필립스를 다시 도왔다. 이들은 그 상호 교환적인 도움을 1970년대부터 지금까지 끊임없이 주고받았다. 이것이 바로 스폰서십이다. 실용적이고, 존중과 존경을 바탕으로 하며, 양측이 서로를 위해 노력하는 것. 이 관계는 오래 지속되고, 양쪽 모두에게 이익을 제공한다. 그리고 보통은 더 많은 사람에게로 확장된다. 필립스에게는 수십 년간 다른 여러 명의 스폰서가 있었고, 그 자신 또한 다수의 프로테제를 후원했다.

이것이 스폰서십의 큰 그림이다. 필립스는 대부분의 성공한 리더들처럼 일찌감치 그 중요성을 파악했다. 내게 이런 스폰서십의 가치를 깨닫는 과정은 일종의 여행과 같았다. 그리고 '깨달음의 순간'은 조금 다른 주제의 질문에 대한 답을 구하던 중에 찾아왔다.

숫자가 모든 것을 증명한다

2000년대 초반 여성과 유색인종 인재들은 명백히 불공정한 대우를 받았다. 비슷한 자격을 지닌 백인 남성들의 커리어가 꾸준히 성장하는 중년기에 여성과 유색인종 직원들의 경력은 정체되었다. 고위급 임원으로 올라갈수록 그들의 비중은 눈에 띄게 감소했다. 물론 이것은 현재까지도 지속되고 있는 상황이다.[7] 오늘날 미국에서는 중간 관리직의 34%가 여성이고 27%가 유색인종이지만, 그보다 높은 직위로 올라가면 거의 대부분이 백인 남성이다.[8] 《포천》 선정 500대 기업의 CEO 중 여성은 4.2%, 유색인종은 3.8%에 불과하다.[9]

내 여정은 그 이유를 알아내는 것에서 출발했다. 경제 전문가로서 내가 교육받아 온 대로 나는 늘 숫자를 신뢰해 왔다. 그리고 숫자로 된 지표들은 이러한 현상에 대한 일반적인 설명이 하나같이 현실과 들어맞지 않는다는 것을 보여 주었다. 여성과 유색인종 인재들은 백인 남성과 다를 바 없는 성과를 냈다. 자격증 유무도, 야망의 크기도 다를 게 없었다. 어떤 여성들은 출산으로 인해 모성과 경력이라는 선택의 기로에 직면했지만, 특정한 시기가 되면 아이가 있든 없든 간에 거의 모든 여성이 유리 천장에 부딪쳤다. 같은 시기에 백인 남성 인재들은 거리낌 없이 미래로 나아갔다.

그 순간 어떤 직감이 찾아왔다. 어쩌면 이것은 전통적으로 백인 남성들의 영역이었던 리더 그룹에 여성과 유색인종들이 끼어들었고, 그들이 충분한 지지자를 확보하지 못했기 때문일지도 모른다. 물론 많은 여성과 소수자 집단의 인재에게도 소소한 조언을 건네주는 멘토가 존재한다. 하지만 만약 그들이 가진 것이 멘토가 아니라 스폰서라면 어땠을까? 자신의 프로테제를 위해 기꺼이 타석에 등판하고 실질적인 영향력을 행사해서 그들을 끌어올려 주는 멘토 이상의 존재가 있었다면 뭔가 달라지지 않았을까?

나는 이 가설을 조금 더 깊이 파고들기로 결심했다. 2008년에는 인재혁신센터의 연구 팀과 함께 확실한 근거를 모으기 시작했고, 회원사로 있는 기업 경영진에게 자문을 구했다. 임원들의 상당수가 자신이 속한 그룹 안에서 성공을 거두는 공식에 큰 관심을 갖고 있었기 때문에 자발적으로 적극적인 도움을 제공했다.

1장에 소개한 것과 같이 우리가 수행한 조사는 내 예감이 옳다는 것을 증명했다. 남성 직원은 여성보다 스폰서를 갖고 있을 확률이 46%나 높았다.[10] 그렇다면 이 사실이 수많은 여성 인재가 남성 동료에게 뒤처지고 있는 이 현상을 설명해 줄 수 있을까? 이 연구에 긴밀히 협력했던 구글의 글로벌 자문 팀 총괄 책임자 케리 페라이노Kerrie Peraino는 이렇게 말했다. "대부분의 분야에서 여성 인재들은 남성 인재와 비슷한 성과를 보였습니다. 변화를 유도한 딱 한 가지 차이는 그들이 중요한 위치에 있는 누군가와 중추적인 관계를 맺고 있는지 아닌지 여부였죠. 그 관계가 성장을 이끌었어요."

우리는 데이터를 더 세밀하게 분석한 뒤, 이 '스폰서십 격차'가 인종에도 적용된다는 사실을 확인했다. 백인 직원들은 유색인종보다 스폰서를 갖고 있을 확률이 63%나 더 높았다.[11] "스폰서십은 여성만의 문제가 아닙니다. 모든 인재는 스폰서가 필요해요." 페라이노는 이렇게 말했다.

우리는 수십 명의 관리자들을 일대일로 인터뷰하고, 수백 명이 넘는 사람을 대상으로 표적 집단 인터뷰를 실시하는 동시에 세계 최대의 기업들과 긴밀히 협력하면서 연구를 이어 갔다. 이 연구의 결과는 2010년《하버드비즈니스리뷰》에 〈마지막 유리 천장을 깨는 스폰서 효과The Sponsor Effect: Breaking Through the Last Glass Ceiling〉라는 제목으로 게재되었다.[12] 이 보고서는 명확한 통계 수치와 미국 기업 구성원들의 생생한 인터뷰를 바탕으로 어떻게 스폰서십이 인재에게 조직의 꼭대기까지 오르는 힘을 실어 주는지 밝혔다. 공동 연구자인 케리 페라이노(뒷부분에서 더 자세히 살펴보겠지만, 그는 스폰서십 분야의 전문가다)의 발언과 같이 "제대로 작동한다면, 스폰서십은 평등의 기폭제가 될 수 있다."

2010년 보고서를 발표한 후, 나와 팀은 다양한 기업 파트너들과 함께 스폰서십이 어떻게 작동하는지, 어째서 때로는 실패하는지, 어떤 조건 아래서 가장 효과적으로 작동하는지를 포함해 다양한 요소를 깊이 있게 연구했다. 우리는 수차례의 추가 조사와 수백 번의 인터뷰를 진행했고, 크레디트스위스Credit Suisse와 인텔, 아메리칸익스프레스, 오더블Audible을 비롯하여 30개 이상의 주요 미국 기업에서 다양한 후원을 통해 연구 지원을 받았다.

우리는 스폰서십의 혜택이 보편적이라는 사실을 확인했다. 여성이든 남성이든, 흑인이든 백인이든, 이성애자든 동성애자든, 근무지가 미국이든 브라질이든 인도든, 그 효과는 동일했다. 만약 당신에게

스폰서가 있다면, 당신의 성공 가능성은 수직 상승한다.[13]

그러나 이 관계에서 이익을 얻는 것은 프로테제만이 아니다. 지난 몇 년간 인재혁신센터와 나는 이 공식의 또 다른 측면, 즉 스폰서가 받을 수 있는 혜택으로 초점을 옮겨 갔다. 그리고 연구 결과는 스폰서가 기대할 수 있는 이익이 엄청나다는 사실을 증명했다.

■ 승진 확률을 53% 높여 주는 방법

스폰서십은 커리어의 모든 단계에서 스폰서에게 혜택을 준다. 신입 관리자든, 중간급 혹은 고위급 관리자든, 프로테제를 가진 남성 스폰서의 경우 자신의 직위에서 보다 더 만족스러운 성과를 얻을 확률이 평균 20% 높았다. 여성의 경우, 프로테제를 통해 경력에 유리한 고지를 선점할 확률이 약 13% 높았다.[14]

2012년에 도출된 이 확률은 우리가 발견한 최초의 유의미한 수치였다. 이후 몇 년 동안 연구를 진행함에 따라 우리는 프로테제가 인종과 국적, 성별을 막론하고 스폰서에게 도움을 준다는 보다 더 확고한, 통계적인 결론을 얻을 수 있었다. 다음의 표에 제시된 인재혁신센터의 최신 연구 결과는 각각의 혜택을 한층 더 구체적으로 보여 준다.

예를 들어 프로테제가 있는 고위급 관리자들의 최근 2년 내 승진 비율(46%)은 그러지 못한 경쟁자들의 승진 비율(30%)보다 약 53%나

높았다. 프로테제를 가진 신입 관리자들이 핵심적인 프로젝트를 맡을 확률(16%)은 그러지 못한 동료들(6%)에 비해 약 167%나 높았다.

인생에서 확신할 수 있는 것은 아무것도 없다. 그러나 이미 정상에 가까워진 이들의 승진 확률을 53% 높이거나, 이제 막 성공의 사다리에 진입한 이들에게 167%의 확률로 핵심적인 업무가 주어진다는 것은 스폰서십이 가져다주는 인상적인 '보상'이다.

그러나 이 자료가 보여 주는 가장 놀라운 사실은 대부분의 스폰서들이 스폰서십 관계를 제대로 컨트롤하지도 못한 상태에서조차 이미 인상적인 결과를 얻고 있다는 것이었다. 스폰서십을 제대로 운영할

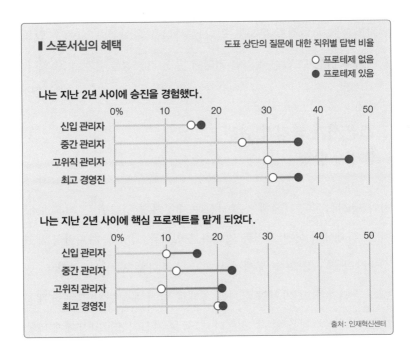

경우 기대 이익은 더욱 높아졌다. 예를 들어 프로테제를 가진 남성 스폰서가 그들의 승진을 위해 적극적으로 목소리를 낼 경우, 그 자신의 승진 확률 또한 '두 배가량' 높아졌다.

스폰서십의 혜택은 한 번의 승진 같은 단기적인 이익으로 그치지 않는다. 신입 관리자에서 최고 경영진에 이르는 설문 조사 대상 중 프로테제가 있는 응답자의 약 39%는 지금 이 순간 '자신의 직업적인 성과에 만족하고 있다'고 밝혔다. 프로테제가 없는 응답자 중 같은 대답을 한 사람은 단 25%에 불과했다.

이 수치는 우리 앞에 아직 큰 도전이 남아 있다는 것을 암시한다. 직위를 막론하고 우리는 스스로 '스폰서'를 자처하는 많은 이가 기회를 효과적으로 움켜쥐지 못하고 있다는 사실을 확인했다. 그들은 앞의 표에서 확인할 수 있는 것처럼 커다란 발전 가능성을 남겨 두고 있다.

스폰서가 빠지기 쉬운
3가지 함정

만약 당신이 누군가에게 스폰서십을 제공하고 있다면, 그것은 당신이 그 관계에서 어떤 가치를 기대하고 있다는 의미다. 하지만 인재혁신센터의 연구 결과를 통해서 우리는 스폰서를 자처하는 수많은 임원과 관리자가 그 가치의 무게를 제대로 알지 못하면서 그것을 제공하고 있다는 사실을 알 수 있었다. 그들은 자신이 프로테제에게 베풀고 있는 것이 단순한 호의의 영역이 아니라는 것을 깨닫지 못하고 있었다. 그들은 자신이 선택한 인재의 역량을 개발하기 위해 노력을 기울이는 것으로 그쳤지만, 더욱 노련한 스폰서들은 바로 그 과정을 통해서 자신의 성공과 기업의 번영까지 이끌어 낼 바탕을 마련했다. 당신의 지위가 높아지면 높아질수록 능력 있고 믿을 수 있는 보좌관의 존재가 더욱더 절실해질 것이다. 그리고 기업이 번영하기 위해서는 리더들이 발 벗고 나서서 최고의 인재를 발굴하고, 영입하고, 격려하고, 교육하고, 그들의 성과를 확인해야 한다.

그러나 우리는 연구 결과를 통해서 수많은 스폰서에게 공통적으로 부족한 측면이 있다는 사실을 찾아냈고, 그것을 크게 세 가지 포인트로 정리했다.

다양성 부족

스폰서십을 최대한 활용하려면 당신과 '다른 역량'을 지닌 프로테제를 적어도 한두 명 정도는 두어야 이익을 극대화할 수 있다. 다른 역량이란 당신과 다른 인종 혹은 성별일 수도 있고, 다른 언어를 구사하거나 다른 기술을 보유한 것일 수 있다. 당신과 다른 관리 스타일을 말하는 것이기도 하다. 핵심은 다른 역량을 가진 인재가 당신의 부족한 점을 메워 준다면, 당신의 가치가 더욱 상승하리라는 것이다. 그러나 스폰서 중 자신에게 없는 자질을 지닌 프로테제를 원한 이는 전체의 23%에 불과했다. 약 4분의 3에 해당하는 77%의 스폰서는 자신의 '미니미'를 찾았다.

이 안타까운 현실의 배경에는 대부분의 사회 계층이 배타적인 성격을 지니고 있다는 특성이 있다. 인재혁신센터의 연구를 보면 백인 고용주의 거의 절반에 해당하는 약 41%가 자신의 직속 부하 직원으로 흑인, 히스패닉, 아시아계 구성원을 '한 명'도 두고 있지 않다고 답했다.

심지어 차이를 뛰어넘어 젊고 뛰어난 인재들과 연결되기를 원하는 스폰서들조차도 정작 그 관계를 효과적으로 운영하지 못하는 경우가 많았다. 백인 스폰서들에게 다른 인종의 프로테제와 친밀함을 형성하기 위해서 어떤 시도를 하느냐고 물었을 때, 가장 많이 돌아온 대답은 '그들의 진로 계획에 관심을 갖고 질문을 하는 것(51%)'이었다.

경우에 따라서는 이런 접근법이 도움이 될 수도 있지만, 제대로 된 주의를 기울이지 않는다면 오히려 따뜻하고 상호 보완적인 관계를 맺자는 제스처가 아니라 지나친 간섭이나 참견으로 비쳐 반감을 살 수 있다. 스폰서의 어떤 모습이 충성심을 불러일으키는지 묻는 인재혁신센터의 설문에 적지 않은 프로테제가 '경력에 도움을 주려는 의지(50%)'를 꼽았지만, 그보다 더 많이 나온 답변은 '친근한 태도(66%)'와 '개인적인 호감(57%)'이었다.

사실 이 답변들은 모두 이치에 들어맞는다. 인재들은 자신의 업무 역량이나 진로 목표에 대해 유용한 조언을 해 주는 사람을 존경하고 그에게 감사를 표한다. 하지만 누군가에 대한 깊은 충성심은 상대방이 자신을 믿고 존중하며 친밀한 교류를 진심으로 원한다는 깨달음에서 나온다.

우리의 조사 결과에 따르면 유색인종 스폰서들은 이런 문제에 좀 더 현명하게 대처하고 있었다. 그들이 다른 인종이나 국적을 지닌 프로테제들과 유대감을 형성하기 위해 쓰는 가장 흔한 전술은 여행과 연극, 스포츠를 비롯하여 직장과 무관한 분야에서 '공통된 흥미를 찾는 것'이었다(52%).

검증 부족

인재혁신센터가 발견한 스폰서들의 두 번째 실책은 특히 높은 리스크를 동반했다. 그들은 프로테제가 신뢰할 수 있는 인재인지 철저히 '검증'하지 못하고 있었다. 대부분의 스폰서는 업무에 투자하는 시간이나 수치상의 성과 등을 확인하고 뛰어난 능력을 지닌 인재들을 프로테제 후보로 점찍었다. 그러나 프로테제 후보군을 물색할 때 업무 역량은 부수적인 기준이 되어야 한다. 당신의 조직에는 분명 좋은 성과를 내는 젊은 인재들이 득실댈 것이다. 잠재적인 프로테제를 평가할 때 가장 신경 써서 확인해야 할 자질은 당신과 조직에 대한 '충성심'이다. 어떤 스폰서도 경쟁사에 몰래 지원하거나, 심지어 자신의 상사에게 자신에 대한 험담을 일삼는 프로테제에게 귀한 정치 자본을 낭비하고 싶지 않을 것이다.

우리의 조사에 따르면, 스폰서가 프로테제와 관계를 끊는 가장 흔한 이유는 '충성심 부족'이었다. 만약 어떤 후보가 뒤에서 당신을 헐뜯거나 다른 어떤 식으로든 신뢰를 저버리는 기색을 보인다면, 그를 당장 후보 명단에서 제외시켜야 한다.

투자 부족

프로테제는 장기적으로 스폰서의 시야를 넓히고 영향력을 확장하는 데 크게 기여할 수 있다. 로런스 서머스가 셰릴 샌드버그를 프로테제로 선택한 지 10년이 지난 후에 샌드버그가 그를 위해 보낸 지지를 떠올려 보자. 르브론 제임스가 지원을 시작하고 20년이 흐른 뒤 매버릭 카터가 어떻게 그를 위해 10억 달러짜리 수표를 가져왔는지 생각해 보자. 그러나 이런 혜택의 규모와 지속 기간에도 불구하고 우리 데이터는 프로테제가 필요로 하는 만큼의 장기적인 투자를 스폰서들이 하지 않는 경향이 있다는 것을 보여 주었다. 그들의 투자는 적극성 면에서도 한참 부족했다.

연구 결과에 따르면, 고위급 관리직 이상의 스폰서 중 약 38%가 보통 2년 이내에 스폰서-프로테제 관계를 종료한다고 응답했다. 이것은 지나치게 근시안적인 태도다. 최고의 성과, 흠잡을 데 없는 충성심, 그리고 자신의 부족한 부분을 메워 줄 인재를 찾아냈는데 왜 그들과 관계를 계속 유지하지 않는단 말인가? 당신은 프로테제를 오랜 기간 곁에 두고 그들이 당신의 역량을 강화할 수 있도록, 또 시야를 확장하고 당신이란 브랜드를 향상시킬 수 있도록 키워 내야 한다.

불과 2년 만에 지원을 중단했다면, 서머스도 르브론도 그렇게 큰 이익을 얻지 못했을 것이다.

10년 동안 다양한 분야의 리더들에게 효과적인 스폰서십 활용법을 조언해 온 경험에도 불구하고 나를 깜짝 놀라게 했던 또 하나의 극적인 결과는 오직 30%의 남성 스폰서와 24%의 여성 스폰서만이 프로테제의 승진을 위해 적극적으로 노력한다는 사실이었다.

물론 응답자 중 일부는 아직 스폰서십 관계를 형성하는 초기 단계에 있기 때문에, 프로테제를 위해 완전히 헌신할 준비를 갖추지 못한 상태였을 수 있다. 하지만 30%와 24%라는 숫자는 그러한 사실을 감안한다 해도 현저히 낮은 수치다. 아직도 많은 스폰서가 스폰서십이 얼마나 깊고 상호적인 관계인지 이해하지 못하고 있는 것이다. 우리는 투자가 크면 클수록 기대할 수 있는 성과도 커진다는 경험칙을 알고 있다. 인재혁신센터의 자료에 따르면, 스폰서가 적극적인 지원을 제공할수록 프로테제가 '미션 임파서블' 수준의 어려운 과제를 성공해 낼 확률이 더 높았다.

개인과 조직을 성장시키는
특별한 힘

좋은 소식도 있었다. 이렇게 스폰서들이 심각한 실수를 했는데도 그들은 인상적인 이익을 얻었던 것이다. 그 말인즉 일이 제대로 돌아가기 시작한다면, 더 큰 혜택을 기대할 수 있다는 뜻이다. 그 혜택은 스폰서 개인은 물론 조직 모두에게 돌아간다.

점점 많은 리더가 프로테제를 지원하는 과정에서 파생되는 이익의 규모와 영향력을 인지하기 시작했다. 그러나 그들 중 상당수는 여전히 스폰서-프로테제 관계가 자신과 기업에 정확히 어떤 이익을 가져다주는 것인지 그 통찰이 부족했다. 그들은 스폰서십이 어떻게 생산성을 높이고, 시장 접근을 용이하게 하며, 개인 브랜드를 강화하고, 직업적 유산을 공고히 해 주는지 구체적으로 파악할 필요가 있다. 이를 위해서는 뛰어난 스폰서가 되는 방법에 대해, 다시 말해서 특출한 성과와 신뢰로 리스크를 감수할 가치가 있는 프로테제를 발굴하고, 교육하고, 적임에 배치하는 방법에 대해 명확히 이해해야 한다.

서로에게 큰 영향을 미치며 상호 이익을 가져다주는 스폰서십 관계를 구축하는 구체적인 단계들은 2부에서 하나하나 소개할 예정이다. 지금은 우선 스폰서십의 보상 중에서도 '개인적이고 직접적인 것'들부터 자세히 들여다보자.

66

대부분의 스폰서십 관계는 이런 식으로 시작된다.
선배가 기회의 문을 열어 주고 인맥과 교육을 제공하면,
후배는 그의 성공을 위해 필요한 일들을 도맡는다.
일이 잘만 풀리면, 이 관계는
지속적인 상호 이익과 충성심으로 이어진다.

99

3장

잘 키운 후배가
당신에게 가져다줄 보상들

스폰서십이 스폰서에게 가져다줄 이익에는 무엇이 있을까? 1장과 2장의 데이터가 설명해 주듯 스폰서십은 일단 빠른 승진과 높은 직업적 만족감을 가져다준다. 이게 끝은 아니다. 스폰서십은 당신의 조직에 새로운 시장의 문을 열어 주고, 당신이 믿고 의지할 만한 충성스러운 보좌관을 제공할 것이다. 추가적으로 스폰서에게 더 높은 부가 가치를 지닌 일에 집중할 여유 시간을 벌어 주고, 최고 경영진에게 자신의 능력을 입증할 기회를 가져온다. 당신이 프로테제에게 내민 손이 조직에 어떤 스노볼 효과를 가져오는지 다양한 조직의 사례를 통해 알아보자.

메릴린치가 새로운 시장을
개척할 수 있었던 이유

14억 달러(한화 약 1조 5000억 원). 그것은 약 19년 전 토드 시어스Todd Sears가 새로운 시장 확보를 통해서 수바 배리Subha Barry의 눈앞에 가져다준 이익이었다. 시어스가 그 일을 해내기 전까지 배리는 그 새로운 시장에 진입할 열쇠조차 찾지 못한 상황이었다.

2001년 말, 배리는 세계 최대 투자금융 회사인 메릴린치에서 자산 관리를 위해 '다문화 사업'을 개발하는 프로젝트의 책임자였다. 그의 역할은 회사와 여러 다문화 커뮤니티를 연계하는 사업을 추진하고 그것을 통해 이윤을 창출하는 것이었다. 자신이 속한 아시아 남부 출신 커뮤니티를 시작으로 아프리카계 미국인, 히스패닉, 그리고 여성을 타깃으로 한 맞춤 서비스를 기획하면서 배리는 이미 메릴린치의 글로벌 자산 관리 부서에 큰 이익을 가져다주며 성공적인 커리어를 이어 가고 있었다.

같은 회사의 자산 관리 자문역으로 근무하던 시어스는 그의 성공적인 행보를 보고 아이디어를 제안했다. 시어스는 LGBTQ(여성 동성애자, 남성 동성애자, 양성애자, 성 전환자, 성 정체성에 대해 갈등하는 성 소수자 그룹을 합쳐서 이르는 용어 – 옮긴이) 커뮤니티에 맞춘 자산 관리 서비스를 판매하기 위해 전국적인 캠페인을 기획 중이었고, 그에 맞춰 기존과 전혀 다른 모델을 구상 중이었다. 지금까지 배리가 새로운 시장에 진입하기 위해 주로 사용한 전략은 '특정 집단'의 힘을 빌리는 것이었다. 예를 들면, 인도계 미국인 시장에 접근하기 위해 미국 인도계 내과의사협회American Association of Physicians of Indian Origin와 파트너십을 체결하는 방식이었다. 그러나 시어스는 자신이 갖고 있는 LGBTQ 커뮤니티와의 연결 고리를 통해 메릴린치의 서비스를 타깃에게 직접 마케팅할 수 있다고 말했다.

"제가 아시아 남부 출신 커뮤니티와 강한 친밀감을 형성하고 있었던 것처럼, 시어스는 LGBTQ 커뮤니티에 대한 개인적 경험과 지식을 갖고 있었어요." 배리는 당시를 이렇게 회상했다. "리서치를 통해 그 정보를 얻으려 했다면 엄청난 돈과 시간이 들었을 겁니다."

시어스는 이전에도 메릴린치의 마케팅 부서에 같은 아이디어를 제안했지만 거절당한 적이 있었다. 그들은 LGBTQ 집단을 중요한 시장이라 판단하지 않았다. 배리는 마케팅 부서와는 생각이 달랐지만, 선뜻 '예스'라는 대답을 내놓지 않았다.

"그를 몇 가지 시험대에 올렸어요." 배리는 말했다. "사실 당시만 해도 그는 자문역으로서 특별히 눈에 띄는 인재가 아니었죠. 그때 저는 업무 면에서 성과를 인정받고 있었고, 고위급 관리자들에게 제가 원하는 프로젝트를 밀어 달라고 말할 정도의 힘이 있었습니다. 하지만 그는 아직 경영진의 신뢰를 얻지 못한 루키에 불과했어요. 일단 저는 1만 5000달러의 예산을 집행하면서 시어스에게 이런 요구를 했어요. '이 예산 안에서 LGBTQ 커뮤니티에 대한 타깃 마케팅 기반을 확보하고, 당신이 이익을 창출할 수 있다는 걸 보여 주세요. 그러면 이 프로젝트가 전국 규모로 확장할 만한 가치가 있다는 사실을 회사에 증명할 수 있을 겁니다'라고 말이죠."

시어스는 그 도전에 응했고 성공을 거두었다. "그는 1년이 조금 넘는 기간 안에 투자금 대비 막대한 이익을 가져왔어요. 처음에 그가 운영한 사업이 어떻게 성장했는지 정확히 기억나진 않지만, 그 이익 규모가 상당했다는 것만은 확실하게 말할 수 있습니다. 그는 1만 5000달러의 예산을 가지고서 우리가 LGBTQ 커뮤니티에 투자할 경우 거대한 규모의 사업이 성사되리라는 것을 입증해 냈어요."

이익뿐 아니라 시어스는 특정 커뮤니티에 직접 마케팅을 수행한다는 자신의 방식이 효과적이라는 사실도 보여 줬다.

"LGBTQ 구성원들을 타깃으로 한 이벤트를 후원하거나 그들이 선호하는 레식토랑에서 파티를 개최하면서 시어스는 자산 관리 자문역이라는 자신의 직업을 십분 활용하여 그들에게 조언자 역할을 톡톡히 해냈어요." 배리는 말했다.

"2001년만 해도 동성 결혼이라는 제도가 합법화되기 전이었기 때문에 이런 유의 질문이 많이 들어왔죠. '자산 명의는 누구 앞으로 해 둬야 하나요?' '어떤 종류의 법률 문서에 서명해야 하나요?' '병원에 입원하거나 그 외에 신변 문제가 생겼을 때 파트너에게 제 자산에 대한 접근 권한을 주려면 어떻게 해야 하나요?' 여기서 중요한 점은 본인의 신변에 무슨 일이 생겼을 때 동성 파트너에게 재산을 넘겨주는 일 등이 실제로 충분히 가능하다는 거였죠. 시어스는 그들에게 전문가다운 답변을 건넸습니다. '저는 여러분이 궁금해하는 부분들을 알려주기 위해 여기에 왔습니다. 자산을 비롯해서 장기적인 인생 계획을 세우는 데 꼭 필요한 자문을 해 줄 더 많은 전문가를 만나고 싶다면, 메릴린치에 자산 관리를 맡기면 됩니다'라고 말이죠."

업무와 별개로 배리와 시어스는 서로를 신뢰하는 데 반드시 필요한 '개인적 유대감'을 키웠다. "저는 인도 출신 여성이라는 점에서 회사의 소수자 집단에 속했어요. 시어스 또한 이 보수적인 금융 회사에서 '커밍아웃'한 동성애자 직원이었기에, 어떻게 보면 저와 비슷한 처지나 다름없었죠. 우리는 한 쌍의 아웃사이더였고, 그에게서 과거의 저를 떠오르게 하는 모습을 자주 발견했어요. 그는 자신의 커뮤니티를 위해 뭔가를 하고자 하는 욕망과 열정을 갖고 있었죠. 그런 의미에서 저는 그가 성공하기를 진심으로 바랐고, 그 또한 결코 저를 실망시키지 않았습니다. 시어스가 뭔가를 하겠다고 내뱉으면, 그 일은 곧 현실이 되었어요."

시어스가 자신의 능력을 증명할 때마다 배리는 지원 규모를 급격히 늘렸다. 배리는 그의 마케팅 계획을 전국적인 규모로 확대하는 데 필요한 예산을 따냈고, 미 전역 메릴린치 지점의 자산 관리 전문가들을 LGBTQ 커뮤니티에 맞춤 자문을 제공할 수 있도록 훈련시켰다. 이와 더불어 배리는 시어스가 조직 내 다른 부서와 네트워크를 형성할 수 있도록 적극적으로 그를 소개했다. 그 덕분에 시어스는

LGBTQ 구성원들에게 인기 있는 문화 기관을 후원하는 마케팅 목표를 수월하게 달성할 수 있었다.

"우리는 메릴린치의 자본을 활용해 LGBTQ 구성원들이 열광하는 행사들을 후원했습니다. 거기에는 마티스와 피카소의 전시회를 비롯하여 다수의 미술 전시와 오페라 공연이 포함되어 있었어요. 우리는 이미 투자금에서 이익을 회수하는 방법을 알고 있었기에 결과는 대단했죠. 사실 우리가 회사의 다른 부서들과 협업해서 이런 후원 프로젝트를 진행한 건 LGBTQ 그룹 사례가 처음이었어요. 이후에는 다른 커뮤니티의 타깃 마케팅에도 같은 방법이 활용되었죠. 메릴린치가 후원한 미술관 행사에 아시아계, 아프리카계, 히스패닉, LGBTQ 그룹을 다양하게 초대한 거예요. 고객과 그들의 자산 관리 담당자가 모두 포함되도록 참석자를 구성했죠."

시어스는 전성기에 약 14억 달러 규모의 수익을 남긴 전국구 프로젝트를 기획했다. 그가 믿을 만한 인재라는 배리의 판단 자체가 실제로 그를 성공의 가도 위에 올려놓았다. 시어스는 자신에게 엄청난 기회를 주고 매 단계에서 도움을 아끼지 않았던 자신의 스폰서를 결코 잊지 않았다.

"메릴린치에는 LGBTQ 그룹에 속하는 고위급 임원이 두세 명 있었어요." 배리는 말했다. "능력을 인정받기 시작했을 때, 시어스에게는 저를 버리고 그들의 라인을 택할 기회가 있었죠. 하지만 그는 절대 그런 선택을 하지 않았어요. 오히려 그는 언제나 저와 우리 팀 구성원들을 LGBTQ 커뮤니티에 적극적으로 소개하면서 우리가 함께 성과를 얻을 수 있도록 도왔습니다."

몇 년 후 시어스와 배리는 메릴린치를 떠났다. 그러나 배리의 후임으로 온 사람은 시어스의 전국 규모 프로젝트를 이어서 운영할 만한 역량을 갖고 있지 못했다. 그는 감당할 수 없는 프로젝트를 지점 단위로 쪼개 버렸고, 마케팅 효과 또한 사라지고 말았다. "당시 경영진은 이런 프로젝트를 완전히 정착시키려면 적어도 5년에서 7년간은 유지해야 한다는 사실을 이해하지 못했던 거죠." 이렇게 말하는 배리의 표정에서 안타까움이 드러났다.

결과적으로 그 시장은 경쟁사에 장악당하고 말았다. 하지만 그 경험은 시어스를 성장시켰고, 배리에게 지금까지도 영향을 미칠 만큼 큰 성공을 안겨 주었다. "저는 LGBTQ 커뮤니티로부터 두터운 신뢰를 얻었어요. 그건 온전히 시어스와 그의 프로젝트 덕분이죠. 그는 언제나 저와 성과를 나눴고, 심지어 지금도 그렇게 하고 있습니다."

완벽한 내 사람을 확보할 때 일어나는 일

2016년 9월, 글로벌 IT 서비스 기업 젠팩트Genpact의 CEO인 티거르 티아가라잔Tiger Tyagarajan은 직원 한 명과 함께 비행기에 탑승했다. 그 직원의 이름을 '사즈Saj'라는 가명으로 부를 것이다.[15] 현재 사즈는 젠팩트 고위급 경영진의 일원이지만, 티아가라잔이 그를 처음 만났던 20년 전에는 이제 막 경영 대학원을 졸업한 만 23세의 청년이었다.

비행기 안에는 티아가라잔과 사즈 단둘만이 있을 뿐이었다(클라이언트 회사가 보내 준 전용기였기 때문이다). 티아가라잔은 그때를 이렇게 회상했다. "자리에 앉아서 사즈에게 말했죠. '자네에게 다음 일을 줄 때가 됐군.' 그가 저를 바라보며 물었어요. '그게 뭔가요?' 저는 어떤 사업의 재무 책임자라고 답했죠. '대규모 거래가 수없이 진행될 사업이네. 자네가 잘하는 분야지. 우리는 자네 같은 사람이 필요해. 자네에게도 큰 도약의 기회가 될 테고, 난 자네가 그 일의 적임자라고 판단했네. 다음 주부터 곧바로 착수하게.' 말을 마치자마자 비행기는 이륙을 시작했고, 그가 이렇게 대답하더군요. '지금 창문으로 뛰어내려서 도망쳐도 될까요?' 한바탕 함께 웃은 후 그가 말을 이었습니다. '다음 주부터 시작하겠습니다만, 솔직히 두렵고 불안합니다.' 저는 물론 사즈가 그런 말을 할 거라고 이미 예상하고 있었어요. 그러고는 '새로운 일을 잘 해낼 수 있을지 모르겠고요. 저는 지금 우리 회사의 가장 큰 영업 팀에서 700만 달러 규모의 계약을 관리하고 있어요. 제가 떠나면 팀 운영이 제대로 될까 걱정됩니다. 누가 제 후임을 맡게 되나요?'라고 제게 물었죠."

티아가라잔이 제안을 했던 당시는 사즈가 그 영업 팀을 맡은 지 불과 몇 년밖에 안 되었을 때였다. 사즈는 젠팩트의 가장 중요한 사업 분야 몇 개를 맡아 판매와 고객 관리를 주도하고 있었고, 그는 여전히 팀에 쇄신할 거리가 많이 남아 있다고 생각했다.

"저는 이렇게 대답했습니다. '물론 능력 있는 후임을 뽑을 거야. 그에 대해서 자네는 걱정할 필요 없네. 그건 내 몫이니까. 자네는 이동해서 새로 주어진 일에 최선을 다하게.' 그가 이렇게 묻더군요. '하지만 다음 주에 곧바로 이동하라는 건 농담인 거죠? 1월에 반드시 진행시켜야 하는 일이 있습니다. 그 일은 꼭 제 손으로 마무리 짓고 싶어요.' 그렇게 말하는 사즈의 표정은 언젠가 지금의 팀을 떠나야 한다는 사실을 예감하고 있었던 것처럼 보였습니다. 저는 대답했죠. '아니, 농담이 아니었네. 아무나 자네 자리를 대신할 순 없겠지만, 내가 책임지고 적임자를 찾아낼 거야. 자네는 떠나야 해. 나는 다른 곳에서 일하는 자네가 필요하네.' 사즈가 저를 바라보며 묻더군요. '제가 한 번이라도 대표님 지시를 거부한 적 있었습니까?'"

티아가라잔의 지시에 사즈가 늘 복종했던 것은 그가 만만한 성격이어서가 아니었다. 실상은 그 반대였다. 사즈는 강인한 마음과 뛰어난 분석력, 철저한 프로 정신을 갖춘 인재였다. 하지만 티아가라잔의 밑에서 일한 15년의 세월은 그가 절대적인 충성심을 품고도 남을 만큼의 신뢰를 형성하게 했다.

두 사람이 스폰서십을 맺은 초반 몇 년 동안, 그들의 관계는 사즈가 조언을 구하고 티아가라잔이 답변해 주는 형태였다. "초반에 사즈가 진로 상담을 하고 싶다며 저를 찾아왔어요. '회사의 다른 부서에서 저를 영입하고 싶다고 제안해 왔어요. 어떻게 생각하시나요?' 그가 제 사무실로 찾아와 이야기를 나눌 때마다 저는 최대한 진정성 있게 조언해 주려 노력했어요. 때로는 찬성하고, 때로는 근거를 들어 가며 반대했죠. 제 조력 없이 헤쳐 갈 수 있다면 굳이 올 필요 없지만, 혹시 도울 일이 생기면 언제든 찾아오라는 말과 함께요."

티아가라잔의 조언은 늘 현명했다. 사즈는 조직 내에서 성과를 올리며 영향력을 넓혀 가는 동시에 새로운 인맥을 쌓았고, 무엇보다 젠팩트에 이익을 가져왔다.

세월이 흘러 사즈가 티아가라잔의 역할을 직접 옆에서 도울 수 있을 만큼 성장하자 스폰서의 지도는 더욱 단호해졌다. "저는 그의 어깨를 툭 치며 이렇게 말하곤 했습니다. '사즈, 자네에게 다음 일을 줄 때가 됐군.' 그런 뒤 그 문제에 대해 5분 정도 얘기를 나누는 게 전부였어요. 매번 극적인 환경 변화를 수반하는 중요한 도약의 기회였죠. 그때마다 그는 '제게 이 일을 맡기고자 하신다면 분명히 그럴 만한 이유가 있겠죠. 그 결정에 따르겠습니다. 지금부터 뭘 하면 되나요?'라고 대답했죠."

약 8년 전쯤에는 티아가라잔이 사즈에게 지구 반대편으로 발령이 난다면 어떻게 하겠느냐고 물은 일이 있었다. "'해외 전근을 어떻게 생각하지? 자네가 진행해 주었으면 하는 일이 있어'라고 묻자 사즈는 '우선 아내와 상의를 하고 내일 대답을 드리겠습니다만, 특별히 문제가 있을 것 같진 않군요. 일단 저는 좋습니다'라고 대답했어요. 다음 날 저를 찾아와서 그는 '가겠습니다'라고 말했죠."

지구 반대편으로의 발령이란 본국보다 훨씬 더 큰 시장으로 이동한다는 뜻이었다. 그는 세계를 무대로 영업 경험을 쌓으며 주요 고객과 인맥을 다졌다. 그리고 그것을 회사 내에서 입지를 굳히는 기회로 삼았다. 티아가라잔은 바로 그 일이 사즈에게 놀라울 정도의 성공을 가져다주었다고 말했다.

심지어 사즈가 젠팩트 안팎에서 상당한 명성과 영향력을 지니게 된 현재까지도 이 특별한 관계는 본질적으로 변함이 없다. 지금도 티아가라잔은 본인과 회사의 입장에서 사즈를 가장 필요로 하는 곳으로 보내고, 사즈는 즉시 그의 결정에 따른다. 그리고 그곳에서 성과를 낸다.

"지난주에 함께 맥주잔을 나누면서 그가 말하더군요. '지금 이 자리로 저를 보내셨을 때, 처음에는 솔직히 그 결정을 이해하지 못했습니다. 당시 저는 꽤 큰 규모의 일을 진행하고 있었고, 현재의 자리는 그에 비해 너무 작아 보였거든요. 대체 무슨 생각이지? 어떻게 해야 하지? 의문투성이였죠. 하지만 지난 15개월은 놀라운 시간의 연속이었습니다. 이곳에서 얼마나 많은 것을 배우게 될지 당시에는 상상하지 못했어요. 이제는 대표님이 왜 그런 결정을 하셨는지 압니다.'

그때 그를 바라보며 말했습니다. '자네를 또다시 옮겨야 할 때가 된 것 같군' 그러자 그가 맥주잔을 내려놓으며 묻더군요. '이번엔 어디로 가면 되나요?'"

당신이 원하는 일이라면
무엇이든지

리디아 보테고니Lydia Bottegoni는 월드 오브 워크래프트와 디아블로 시리즈를 제작한, 전 세계에서 가장 성공한 컴퓨터 게임 제작사 블리자드엔터테인먼트에서 스토리 및 프랜차이즈 개발을 총괄하고 있는 선임 부사장이다. 그는 할리우드에서 영화 제작자로서 성공한 경력도 갖고 있다.

할리우드에서 한창 성공의 단맛을 맛보고 있던 그는 갑자기 상사와 동료들에게 커다란 충격을 줄 만한 결정을 내렸다. 당시 리디아는 약 5년간 재직하고 있던 소니에서 인정받는 시각효과 제작자였다. "저는 그 시점에 평가 면에서 꽤 좋은 점수를 받고 있었어요. 더욱이 그때는 평단과 관객 모두로부터 호평받은 작품 하나를 막 끝낸 참이었죠"라며 그는 당시를 이렇게 설명했다.

어느 날 캐럴린 소퍼Carolyn Soper라는 여성이 리디아에게 한 가지 제안을 해 왔다. "애니메이션 영화를 제작할 예정이야. 그 과정에 네 도움이 필요해. 지금은 내가 잘 알고 신뢰할 수 있는 팀을 만드는 단계인데, 네가 꼭 참여해 줬으면 좋겠어. 소니를 떠나서 나와 함께하지 않겠어?"

캐럴린이 제안한 자리는 리디아의 현재 위치보다 훨씬 큰 리스크가 도사리고 있을 뿐 아니라 오히려 '약간의 좌천'에 가까웠고, 소니에서 그가 밟고 있던 빠른 승진 가도에서 벗어나는 선택이었다.

당시 리디아는 그 제안을 수락했다.

"그때 소니의 대표님은 이런 반응을 보였죠. '떠나겠다니, 그게 무슨 소리인가? 자네는 지금 정말 잘하고 있네. 적성에 잘 맞는 일을 성공적으로 해내고 있잖아. 우리는 함께 탄탄대로를 걷고 있어. 자네는 좋은 평가와 존경을 받는 직원이야. 이 회사에서 자네 앞에 놓인 기회가 얼마나 많은데, 지금 떠나겠다는 건 말도 안 되는 짓이야.' 저는 대답했어요. '캐럴린이 제 도움을 필요로 해요. 제가 이런 선택을 한 이유는 그와의 관계가 제게 무엇보다 중요하기 때문이에요.'"

리디아는 말을 이어 갔다. "소니는 큰 폭의 연봉 인상과 승진을 제안했어요. 아마도 제가 올린 성과를 이용해서 연봉 상승과 높은 직위를 손에 넣으려고 배짱을 부린다고 생각했던 것 같아요. 하지만 그것은 사실이 아니었죠. 솔직히 그 제안 때문에 회사를 떠나는 일이 더 어려웠던 건 사실이지만, 결과적으로 저는 퇴사를 택했습니다. 캐럴린에 대한 충성심과 더불어 그와 함께 일하면 배우고 얻는 것이 더 많으리라는 확신에서 나온 결정이었어요."

캐럴린은 어떻게 리디아에게서 이런 신뢰와 충성을 얻은 걸까? 두 사람의 인연은 약 10년 전에 시작되었다. 당시 리디아는 LA 근교의 시티은행 지점에서 중간 관리자로 근무하고 있었다. 자신의 막연한 꿈이었던 엔터테인먼트 분야에 실제로 입성할 수 있을 거라고는 상상도 하지 못했을 때였다.

리디아는 영화 제작과 관련된 기술을 한 번도 배운 적이 없는 사람이었고, 대학 시절 전공도 경제학이었다. 단지 그는 디즈니에서 시각효과 제작을 담당하고 있는 캐럴린과 안면이 있을 뿐이었다. "우리에게는 동성애자라는 공통점이 있었어요. 레즈비언들로 구성된, 한 다리만 걸치면 사귀는 사람의 친구를 만날 수 있는 작은 커뮤니티에 속해 있었죠. 그 덕분에 캐럴린과 사회적인 인맥을 맺을 수 있었어요."

여느 친구들과 마찬가지로 모임에서 그들은 서로에게 일 이야기를 하곤 했다. 어느 날 캐럴린이 말했다. "너는 이쪽 분야에 감각이 있어. 지금 내가 일하는 분야에는 생각보다 너 같은 인재가 필요한 일이 많아. 대부분이 창의성을 발휘하는 교육을 받은 창작자인 탓에 엑셀 시트를 관리하거나 예산을 가지고 씨름하는 일에 애를 먹고 있거든. 교육을 받아 본 적도 없는 업무라서 솔직히 조금 불편해."

리디아는 10년 전의 대화를 이렇게 회상했다. "저는 반쯤 농담으로 대답했어요. '저를 채용할 준비가 되시면 연락 주세요'라고 말이죠."

몇 달 후 실제 전화가 걸려 왔고 수화기 너머로 캐럴린이 말했다. "네가 정말 진심이었는지는 모르겠는데, 디즈니에 자리가 생겼어. 완전히 신입 자리지만, 이 분야에서 진짜 일할 마음이 있다면 잡아. 유일한 기회일지도 모르니까."

리디아는 금융 업계에서 쌓은 경력을 버리고 그 제안을 택하기로 마음먹었다. "저는 지금도 종종 그 얘기를 해요." 리디아가 말했다. "부모님께 레즈비언이라는 사실을 밝히고 커밍아웃을 하는 것보다 은행 관리직을 그만두고 영화사에 신입 사원으로 들어가는 문제를 설득하는 게 훨씬 어려웠다고요."

캐럴린은 개인적으로 아는 사람과 함께 일하지 않는다는 자신의 원칙에 따라 리디아를 자신의 부서 안의 다른 팀에 배치하도록 주선했다. 리디아는 다른 상사 밑에서 일하게 되었지만, 부서 인원은 다 합쳐 봤자 30~40명 정도로 규모가 작았다. 다시 말해서, 두 사람의 업무는 자주 겹쳤다.

캐럴린은 이미 동료들은 영화 학교에서 배웠지만, 리디아에게는 생소한 기술과 용어를 가르쳐 줬다. 자신의 꿈이 실현됐다는 사실에 너무나 흥분되고 감사한 마음뿐이었던 리디아는 캐럴린이 자신을 필요로 한다면 무슨 일이든 도맡았다.

"제게는 역할에 따른 업무가 주어져 있긴 했어요. 하지만 디즈니는 영화를 만드는 회사였고, 항상 사방에서 새로운 프로젝트나 영화 제작이 진행되고 있었죠. 팀 구성원들의 업무량을 제대로 파악하지 못한 채로 어떤 프로젝트를 시작할 때도 있었고, 특히 초반에는 일손이 부족한 경우가 다반사였어요. 작업을 진행하는 데 필요한 스태프가 모두 모일 때까지 처음 몇 주 정도는 다들 이런 질문을 떠올리며 일했어요. '그래서 이번 영화는 누가 찍지?' '렌더링은 누가 하는 거야?'" 리디아는 회상했다.

"캐럴린이 일손이 부족하다며 도와줄 사람을 찾으면 저는 즉시 손을 들었어요." 갑자기 생긴 일이나 가장 재미없어서 대부분이 기피하는 일들이 리디아의 몫이었다.

"매일 밤 그날 주어진 작업이 끝나면 누군가 필름을 분리해서 암실통에 넣어 놓는 작업을 해야 했어요. 물리적인 필름으로 영화를 찍던 시대였거든요. 그런 다음에 또 그 통을 현상소에 갖다 둬야 했죠. 보통 9시에서 10시 사이에 그 작업이 진행됐어요. 제가 늘 밤늦게까지 회사에 남아서 필름을 분리해 통에 담고 할리우드에 있는 현상소까지 직접 운전해서 배달했죠."

디즈니의 현상소는 리디아의 집에서 반대 방향으로 30분가량 달려야 나오는 지저분한 동네에 있었다.

대부분의 스폰서십 관계는 이런 식으로 시작된다. 선배가 기회의 문을 열어 주고 인맥과 교육을 제공하면, 후배는 그의 성공을 위해 필요한 일들을 도맡는다. 일이 잘만 풀리면, 이 관계는 지속적인 상호 이익과 충성심으로 이어진다.

캐럴린은 디즈니를 떠나면서 리디아에게 몇 가지 프로젝트를 넘겨줬다. 그리고 얼마 뒤, 디즈니에서 함께 일하던 팀을 데려가면서 리디아가 그들의 일을 이어서 진행하도록 주선했다. "그때 저는 아직 프로듀서 역할을 할 자격이 없다고 생각했어요." 리디아는 말했다. "하지만 캐럴린은 그가 아니었다면 몇 년 동안 닿지 못했을 기회를 제게 선사했죠."

그로부터 5년 뒤, 캐럴린은 또다시 리디아에게 손을 내밀었고 리디아는 흔쾌히 그 손을 잡았다. 두 사람은 엔터테인먼트 산업에서 각자 큰 성공을 거둔 지금 이 순간에도 늘 서로의 편에 서 있다.

"이 관계는 어느덧 25년째 유지되고 있어요. 우린 소중한 친구고, 어려운 결정을 해야 할 때 서로에게 기댈 수 있는 어깨를 내어 주는 사람들이죠."

인생 최고의 성과를
보여 줄 기회가 온다

멀린다 울프Melinda Wolfe가 인사부서에서 최고의 인재로 평가받았던 2008년, 그의 직장인 블룸버그는 금융 데이터와 저널리즘의 역사를 새로 쓴 입지전적 회사인 동시에 지나치게 엄격하고, 피도 눈물도 없으며, 때로는 폭력적이기까지 한 조직 문화로 악명을 떨치고 있었다.

마이클 블룸버그Michael Bloomberg는 1997년 발간된 회고록에서 이렇게 말한 바 있다. "우리는 전 직원을 깊은 수영장 물에 던져 놓습니다. 그러면 누가 최고의 수영 선수인지 금방 알 수 있죠." 이 마초적인 문화는 직원들을 번아웃 상태로 내몰았을 뿐 아니라 여러 가지 법적인 갈등도 야기했다. 울프가 입사한 지 몇 달쯤 지났을 무렵,《포트폴리오Portfolio》는 블룸버그와 관련된 리스트를 지면에 실었다. 그 리스트에는 현재 이 회사가 겪고 있는 성희롱과 성차별 관련 소송 목록, 그리고 소송 결과 확정된 고액의 배상금 규모가 열거되어 있었다. 그중에는 아이를 임신하거나 양육하는 여성 직원들이 직장 내 차별을 주장하며 제기한 집단 소송도 포함되어 있었다. 블룸버그의 여성 임직원들은 일이 싫어서가 아니라 문화가 싫어서 회사를 떠나고 있었다.[16]

이것이 울프의 앞에 놓인 숙제, 개선해야 할 상황이었다. 자유 근무 시간제나 아이를 키우는 직원들의 재택근무 같은 제도 자체는 경영진의 사인 한 번으로 도입할 수 있는 사안이었다. 하지만 해당 직원들이 부정적인 파급 효과에 대한 두려움 없이 실제로 당당히 자유 근무 시간제를 신청하도록 만드는 것은 또 다른 문제였다.

울프는 규칙뿐 아니라 문화까지 변화시켜야 했다. 작은 회사라면 누가 가라앉는지, 누가 헤엄치는지 확인하기 위해 모든 구성원을 물에 던져 놓는 문화가 어느 정도 효과가 있을지 모른다. 하지만 전 세계를 대상으로 온갖 성별과 배경을 가진 직원 수만 명을 모집하고, 교육하고, 격려하고, 유지해야 하는 다국적 기술 미디어 그룹은 그런 문화와 함께 살아남을 수 없었다.

가장 심각한 문제는 블룸버그의 마초 문화 밑에 깔린 '인식'이었다. 대부분의 임직원은 현재와 같은 문화 속에서도 회사가 잘 돌아갈 것이라 생각했다. 울프를 비롯한 인사부서의 역할은 기껏해야 법률 문제를 해결하는 데 도움이 될 곁치레용 활동이고, 그 이상은 조직의 귀중한 시간을 낭비하는 짓이라는 게 그들의 발상이었다. 울프는 자신의 역할을 수행하는 동시에 사람들에게 그 일의 가치도 납득시켜야 했다. 일반적인 대기업과 마찬가지로 울프가 입사할 당시 블룸버그의 인사부서에는 거의 실권이 없었다.

혼자서는 변화를 이뤄 낼 수 없다고 판단한 울프는 업무적으로 안면만 튼, 실제로는 한 번도 같이 일해 본 적이 없는 젊은 여성에게 손을 내밀었다. 증권거래소에서 경력을 시작한 앤 어니Anne Erni는 울프와 마찬가지로 금융 업계의 인사 전문가였다. 두 사람은 훗날 기업의 다양성 확보라는 공통된 임무를 맡아서(울프는 아메리칸익스프레스에서, 어니는 리먼브라더스에서) 자주 만나 협업하는 사이가 된다.

맨 처음 접촉할 당시, 울프는 어니가 부드러운 관계 형성과 재치 있는 대화법을 비롯하여 자신에게 필요한 소프트 스킬을 가졌다는 사실을 알고 있었다. 그 외에도 어니는 블룸버그 인사부서에 절실하면서도 부족한 관점, 다시 말해서 '덜 다원주의적인' 시각을 갖고 있었다. 어니의 경력을 체크한 울프는 그가 경직되다 못해 숨통을 조이는 직장 분위기 안에서도 적절한 전략을 실행할 수 있는 인물이라는 판단을 내렸다.

한마디로 말해서, 어니는 뛰어난 인재였다. 하지만 울프는 그에게 한 회사의 인사 시스템을 바닥부터 다시 다지는 핵심 작업에 곧바로 뛰어들 만한 역량이 있다고 확신할 수 없었다. 어니에게는 그 정도로 까다로운 임무를 맡아서 진행한 경력이 없었다.

"제게는 관계를 부드럽게 형성하면서도 엄격하고 공정한 기준에 따라 최고의 인재를 가려내고 그것을 바탕으로 인사 체계를 구축할 인물이 필요했습니다." 울프는 말을 이었다. "무엇보다 우리는 바닥부터 다시 시작해야 하는 상황이었어요. 당시 블룸버그에는 그런 기능이 전무한 데다 제대로 된 교육이나 개발 시스템조차 없었기 때문이죠."

울프는 어니가 적임자라고 생각했지만, 처음에는 자신의 판단을 자신할 수 없었다. 그는 일단 어니를 정규직으로 고용하는 대신, 특정한 사안 몇 가지를 처리하는 계약직 형태로 채용했다. 어니가 주어진 사안들을 말끔하게 처리하자 울프는 이어서 몇 가지 업무를 추가적으로 맡겼다.

"어니는 낯선 분야에 완벽히 적응했어요. 배우는 속도도 빨랐고, 비즈니스에 영향을 미칠 솔루션을 도출하는 능력도 뛰어났죠." 여기에 더해 어니는 블룸버그의 직원 교육 시스템을 체계적으로 구축하는 데 일조했다. 덕분에 모든 직원을 물에 던져 넣고 헤엄쳐 나오는 사람을 찾는 대신 뛰어난 잠재력을 지닌 직원들을 식별하고 그들에게 수영하는 방법을 효과적으로 가르쳐 주는 것이 가능해졌다.

어니가 울프의 가치를 가장 크게 상승시켜 준 일은 그의 전략 중에서도 가장 섬세한 작업이 필요한 과정이었다. 당시 울프는 기업 문화를 바꾸려는 마음이 조금도 없는 오랜 경력의 임원들을 뚫고 회사의 문화를 조금씩 변화시키는 것을 목표로 세우고 있었다.

"어니는 틀에 박힌 인사 정책을 비롯한 블룸버그의 전형적인 문화에 대해 변화를 요구해 봤자 이 조직이 절대 받아들이지 않으리라는 사실을 금세 이해했어요. 이 회사의 임원들은 남들이 다 하는 일이라면 덮어 놓고 반대하는 성향을 갖고 있었거든요. 그는 신선한 제도를 고안해 냈고, 사람들이 그 절차에 익숙해질 수 있도록 새로운 진행 프로세스를 주도적으로 개발했어요." 울프는 어니를 이렇게 평가했다.

한 가지 작업을 예로 들자면, 어니는 구성원들의 잠재력과 성과를 각각 3단계로 나눠서 평가하는 기존의 HR 제도 대신 블룸버그의 업무 체계에 맞추어 보다 더 섬세하게 구성된 도표 형태의 성과표를 도입했다. 이 새로운 성과표는 실제로 직원들의 업무 역량을 정확히 측정했을 뿐 아니라 임원들에게 활용 의지를 자극하는 것까지 달성해 냈다.

울프는 기꺼이 어니에게 더 많은 권한을 부여해 주고, 더욱더 적극적인 코칭을 시작했다. 어니는 지금까지 상대했던 은행가들과 전혀 다른, 블룸버그의 지배적 구성원인 기술 전문가들과 소통하는 요령을 배울 필요가 있었다. 고위 관리직에게 어니를 소개하고 그의 역량을 적극적으로 어필하는 동안 울프는 어니의 진정한 스폰서가 돼 주었다. "저는 그에 대한 투자를 점점 늘려 나갔어요. 그의 성공은 곧 저의 성공이었으니까요."

얼마 후 블룸버그의 리더십, 교육, 다양성 부문을 책임지는 부서장 자리에 공석이 생겼다. 임원진은 만장일치로 어니가 조직에 적합한 인재이며, 그를 정식으로 채용하기 위해 필요한 절차를 밟을 용의가 있다고 밝혔다.

이후 몇 년에 걸쳐 울프와 어니는 긴밀한 협업을 통해 폭넓은 인재를 수용할 수 있도록 블룸버그의 문화를 변화시키고, 상급 관리자가 될 만한 뛰어난 직원들을 발굴하고, 그들을 교육하는 데 모자람이 없도록 인사부서를 준비시켰다.

울프는 이렇게 말했다. "저는 어니 같은 사람이 필요했습니다. 저 혼자서는 조직을 바꿀 수 없었으니까요. 게다가 어니의 성과 덕분에 저는 업무 목표를 달성했고, 제 역량을 증명했으며, 최고 경영진에게 제 자리가 꼭 필요한 역할이라는 사실을 각인시켰어요. 그들은 이제 인사부서가 적합한 인재를 발굴하고 육성함으로써 회사의 가치를 수직 상승시킬 수 있다는 것을 정확히 이해하고 있습니다. 다시 한 번 말하지만, 어니는 제 역할의 중요성을 회사에 각인시키는 데 정말 큰 몫을 했어요."

울프가 블룸버그를 떠나면서 자신의 직함과 업무를 어니에게 넘겨준 것은 당연한 선택이었다. 그리하여 어니는 울프의 업무적인 성공을 돕는 데 그치지 않고, 이 책의 마지막 장에서 다룰 주제인 스폰서의 '유산'을 빛내는 역할까지 수행할 수 있었다.

■ 밀레니얼 세대와 혁신을 함께한다는 것

최근 '파괴Disruption'라는 말이 유행어처럼 쓰이고 있지만, 광고계의 업무 현장에서 이 단어는 이미 오래전부터 인사말이나 다름없었다. 소비자들이 점점 디지털과 모바일 시장으로 넘어가고, 장기적으로 거래한 업체보다 늘 새로운 대안을 원하는 고객들이 늘어남에 따라 소위 '빅4'로 불리던 대형 광고 회사들에게 파괴적 혁신은 선택이 아닌 필수가 되었다.

"오늘날 이 업계에서 살아남으려면 불편함에서 편안함을 느껴야 합니다." 뉴욕의 전설적인 광고 대행사 오길비 앤 매더(Ogilvy & Mather, 세계 최대 광고 그룹 WPP의 계열사)의 CEO 루 아버사노Lou Aversano는 이렇게 말했다. "누군가 당신의 구명정을 불태우기 전에 기꺼이 스스로 태워 버릴 수 있는 결단력이 필요하죠." 현재 아버사노를 비롯한 광고계의 베테랑들은 그가 '고도Altitude'라 부르는 과제에 직면해 있다.

"우리는 특정한 높이에서 사물을 봅니다. 오랜 경험과 노하우가 오히려 편견이 되어 시야를 가려 버리는 거죠." 그는 설명했다. 정확히 같은 이유로 아버사노는 2014년 오길비의 지휘봉을 잡고 전략적 혁신을 시작하면서 자신과 다른 고도에서 사물을 보는 밀레니얼 세대에 손을 내밀었다.

그는 적합한 프로테제를 발굴하기 위해 조직 내의 인재 그룹인 영 프로페셔널네트워크Young Professional network를 활용했다. 평균 나이 만 27세인 그룹 구성원 100명에게 오길비의 바탕이 되는 사업 모델을 어떻게 개편할 것인지 아이디어를 제출하라고 지시한 것이다. 하지만 그들의 아이디어는 형식적인 과제로 끝나지 않을 예정이었다. 아버사노를 비롯한 조직의 상급 관리자들은 이 젊은 인재들과 약 두

달 동안 긴밀히 협력하여 비즈니스 과제를 제시하고, 후배들이 가져온 전략을 더욱 발전시키고 구체화할 수 있도록 피드백을 제공했다.

이 프로젝트의 성과 중 하나인 새로운 인사 시스템은 인재에 대한 수요가 1개월 단위로 변하는 광고 회사에 꼭 맞는 유연성과 효율성을 더하며 조직에 실행 가능한 통찰을 주었고, 한편으로는 구성원들에게 안정감과 충성심을 심어 주었다. 또 다른 실적은 아버사노가 벤 레빈Ben Levine이라는 눈에 띄는 프로테제 후보를 발견했다는 것이다.

영프로페셔널네트워크 프로젝트를 진행한 이후 레빈의 역량에 감탄한 아버사노는 그를 '조직 개편 담당 선임 고문'으로 임명하고 그의 이름을 오길비의 관리직 명단에 올려놓았다. 레빈은 그 자리에서 개편에 필요한 인사이트를 제시했다. 예컨대 높은 '고도'가 없는 덕분에 '신선한 관점'을 제공할 수 있었던 그는 고객들과 직접 소통할 수 있는 창의적인 방법을 고안해 냈다. 자료를 분석하여 매출과 수익을 창출할 가능성이 가장 높은 패턴을 도출한 것도 그였다. "레빈은 우리에게 성장의 길을 손에 잡히듯 도식화해서 보여 줬습니다." 아버사노는 그를 이렇게 평가했다.

그는 또한 레빈을 '만능 통역사'라고 설명했다. 그의 표현처럼 레빈은 다른 밀레니얼 세대 직원들과 나이 든 경영진 사이에서 가교 역할을 했다. "고위급 임원들은 전략을 세울 때도 격식을 중시했습니다. 하지만 레빈과 그의 동료들은 격 없는 소통에 익숙했어요. 그들은 지위를 중요시하지 않고, 두려움도 적고, 격식을 차릴 시간에 아이디어를 짰죠. '완벽과 비판, 도전'이라는 기성세대의 신조는 그들에게 통하지 않았어요. 그들은 '실험과 반복'을 더 중시했거든요. 레빈은 이러한 밀레니얼 세대의 감성을 정제해서 기성세대 경영진이 이해하고 처리할 수 있는 언어로 바꿔 주었어요. 아이디어를 가로막는 둑을 터 주었다고 할까요."

이러한 선택은 오길비라는 일류 광고 회사와 그 CEO에게 커다란 보상으로 돌아왔다. 그들은 새로운 인사 제도와 신선한 성장 모델을 얻었고, 젊은 인재들의 사고방식과 업무 방식에 대해서도 한층 깊이 이해하게 되었다. 밀레니얼 세대와의 긴밀한 소통 덕분에 아버사노는 다가올 수십 년 동안 오길비를 혁신하는 데 필요한, 귀중한 지지 세력을 손에 쥐게 되었다.

이 장에서 다룬 다른 스폰서-프로테제 관계와 마찬가지로 아버사노와 레빈은 그들의 상호 교환적이고 지속적인 동맹 관계를 자연스럽게 받아들였다. 하지만 스폰서십이 반드시 본능적으로, 혹은 직관적으로 맺어지는 것은 아니다. 적절한 스폰서십을 이끌어 내는 법칙은 분명히 존재한다.

구체적인 통계 수치와 비즈니스 세계에서 가져온 다양한 예시를 통해 그 법칙을 2부에 매뉴얼 형태로 정리해 두었다. 함께 단계를 밟으러 들어가 보자.

2부

뒤를 밀어줄 인재를
어떻게 찾고 키울 것인가

66

뛰어난 프로테제의 가치는
단순히 사소한 실무를 도맡아
당신이 보다 더 중요한 일에 집중하게
해 주는 것으로 끝나지 않는다.
그들은 당신이 할 수 있는 일의
'넓이와 깊이'를 확장한다.

99

4장

IDENTIFY POTENTIAL PROTÉGÉS

STEP 1
어떤 조건의 후배를 찾아야 할까

첫 번째 단계는 당신에게 지원받을 적절한 프로테제 후보를 찾는 방법을 알아보는 것이다. 당신의 조직에는 분명 뛰어난 역량과 직업 윤리를 가진 인재들이 포진해 있겠지만, 그것만으로는 충분치 않다. 당신에게는 자신의 업무 역량을 확장시킴으로써 그 투자에 대해 보상하고, 당신과 조직 모두에 충성을 바치고, 당신 혹은 조직이 지닌 공백을 메워 줄 만한 후보를 찾아내는 눈이 필요하다.

프로테제를 지원하는 것은 스폰서의 이익만을 위해서가 아니다. 그것은 조직을 위한 선택이기도 하다. 만약 당신이 조직의 최상위에 있다면(혹은 언젠가 그곳에 도달할 계획이 있다면) 당신의 프로테제가 될 인재는 언젠가 조직을 지휘하고 당신의 유산을 자리매김하는 사명까지 띠고 있다.

인재혁신센터에서는 설문을 통해 스폰서들이 프로테제에게 가장 원하는 것이 무엇인지 조사했다. 말할 필요도 없이 상당수가 '실질적인 성과'를 지목했다(73%). 그다음으로 많이 나온 답변은 '충성심'으로 62%가 꼽았다. 두 답변은 모두 논리적이다. 뛰어난 능력을 갖추고 당신과 당신의 목표에 헌신하는 프로테제는 조직의 리더에게, 혹은 장차 리더가 될 인재에게 강력한 지원군이 되어 줄 것이다.

그런데 설문 데이터를 스폰서의 경력에 따라 분류한 자료에서 흥미로운 결과가 도출됐다. 고위급 관리자, 혹은 그보다 더 높은 자리에 있는 경영진들에 비해 중간 관리자들이 '실질적인 성과'를 필수 조건으로 꼽은 비중이 훨씬 높았던 것이다(60% 대 80%). 경력의 중턱을 오르고 있는 중간 관리자들은 고객과 상사에게 자신의 생산성을 증명함으로써 가치를 인정받기 때문에 성과를 가져오는 프로테제에게 우선순위를 둔 것이다. 물론 최고 경영진이나 그 근처에 있는 중역들이 성과의 힘을 무시한다는 뜻은 아니다. 그러나 그들은 조직 안팎에서 다양한 인재를 조달할 힘을 갖고 있는 만큼 성과 창출 능력을 부차적인 조건으로 판단하는 경우가 더 많았다.

리더들이 자신의 커리어를 빛내 줄 프로테제를 어떻게 발굴했는지 정확히 이해하기 위해 세 명의 성공한 스폰서의 사례를 살펴볼 것이다. 한 명은 새로운 회사를 차리면서 '넘버 2'가 될 인재를 원했던 보험 업계의 '전설'이고, 또 한 명은 프로테제 덕분에 자기 분야에서 명성과 권위를 온전히 지키며 영향력을 넓혔던 저명한 법률 전문가다. 마지막 한 명은 수십억 달러 규모의 다국적 기업을 경영하는 CEO로, 프로테제를 통해 놀라운 성과와 헌신을 동시에 누린 인물이다. 세 사람은 적절한 인재 선택을 통해 경력과 영향력을 한 단계 업그레이드시켰다는 공통점을 지니고 있다.

■ 민첩성 높은 후배를 선택할 때 벌어지는 일

앤드루 막스Andrew Marks는 보험 업계에서 꽤 인상적인 경력을 가진 인물이다. 업계의 거물급 회사들을 두루 거친 그는 1986년 자신의 회사 MLW(현재는 아서 J. 갤러거Arthur J. Gallagher와 합병되었다)를 설립했다.

두 명의 파트너와 함께 MLW를 시작한 그는 얼마 지나지 않아 자신과 파트너들의 전문성이 모두 사업 개발 분야에 한정되어 있다는 사실을 깨달았다. 그에게는 기술적이고 일상적인 고객 관리 업무의 일부를 대신 맡아 줄 사람이 필요했다. 그렇게만 된다면 새로운 회사를 위해 자금원을 창출하고 고객 기반을 구축하는 데 집중할 수 있을 터였다.

앞선 스폰서들과 비슷한 과정을 거쳐 그는 이미 몇 년간 함께 일해 온 브루스 틴들Bruce Tindal을 프로테제로 선택했다. "틴들은 매력적인 친구였습니다. 정직하고, 유능하고, 고객을 대하는 태도 또한 훌륭했죠." 막스는 틴들을 이렇게 평가했다.

그중에서도 그의 눈길을 사로잡은 것은 틴들의 마지막 자질이었다. "그는 고객을 위해서라면 죽는 시늉까지 해야 한다는 사실을 정확히 알고 있었어요. 아무리 늦은 밤이라도 고객의 의뢰를 받으면 즉시 뛰쳐나갔죠. 그는 대고객 업무에 반드시 필요한 민첩성을 갖추고 있었습니다."

막스는 틴들의 기민함을 다음과 같이 묘사했다. "새로운 사업 건수가 생기면, 그는 관련된 정보를 미리 수집하고 정리해 뒀어요. 제가 따로 지시할 필요도 없었죠. 본인이 먼저 자료를 가져와서 제게 보여주는 거예요. 우리는 그 정보에서 출발하여 어떤 방향으로 나아갈지, 어떤 전략이 필요한지 토론하곤 했습니다. 그렇게 기본적인 전략이 수립되면 그는 곧 그다음 단계에 걸맞은 자료들을 수집해서 보고했죠. 틴들은 이 모든 과정을 신속하고 정확하게 처리했어요. 데이터를 수집하는 것과 적절한 결론을 도출해 내는 것은 전혀 다른 재능인데, 그는 둘 다 제대로 할 줄 알았죠."

이런 이유로 막스는 1980년대 자신의 사업을 시작하면서 틴들을 선택하는 모험을 감행했다. "그를 찾아가서 똑똑히 얘기했어요. '난 사업을 시작할 거고, 자네가 함께해 줬으면 하네. 솔직히 비전 외에는 당장 후한 조건을 제시할 수 없어. 완전히 신생 사업이고, 그 사업을 경영하는 나 또한 초짜니까. 하지만 자네는 이 일을 훌륭히 해낼 거고, 나 또한 이 사업을 성공시키는 방법에 대해 많은 것을 가르쳐 줄 걸세.' 이 말을 듣고 그는 제 사업에 합류하기로 결정했습니다. 배울 부분이 많다는 걸 알고 있었으니까요. 제가 그를 필요로 하는 만큼 틴들 또한 제가 필요하다는 사실을 정확히 인지하고 있었죠."

새로운 사업의 시작과 함께 막스는 자신의 인적 네트워크를 동원해 아일랜드 이민자 출신이자 자동차 정비공의 아들인 틴들을 뉴욕 엘리트 사회에 적극적으로 소개했다. 비즈니스의 핵심을 가르치는 작업도 잊지 않았다. "저는 그에게 손해보험과 생명보험 프로그램을 짜는 방법에 대해 가르쳤어요. 우리가 파는 보험은 획일화된 규격 상품이 아니었고, 따라서 틴들은 고객들의 특정한 요구에 맞춰서 프로그램을 설계하는 방법에 대해 배워야 했죠. 제가 직접 나서서 그 부분을 교육시켰습니다."

신뢰와 숙련도를 갖춘 오른팔 덕분에 막스는 필드에 나가서 본인이 가장 잘하는 일에 집중할 수 있었다. 다시 말해서 그는 틴들 덕분에 다른 사람들이 상상도 못했던 새로운 분야에 시장을 개척했다. "비영리 단체와 사회복지 기관들이 뉴욕 경제의 가장 큰 파트를 차지하고 있다는 사실을 발견했습니다." 그가 말을 이었다. "그들 또한 보험이 필요했어요. 그리고 저는 뉴욕 유대인 사회에 탄탄한 인맥이 있었죠. 사람들이 그 바닥에서 만큼은 제가 최소한 마이클 블룸버그보다 더 영향력 있는 인사들과 교류하고 지낸다며 농담처럼 말할 만큼이요."

그는 맨해튼의 예일 클럽과 하모니 클럽(Harmonie club, 뉴욕에서 두 번째로 오래된 유서 깊고 프라이빗한 사교 클럽 – 옮긴이)에서 활동하며 최고의 유대인 자선 사업가를 양성하고, 틴들과 협력하여 그들을 위한 맞춤 상품을 만들었다. 사업은 계속해서 번창해 나갔다. 당연히 막스는 그 과정에서 탄탄한 신뢰와 인간적인 매력, 비교할 수 없는 민첩성을 지닌 자신의 프로테제를 사람들에게 적극 추천했다.

"그의 평판은 아주 훌륭해요. 만약 제가 내일 버스에 치이더라도, 그는 제 손으로 일군 사업을 한 점의 문제도 없이 지켜 낼 겁니다."

당신의 넓이와 깊이를 확장해 줄 사람을 찾아서

2016년 겐지 요시노Kenji Yoshino는 이미 세 명분의 일을 혼자서 해내고 있었다. 뉴욕대학교 법학대학원 교수로 재직 중인 그는 미국에서 가장 영향력 있는 법률 전문가 중 한 명이다. 요시노는 독창적인 연구로 대중적인 담론을 변화시키는 일을 하며, 그 분야에 특출한 재능을 갖고 있다. 현재도 그는 《하버드법학리뷰Harvard Law Review》《스탠퍼드법학리뷰Stanford Law Review》《예일법학저널Yale Law Journal》을 비롯한 각종 법률 잡지에 정기적으로 칼럼을 기고하고 《로스엔젤레스타임스》나 《뉴욕타임스》《워싱턴포스트》 등 언론에 글을 게재하며 대중과 폭넓게 소통하고 있다.

이와 더불어 요시노는 뉴욕대학교 학생들에게 학교의 명성에 걸맞게 수준 높은 강의를 제공하는 의무 또한 완벽하게 해내고 있다. 그는 2014년 법학대학원에서 뛰어난 교수진에게 수여하는 '포델 우수 교수상Podell Distinguished Teaching Award'을 수상했다.

마지막으로 요시노는 널리 호평을 받은 세 권의 저서 《커버링 Covering》 《셰익스피어, 정의를 말하다A Thousand Times More Fair》 《지금 말하라Speak Now》를 출간한 저자이기도 하다.

업무적인 성과 외에도 요시노는 파트너와 함께 두 자녀를 키우며 모교인 하버드대학교의 운영을 돕고 있다. 2011년에는 6년 임기의 하버드대학교 감독 위원으로 선출되었고, 2016년부터 2017년 사이에는 위원장을 역임했다.

이렇게 많은 일을 하고 있기에 그가 막중한 책임이 따르는 또 다른 일을 추가로 수행하는 것은 도저히 불가능한 일처럼 보였다. 하지만 그는 2016년 뉴욕대학교 법학대학원에 다양성 및 포용 센터Center for Diversity, Inclusion, and Belonging를 설립하며 '불가능'이란 글자를 '가능'으로 바꾸어 냈다. 이 기관은 뉴욕대학교 안에서 다양성과 관련된 학제 간의 연구와 강의 개설을 지원하고, 대법관을 포함한 법학계의 유력 인사들을 연사로 초빙하며, 법학대학원뿐 아니라 다수의 외부 기관에 리더십과 경영 교육을 제공하는 곳이다.

그가 이 모든 일을 해낼 수 있었던 것은 프로테제가 큰 역할을 해준 덕분이었다. 우리와 진행한 인터뷰에서 요시노는 학교가 아닌 민간 부문에서 프로테제에 대한 인사이트를 얻었다고 밝혔다. "저는 기업에서 법 관련 업무를 수행하는 동료들을 관찰했습니다. 그들 중 재능을 진정으로 발휘하고 의지를 실현시킨 사람들은 다른 누군가의 도움을 받아서 머릿속의 아이디어를 현실로 만든 케이스였죠."

요시노는 비교적 빨리 프로테제 후보를 발견했다. 눈에 띄게 탁월한 재능과 자격을 갖춘 젊은 변호사였다. 하지만 두 사람의 관계가 깊어지기까지는 수년이 걸렸다.

데이비드 글래스고David Glasgow가 맨 처음 그의 눈에 띈 것은 그가 아직 학생 신분으로 요시노의 수업을 들었을 때였다. "그는 제가 교수로 일하면서 만난 학생들 중에서도 두드러진 실력을 갖추고 있었어요." 이것은 요시노만의 주관적인 평가가 아니었다. 글래스고는 이미 학년 최고의 평점을 받고 있었고, 수석 졸업할 가능성이 높았다. 하지만 그는 그저 우수한 학생이기만 한 것은 아니었다. 요시노는 자신의 수업에서 글래스고가 재치와 존재감, 그리고 '단순히 분위기를 주도하는 것이 아니라 강의실 안의 흐름을 읽는' 능력을 보였다고 말했다.

그에게서 재능을 발견한 요시노는 당시 작업 중이던 저서 《지금 말하라》의 보조 연구원으로 그를 채용했다. 이번에도 글래스고는 연구원 이상의 탁월한 능력을 증명했다. 그는 요시노의 역할을 대신할 수 있을 만큼 역동적인 에너지와 충성심, 감수성을 지니고 있었다.

"그는 인용문의 출처를 확인하는 것부터 교정 교열까지, 제가 미처 놓친 부분들을 꼼꼼하게 찾아냈습니다." 요시노는 그를 이렇게 설명했다. "제 저서의 퀄리티를 높이는 데 온 힘을 쏟았죠. 출판사 쪽의 편집자와 보조 편집자, 교정 담당자를 포함해서 업무와 관련된 사람들과 소통하는 능력도 뛰어났어요. 심지어 출판사의 의견에 반대하면서 우리의 방식으로 밀어붙여야 한다고 강하게 주장할 때조차 점잖고 논리적인 모습을 잃지 않았습니다."

요시노는 자신이 글래스고를 긍정적으로 평가한 것이 틀리지 않았다는 객관적인 확신을 얻었다. "제 담당 편집자는 글래스고가 원하기만 한다면 즉시 채용할 의사가 있다고 말했습니다. 집필 과정에서 그가 한 역할은 정말 비범했어요."

2016년 다양성 및 포용 센터를 출범하기로 결심했을 때, 요시노는 자신에게 단순한 보조 연구원 이상의 참모가 필요하다는 사실을 깨달았다. 그는 자신의 어깨에 쌓인 짐을 상당 부분 덜어 줄 수 있는 인재를 원했다. 그에게 필요한 것은 모든 자원 중에서도 가장 귀중한 자원, 겐지 요시노라는 이름에 달린 막중한 책임에 투자할 '시간'이었다. 그는 글래스고에게 새로 설립될 센터의 이사직을 제안했다.

요시노의 프로테제로서 글래스고는 학생과 보조 연구원 다음으로 맡은 수준 높은 임무를 훌륭히 해냈다. 그의 역할은 스폰서가 설정한 목표와 가이드라인을 현실로 만드는 일이었다. "그는 세세한 관리 업무에서 저를 해방시켜 줬어요. 심지어 관리자를 관리하는 업무에서도 벗어나게 해 줬죠." 요시노는 이렇게 말했다.

예를 들어 다양성 및 포용 센터에 소니아 소토마요르_{Sonia Sotomayor}

대법관을 연사로 초빙했을 때, 요시노가 한 일은 그저 글래스고에게 그를 초청했으면 한다고 지시한 것뿐이었다. 나머지 업무들, 이를 테면 강연 준비, 법학대학원에서 열릴 공식 행사 기획, 파티 진행, 필요한 물품 구비 업무 등은 글래스고가 알아서 처리했다.

다른 업무들 또한 비슷한 방식으로 진행됐다. 그중에는 센터의 핵심 프로그램이라고 할 수 있는 뉴욕대학교 법학대학원생들을 위한 리더십과 다양성, 포용 관련 교육 코스 운영도 포함되어 있었다. 요시노가 글래스고와 논의를 거쳐 큰 틀의 아이디어를 내놓으면, 글래스고는 그 생각을 현실로 만들었다. 그는 커리큘럼 구성을 돕고, 설문 조사와 통계 분석을 실시하고, 프레젠테이션을 진행했다.

뛰어난 프로테제의 가치는 그저 사소한 실무를 도맡아서 당신이 보다 더 중요한 일에 집중하게 해 주는 것으로 끝나지 않는다. 그들은 당신이 할 수 있는 일의 '넓이와 깊이'를 확장한다.

요시노는 오래전부터 법률 저서의 고전으로 인정받고 있는 《커버링》의 개정판을 기획했지만 쉽게 실행에 옮기지 못하고 있었다. 그에게 부족한 것은 시간만이 아니었다. 그는 법률 서적과 회고록이 적절히 융합된 형태의 이 책을 각 기관이 실전에 활용할 수 있도록 매뉴얼북 형태로 개정하고 싶었지만, 그 작업에 들어가는 방대한 리서치를 비롯한 추가 작업을 진행할 엄두가 나지 않았다.

그는 지금껏 유지되던 스폰서십에서 한 걸음 더 나아가 글래스고에게 더욱 막중한 책임을 맡기기로 했다. 다시 말해서 새로 나올 저서(이미 《포용의 기술Uncovering Talent》이라는 가제를 붙여 둔)가 혼자서 집필하는 것보다 더 나은 작품이 될 수 있도록 글래스고에게 리서치 진행과 결과 분석을 일임하기로 마음먹었다. 글래스고는 다시 한 번 능력을 발휘했다. "그는 제가 흥미를 느끼지 못하는 부분, 따라서 약점이 될 수 있는 부분을 맡아서 강점으로 탈바꿈시켰죠." 요시노는 설명했다. 그는 몇 년에 걸쳐서 프로테제에게 점점 더 많은 책임을 맡겼다. 글래스고는 모든 임무를 탁월하게 처리했고, 시간이 갈수록 큰 신뢰를 얻었다.

물론 요시노는 두 사람의 관계가 자신의 일방적인 착취가 되지 않도록 스폰서로서 최선의 노력을 기울였다. 업무 경험과 별개로 글래스고는 요시노 밑에서 일하는 동안 탄탄한 포트폴리오와 든든한 네트워크를 손에 넣었다. 그가 맡은 건 미국의 권위 있는 법학대학원의 센터 이사직이었고, 그 직함 덕분에 저명한 법학자를 비롯한 오피니언 리더들과 교류할 수 있었다. 요시노의 지원에 힘입어 그는 현재 뉴욕대학교에서 공동 강의를 진행하고 있다. 이로써 그의 이력서에는 또 다른 주요 경력 한 줄이 추가될 예정이다. 《포용의 기술》이 출간되면 공저자 자격까지 획득하게 된다. 2017년 글래스고가 한 아이의 아버지가 되었을 때, 요시노는 고용 계약상의 의무가 없었음에도 불구하고 그에게 후한 유급 육아휴직을 제공했다.

요시노와 글래스고의 관계는 둘 모두에게 이익을 가져다줬다. 이것이 바로 제대로 된 스폰서십의 효과다. 이 관계는 철저히 상호 교환적인 동시에 깊은 신뢰를 기반으로 해야 한다. 이 주제에 대해서는 다음에 만나 볼 스폰서가 당신에게 보다 더 명확한 인사이트를 제공해 줄 것이다.

완전히 솔직한 사람에게 권위를 덜어 줄 때

호라시오 로잰스키Horacio Rozanski는 2015년부터 글로벌 경영 컨설팅 회사 부즈앨런 앤 해밀턴Booz Allen & Hamilton, BAH의 CEO를 맡고 있다. 프로테제를 선택하는 기준이 무엇이냐는 내 질문에 그는 업무 성과의 경우 기본적인 조건에 불과하다고 답했다. "BAH에서 상위권에 속하는 구성원들은 모두 유능하고 뛰어난 성과를 창출합니다. 그 정도로는 자신을 어필할 수 없어요." 그는 충성심과 진정성, 그리고 용기를 훨씬 더 높이 평가한다고 말했다. "업무적인 부분은 얼마든지 가르칠 수 있어요. 그보다 중요한 것은 그 사람의 가치관이 저와 우리 조직과 일치하는지 여부죠."

그는 이어 말했다. "어떤 인재의 스폰서가 된다는 건, 그에게 제 권위를 어느 정도 넘겨준다는 의미입니다. 잘못된 인재를 선택하면 권위가 남용될 수 있어요. 심지어 스폰서가 CEO라면, 내가 보지 않는 곳에서도 그가 어떻게 행동하는지 확실하게 확인한 후 프로테제를 선택해야 하죠."

자신의 권위를 믿고 맡길 인재를 어떻게 찾아낼 수 있을까? 로잰스키의 경우, 그 검증 과정은 잠재적 프로테제 후보와 직접적으로 함께 일하는 단계에서부터 시작된다(물론 거기서 끝나지는 않는다).

그의 프로테제 중 한 명을 예로 들어 보자. 2000년대 초반, 당시 BAH의 인사부장으로 일하고 있던 로잰스키는 회사로부터 일부 고위급 컨설턴트와 계약직 구성원들의 고용 관계를 재정립해 달라는 임무를 받았다. 최고 경영진은 그를 보조하는 역할에 계약 전문가인 젠 와그너Jen Wagner를 투입했다.

고위급 임원들과 소통하는 과정에서 와그너에게는 종종 로잰스키를 대리할 일이 생겼다. 와그너의 업무는 그들이 새로운 근무 방식과 급여 체계를 받아들이도록 설득하는 일이었고, 실제로 한 번의 실패도 없이 상대방을 납득시켰다. "와그너는 조직의 핵심에 있는 사람들, 본인보다 훨씬 직위가 높은 상사들을 상대해야 했어요. 그는 대화를 설득력 있게 이끌어 가면서도 한 치도 양보하지 않았죠." 로잰스키가 말했다. "일이 마무리될 무렵에는 모두가 와그너를 호의적으로 생각하게 되었습니다."

이 섬세한 작업을 와그너에게 맡김으로써 로잰스키는 엄청난 가치를 얻었다. "임원들은 조직 내에서 맹수와 같은 힘을 가진 이들이었고, 모든 일을 자기 방식대로 처리하는 데 익숙했습니다. 와그너는 그 맹수들을 잘 길들였죠. 중요한 점은 임원들이 그의 방식을 좋아했다는 거예요."

함께 일하는 몇 달 사이, 로잰스키는 와그너에 대해 개인적으로 알아가기 시작했고, 곧 그에게 회사 일 외에 또 다른 업무가 주어져 있다는 사실을 알게 되었다. 와그너는 풀타임 직업에 버금가는 두 아이의 양육을 혼자서 해내고 있었다.

"바로 그 점이 강함과 부드러움을 동시에 지닌 그의 특별한 자질을 만들어 냈다고 생각합니다." 로잰스키는 말했다. "두 아이를 혼자 키운다면 부모 역할의 일부를 파트너에게 맡기는 사치를 누릴 수가 없죠. 엄격한 훈육과 따스한 포용을 동시에 할 수 있어야 해요."

이토록 깊은 인상을 남겼음에도 불구하고, 로잰스키가 와그너에게 직접적으로 스폰서십을 제안하기까지는 6년이란 시간이 걸렸다. 6년 후, BAH의 최고운영책임자로 승진한 로잰스키는 자신을 도울 운영 담당자가 필요하다고 판단했다. 이 역할을 맡은 사람은 그의 수석 보좌관이 될 것이고, 보좌관의 능력에 따라 그의 비전은 실현될 수도 좌절될 수도 있었다. 그는 가장 먼저 와그너를 떠올렸지만, 곧바로 그에게 손을 내미는 대신 다른 이들의 의견부터 확인했다.

"프로테제를 선택하려면 단순한 직감이나 한 번의 훌륭한 팀플레이 경험 이상의 확신이 필요합니다." 그는 이렇게 강조했다. "누군가에게 힘을 실어 주기 전에는 당연히 철저한 검증 과정을 거쳐야 하죠." 로잰스키는 와그너의 상사뿐 아니라 동료들과도 대화를 나눴고, 업무 평가 보고서도 철저하게 확인했다. 대부분의 사람은 상사에게 하는 것만큼 동료나 부하 직원들과의 관계를 위해 노력하지 않는다.

하지만 그런 사람은 로잰스키가 찾는 인재가 아니었다.

이러한 검증 과정을 통해 로잰스키는 와그너에 대해서 자신이 받았던 인상이 그의 실제 성품과 일치한다는 확신을 얻었다. 그는 와그너에게 자신의 옆에서 운영 담당자 역할을 맡아 달라고 제안했다.

또다시 6년이 흐른 후, CEO 자리에 오른 로잰스키는 여전히 와그너를 자신의 측근으로 두고 있다. 와그너는 맨 처음 스폰서를 감동시켰던 판단력과 능력, 기개와 재치를 멈추지 않고 발휘했다. 이와 더불어 그는 로잰스키가 결코 혼자서 얻을 수 없는 자산인 '정직한 피드백'을 제공했다. "와그너와 일하는 것이 좋은 이유는 그가 종종 제 사무실로 찾아와 방문을 닫고 직언을 올리기 때문이죠. 열 번에 아홉 번은 그의 의견이 옳아요."

로잰스키는 이러한 정직함이야말로 특별한 가치가 있는 '자질'이라고 힘주어 말했다. 조직의 정점에 있는 사람은 현실적으로 마음에서 우러난 피드백을 얻기가 어렵다. "CEO는 자신의 방에 걸어 들어와 불편한 진실을 말할 용기를 지닌 이들을 선발해야 합니다. 그런 인재를 프로테제로 두어야 하죠. 제대로 된 프로테제를 고르면 많은 것을 또 배울 수 있습니다."

프로테제로부터 뭔가를 배운다는 마음가짐은 굉장히 중요하다. 요시노와 마찬가지로 로잰스키가 성과와 충성심에 더해 플러스알파를 지닌 프로테제를 찾아낼 수 있었던 것은 이런 관점 덕분이었다. 이 플러스알파는 바로 스폰서와 '다른 자질'이다. 프로테제가 스폰서의 성공을 돕는 가장 확실한 방법은 스폰서에게 부족한 부분을 보충해 주는 것이기 때문이다. 와그너는 싱글맘이라는 특별한 경험이 있었고, 그 덕분에 로잰스키와 전혀 다른 형태의 리더십을 지닐 수 있었다. 글래스고는 요시노의 업무 과정에 세심함을 더하며 요시노 혼자서는 조사할 수 없었던 구체적인 세부 사항을 책임지고 확인하는 업무를 수행했다.

요시노와 로잰스키는 프로테제의 가치를 정확히 아는 스폰서다. 하지만 이런 경우는 그리 흔하지 않다. 인재혁신센터의 연구에 따르면 자신에게 부족한 기술이나 리더십을 가진 프로테제를 원한다는 스폰서는 전체의 23%에 불과했다.

그러나 당신이 프로테제로부터 자신과 다른 가치를 찾기 시작하다면, 다음 장에서 확인할 수 있듯이 그 관계에서 기대할 수 있는 부가 가치는 상상 그 이상일 것이다.

실전 활용법

스폰서십 관계를 구축하는 여정은 올바른 인재를 발굴하는 과정에서부터 시작된
다. 뛰어난 능력을 지닌 인재를 찾는 것은 당연하고, 그 외에도 전적으로 믿을 수
있는 신뢰성과 더불어 당신, 혹은 당신의 조직에 부족한 자질을 채워 줄 수 있는
인재를 선별해 내야 한다. 아래의 조언들을 참고하면 최고의 재능과 균형감을 지
닌 후보를 찾아내는 데 도움이 될 것이다.

일찍 시작하라.

중간 관리자도 스폰서십을 통해 고위급 임원 못지않은 혜택을 누릴 수 있다. 11장
에서 자세히 살펴보겠지만, 야망 있는 젊은 관리자가 뛰어난 프로테제의 도움을
받을 경우 정상의 자리까지도 올라갈 수 있다. 중간 관리자들은 사소한 실무를
프로테제에게 넘기고 시야를 임원진만큼 넓히는 데 집중해야 한다.

가치를 요구하라.

초반 단계부터 높은 기대치를 갖고 가치 창출을 요구해야 한다. 당신이 원하는
것은 스폰서십이지 멘토십이 아니다. 따라서 처음부터 상호 교환적인 관계를 만
들어 가야 한다. 물론 속도는 사람에 따라 다를 수 있다. 요시노는 유달리 신중
한 태도를 보이며 글래스고의 책임을 점진적으로 늘려 나갔다. 그에 비해 막스는
훨씬 빠른 페이스로 잠재적 프로테제를 시험했다(그의 경우는 고객의 요구에 대한
'민첩한' 반응 속도가 프로테제의 가장 큰 조건이기도 했다).

사소한 실무들을 일임하라.

당신이 성공으로 향하는 궤도 위에 있다면(사실 모든 스폰서가 그 궤도에 올라 있다) 시간이야말로 가장 부족한 자원일 것이다. 당신은 더 높은 우선순위의 작업에 투자할 수 있도록 온 힘을 다해 시간을 사수해야 한다. 그러려면 업무 환경에서 작은 업무들을 최대한 걷어 낼 필요가 있다. 당신의 사소한 실무들을 책임지고 진행해 줄 프로테제는 당신의 성공을 응원하며 그 씨앗을 뿌릴 의지를 가진 인재라야 한다. 이런 사람이라면 진정한 동기를 갖고 일을 제대로 처리하기 위해 최선을 다할 것이다.

충성과 신뢰를 확보하라.

우리의 통계는 프로테제를 찾는 여정이 '성과'와 '충성심'이라는 두 개의 높은 허들을 넘는 과정이라는 사실을 확인시켜 주었다. 하지만 로잰스키가 지적했듯이, 특히 고위급 관리자의 주변에는 뛰어난 업무 성과를 보이는 인재가 널려 있을 공산이 크고, 따라서 스폰서가 더 중시해야 할 자질은 '태도'와 '신뢰성'이다. 스폰서십 관계를 무너뜨리는 주된 원인이 '성과 부족'이 아니라 '신뢰 상실'이라는 사실을 감안하면 이 조언을 특히 마음에 새겨야 할 것이다(8장 참조).

당신에게 필요한 자질을 구체적으로 찾아라.
(단, 한계를 규정하지는 마라)

당신의 부족한 부분을 메워 주고 가치를 더해 줄 프로테제와 함께한다는 것은 멋진 일이다. 예를 들어서 신기술에 능통한 밀레니얼 세대는 당신에게 낯선 소셜 미디어 마케팅을 자유자재로 활용할 수 있다. 하지만 당장의 필요만 채워 주는 능력보다는 몇 년 앞을 내다보고 당신의 장기적인 커리어에 도움을 줄 인재를 발굴하는 것이 중요하다. 눈앞의 즉각적인 이슈에 눈이 멀어 당장은 꼭 맞지 않더라도 향후 큰 가치를 창출할 뛰어난 인재를 놓쳐서는 안 된다.

팀 내부의 인재를 육성하라.

스폰서십이 젊은 프로테제의 승진 가능성을 20% 가까이 올려 준다는 연구 결과가 있을 만큼, 스폰서의 존재는 프로테제의 성공에 큰 영향을 미친다. 일부 임원이나 중간 관리자들은 팀 외부에서 프로테제를 찾기도 하지만(3장의 티아가라잔이 그 대표적인 사례다), 대부분의 조직은 직급을 막론하고 팀 내에서 인재를 육성하는 리더를 선호한다. 이런 선택은 후계자를 정하거나 팀의 사기를 올리는 데도 효과적이다. 프로테제 후보를 선별할 때 조직이 원하는 기준을 염두에 두는 것도 좋은 방법이다.

66

당신이 지역, 학력 등 다른 배경이나 다른 정체성,
다른 기술을 지닌 프로테제를 포용하기 시작한다면
그로 인해 기대할 수 있는 혜택은 엄청나다.
인재 풀과 기업 시장은 날이 갈수록
다양성을 인정하는 방향으로 나아가고 있다.

99

5장

INCLUDE DIVERSE PERSPECTIVES

STEP2
전혀 다른 성향의 인재를 주목하라

지금도 많은 사람이 그리워하는 고故 에드워드 길리건Edward Gilligan 회장이 아메리칸익스프레스를 이끌던 시절, 그는 고위급 임원진에게 두 가지 지시를 내렸다. 첫째, 스폰서십을 맺을 만큼 유망한 인재 세 명을 발굴하라. 둘째, 그들 중 최소 두 명은 본인과 다른 자질을 지닌 인재로 선택하라. 이 내용은 훗날 '길리건의 1+2 법칙'으로 불리게 되었다.

길리건의 지시 뒤에는 날카로운 통찰력이 숨어 있다. 길리건은 왕년의 자신을 떠오르게 할 정도로 뛰어난 능력을 가진, 소위 '미니미' 처럼 자신을 꼭 닮은 프로테제를 한 명 정도 두는 데는 찬성했다. 하지만 나머지 두 명은 반드시 스폰서 본인과 다른 성향의 인재여야 한다고 주장했다. 그는 특출한 업무 성과와 더불어 성별, 세대, 문화의 차이 덕분에 스폰서 개인과 조직에 부족한 지식, 기술, 인맥, 경험을 보충해 줄 프로테제를 찾아야 한다고 강조했다. 길리건은 리더들이 다양성을 갖춘 프로테제와 함께했을 때 스폰서십의 효과가 몇 배나 증가한다는 사실을 알고 있었다.

2장에서 살펴본 것과 같이 최고의 프로테제는 뛰어난 역량과 충성심을 증명하고 스폰서의 경력에 추가적인 가치를 더해 주는 인재다. 그리고 추가적인 가치는 대부분 '다름'에서 나온다.

그러나 차이를 기준으로 삼아 프로테제를 발굴하는 스폰서는 그리 흔하지 않다. 인재혁신센터의 조사에 따르면 자신과 다른 프로테제를 원하는 스폰서는 전체의 23%에 불과했다. 오늘날 조직의 최상위 직급을 차지하고 있는 베이비붐 세대의 경우, 그 비율은 약 14%까지 내려갔다.

다름이 주는 가치에 대한 불충분한 인식은 '같은 피부색'을 선호하는 경향으로 이어졌다. 백인 스폰서의 53%, 흑인 스폰서의 49%, 히스패닉 스폰서의 40%가 최측근 프로테제를 자신과 동일한 인종 안에서만 선택했다. 이처럼 자신과 비슷한 인재를 후원하고자 하는 경향은 분열된 사회 모습이 반영된 결과다. 우리 조사에 따르면 기업의 백인 구성원 중 41%는 흑인, 히스패닉, 아시아계 구성원들과 친밀하거나 개인적인 관계를 맺고 있지 않다고 답했다.

스폰서십은 구성원 사이에 있는 장벽을 허물고 네트워크와 역량을 확장시킴으로써 리더 개인과 조직 모두에 긍정적 영향을 미치는 강력한 도구다. 당신이 지역, 학력 등 다른 배경이나 다른 정체성, 다른 기술을 지닌 프로테제를 포용하기 시작한다면 그로 인해 기대할 수 있는 혜택은 엄청나다. 인재 풀과 기업 시장은 날이 갈수록 다양성을 인정하는 방향으로 나아가고 있다. 그렇기에 다름을 포용하는 태도는 성공의 사다리에 오르려는 당신의 여정에 특별한 힘을 실어줄 수 있다.

벼랑 끝에 있던 폭스뉴스를 구해 낸 사람

2017년 초 폭스뉴스 방송국의 인사부서에서 지휘봉을 잡은 케빈 로드Kevin Lord는 맡겨진 업무를 완벽하게 수행했다. 당시 폭스뉴스는 회사 대표와 간판 앵커 등의 성 추문과 인종 차별, 성차별을 주장하는 직원들의 집단 소송이 연이어 터지며 세간의 주목을 받고 있었다.[17] 조직 내 분위기는 아무리 좋게 말해도 팽팽한 긴장에 휩싸였다고 말할 만한 상황이었다.

현재 근무 중인 직원들은 물론, 미래에 입사할 직원들의 업무 환경을 개선하기 위해서라도 로드는 인사부서를 개편하고 폭스뉴스의 조직 문화 자체를 변화시키고 싶었다. 특히 여성과 유색인종이 환영

받는다는 느낌, 그로 인한 안정감 속에서 동기를 부여받을 수 있는 일터를 만드는 것이 그의 목표였다.

당시 50대 백인 남성이었던 로드는 그 목표를 이루기 위해서는 동맹이 필요하다는 것을 깨달았다. "제가 하려는 일의 문화적 배경을 고려했을 때, 제게는 부족한 부분을 메워 줄 동지가 필요했습니다." 그는 당시를 이렇게 설명했다. "저와 다른 외양과 관점을 가진 사람, 폭스뉴스의 HR 시스템도 다양성을 존중한다는 이미지를 심어 줄 그런 사람이 필요했죠."

그 시절 폭스뉴스의 분위기상 여성이나 유색인종을 인사부서에 영입하는 것은 쉬운 일이 아니었다. 하지만 로드는 마음속으로 이미 유망한 후보를 꼽아 두고 있었다. 그의 눈에 띈 마실라 헤이스Marsheila Hayes는 소셜미디어에 정통한 흑인 여성으로,《USA 투데이》등 101개 신문사와 22개 방송국을 소유하고 있는 또 다른 거대 미디어 기업 개닛Gannett의 인사부서에서 최고의 성과를 거두고 있는 인재였다.

로드는 그에게 전화를 걸었다. 그때까지만 해도 스카웃에 성공하리라는 자신은 없었다.

"맨 처음 로드가 저에게 전화해서 폭스뉴스에 자리를 만들어 줄 수도 있다고 제안했을 때 저는 '글쎄요, 잘 모르겠네요. 저는 폭스에 대해 아는 게 없거든요'라고 대답했죠." 헤이스는 당시를 이렇게 기억했다. "하지만 결국 저는 그 제의를 받아들였어요. 리더로서 부장님을 신뢰했거든요. 그 마음은 지금도 변함없습니다."

세대와 성별, 인종까지 어느 하나 겹치지 않는 두 사람 사이에 어떻게 이런 신뢰가 생겨날 수 있었던 걸까? 그 이야기는 로드가 인사부장으로 개닛에서 근무하던 2012년으로 거슬러 올라간다.

"개닛에서는 인재 발굴 프로그램을 운영했어요." 로드는 설명했다. "커리큘럼 중에는 다양한 인물이 진행하는 강연도 포함되어 있었죠. 하루는 헤이스가 연사로 참여한 기업 CEO들을 소개하게 되었어요. 당시 그는 대학을 졸업한 지 고작 몇 년밖에 안된 사원이었지만 유머와 재치, 기품을 갖춰서 훌륭하게 소개해 냈죠. 해당 기업 CEO들 앞에서 바로 그 CEO에 대한 이야기를 풀어내며 청중들을 말 그대로 들었다 놨다 했습니다. 저는 그 모습을 보고 말했죠. '저 친구에 대해 좀 더 알아봐야겠는데?'"

그 시기와 맞물려 로드는 개닛에서 젊은 후배가 선배 직원에게 디지털 기술을 가르쳐 주는 '역멘토링Reverse Mentoring' 프로그램을 운영하기 시작했다. 사실 디지털 기술은 로드 본인에게도 부족한 역량 중 하나였다. 그는 헤이스를 자신의 '역멘토'로 선택했고, 로드의 바람대로 헤이스는 소셜미디어와 디지털 플랫폼에 대해 예리하면서도 실전에 바로 적용 가능한 인사이트를 주었다. 예를 들어 그의 조언대로 IT 회사와 파트너십을 맺은 덕분에, 개닛은 대학 졸업 예정자들을 대상으로 하는 가상 채용 프로그램을 효율적으로 진행할 수 있었다.

헤이스는 개닛의 첫 번째 가상 채용 박람회를 직접 이끌었고, 덕분에 평범한 대졸자뿐 아니라 참전 군인 출신이나 유색인종 인재를 다수 영입할 수 있었다. 또한 회사의 채용 정보를 알리는 트위터와 페이스북 계정을 맡아 운영하여 팔로워 수를 각각 87%와 94%까지 끌어올렸다. 창사 이래 최초로 여성 임직원 조합을 만들어 직접 회장직을 맡기도 했다.

헤이스가 로드에게 성과를 가져다주는 동안, 로드 또한 그를 위해 자기 몫을 했다. "부장님은 제게 묻곤 했어요. '혹시 인사부서 내에서 경험해 보고 싶었는데 기회를 얻지 못했던 직무가 있나? 만약 있다면, 내가 자리를 만들어 주지.' 그뿐 아니라 부장님은 조직의 다른 팀에서 새롭거나 흥미로운 프로젝트를 진행할 때마다 제게 관찰자, 혹은 외부에서 통찰력을 제공하는 조언자로서 해당 업무에 접근할 수 있는 찬스를 주셨습니다. 이 경험은 동기 부여와 전략적 사고라는 측면에서 큰 도움이 되었죠. 덕분에 저는 인사부서에 국한되지 않고 조직의 운영 체계를 포괄적으로 이해하게 되었어요.'"

업무적으로 편하게 소통할 수 있는 사이가 되면 당연히 개인적으로도 친근한 동료애를 느끼게 된다. 두 사람은 주로 로드의 아이들이나 헤이스의 진로 계획에 대해 허물없이 대화를 나눴다.

"가상 채용 박람회나 인터넷 전화 스카이프를 통한 채용 설명회 등이 화두에 오를 때마다 이렇게 정보를 드리곤 했어요. '혹시 아드님 잭Zack도 이런 부분에 관심이 있지 않을까요? 일대일 영상통화를 통해서 휘트먼대학교의 입학 요강을 들을 수 있는 프로그램이 있다고 들었거든요.'" 헤이스는 말했다. "부장님은 제 조언에 반색하며 잭에게 그 정보를 전해 줬죠. 한번은 온라인 채용 설명회에 대한 의견을 구하면서 설명회 장면을 녹화한다면 당일에 참석하지 못한 사람들에게도 보내 줄 수 있다고 말했더니, 부장님은 '그거 아주 좋은 기술이군. 그럼 우리 아이들이 취업을 준비할 때 부모인 나도 그 영상을 받아 볼 수 있을 것 아닌가'라고 대답하셨죠."

헤이스의 설명에 로드가 보이는 관심은 진심이었다. 실제로 그의 아이들은 대입과 취업을 앞두고 있었고, 헤이스는 자신보다 스무 살이나 젊었으므로 자신의 자녀들에게 필요한 정보에 대해서 헤이스에게 조언을 구하는 것은 매우 타당한 선택이었다. 얼마 후 로드는 자녀들의 관심 분야를 말하며 해당 분야에서 일하는 동창들이 있냐고 물었고, 헤이스는 흔쾌히 자신의 인맥을 그의 아이들과 연결해 주었다.

헤이스는 진지한 조언을 구할 정도로 자신을 믿고 의지하는 로드의 신뢰에 호의로 응답하며 동시에 자신의 굵직한 인생 계획에 대해 로드와 상의하기도 했다. "대학원에 가는 게 좋을까요? 그게 의미 있는 경험이 될까요?" "만약 그렇다면, 어느 학교에 가야 할까요?" "부장님은 대학원에서 어떤 경험을 얻으셨나요?" "혹시 제가 구체적인 내용을 물어볼 만한 사람을 아시나요?" 로드는 헤이스가 자신의 자녀들의 문제에 대해서 보여 준 것과 똑같은 성의를 보이며 그의 고민을 함께 나눴다.

"그 상담은 제가 부장님께 가장 감사하는 부분 중 하나예요." 헤이스는 이렇게 설명했다. "그냥 이렇게 말씀하실 수도 있었어요. '대학원? 가면 좋지. 석사 학위가 있어서 나쁠 건 없으니까.' 하지만 부장님은 진심 어린 답변을 해 주셨어요. '만약 자네가 이 분야에서 성공하고 싶다면 대학원을 나오는 걸 추천하네. 그 이유에는 이런저런 것들이 있지. 하지만 무엇보다 그 경험이 경력의 일부라는 사실을 잊지 말아야 해. 단순히 학문적인 목표에만 매몰되어서는 안 돼. 지원하기 전에 그 학교와 학과가 동종 업계 인맥을 쌓는 데 얼마나 도움이 될지 최대한 상세히 조사하고, 그 학위가 자네의 경력에 어떤 가치를 더해 줄지도 냉정하게 따져 봐야 해.'"

고민 끝에 헤이스는 조지타운대학원에 진학하기로 결심했고, 휴직을 하는 대신 야간 수업을 들으며 뛰어난 업무 성과를 이어갔다. 그는 그것이 정말로 멋진 경험이었다고 말했다.

이처럼 둘 사이의 개인적인 믿음이 두터워지면서, 로드와 헤이스가 직장에서 형성한 업무적인 신뢰 또한 더욱 굳건해졌다. 개닛이 복지 정책을 변경하는 바람에 직원들의 불만이 폭주했을 때도 로드는 헤이스에게 의지하면서 위기를 헤쳐 갈 수 있었다. 비록 헤이스는 인사부장인 로드에 비해 경력도 나이도 한참 아래였지만, 그를 위해 직원들의 실제 반응을 취합하여 전달해 주는 등 진심으로 어깨를 기댈수 있는 존재가 돼 주었다.

"헤이스의 말은 마치 '진실의 약' 같았습니다." 로드는 이렇게 말했다. "조직에서 상급자가 되고 나면, 부하 직원들이 속마음을 드러내지 않으려고 하거든요. 대부분 상사가 듣고 싶어 하는 말만 하려고 하죠. 하지만 헤이스는 달랐어요. 그는 늘 제가 들어야만 하는 말을 해 줬죠. 언급한 사람의 이름은 공개하지 않으면서 직원들이 조직의 변화에 대해 실제 어떻게 생각하고 얘기하고 있는지 정확히 전달해 줬어요."

개닛의 조직이 둘로 분할되면서 로드와 헤이스는 각각 다른 회사 소속이 되었다. 하지만 두 사람은 계속 연락을 유지했다. 폭스뉴스의 인사부서 책임자로 부임한 지 2년이 되었을 때 로드가 헤이스에게 손을 내밀었던 것은 그간의 단단한 신뢰가 바탕이 된 것이었다. 바로 그 신뢰가 헤이스가 그의 제안을 받아들인 결정적 이유였다.

헤이스는 폭스뉴스에서 채용 프로그램 및 다양성 확대 책임자가 되었다. 하지만 직함은 그저 그가 맡은 역할의 일부를 뜻할 뿐이다. 그는 조직에 들이닥친 성차별, 인종 차별 관련 집단 소송에서 로드를 대신해 원고 측과 접촉하는 핵심 임무를 담당했다. 그러는 동시에 로드는 그에게 몇몇 고발 건에 대한 내부 조사 지휘권을 일임했고, 새로운 사내 정책을 수립하기 위해 최고재무관리자CFO와 직접 협업할 기회까지 마련했다.

이 모든 경험은 헤이스의 경력에 큰 도움이 되었다. 하지만 도움을 받은 것은 로드도 마찬가지다. 헤이스가 세간의 이목을 끄는 흑인 여성이라는 사실 자체가 중요한 역할을 했다. "다양성을 지닌 구성원들은 헤이스와의 대화를 편하게 생각했어요. 하지만 만약 인사부서에

50대 백인 남성인 제가 유일한 대화 창구였다면 그들의 반응은 사뭇 달랐을 겁니다."

헤이스는 소수자 집단 인재들의 의견을 내부적으로 공유할 수 있도록 디지털 플랫폼을 구축했다. 그러면서 회사의 신입 사원 채용 과정을 개편하고 사내 유망주 교육 프로그램을 직접 이끌고 있다. 전국흑인기자협회NABJ를 비롯한 다양성 관련 단체와 모임 등에 폭스뉴스의 참여를 대대적으로 증가시킨 것 또한 그의 공이다.

"요즘은 폭스뉴스의 고위급 인사들이 다양성 행사에 적극적으로 참여합니다." 헤이스는 말했다. "의사 결정자와 각 부서 책임자들이 뛰어난 인재를 그 자리에서 스카우트하는 경우도 있어요. 그리고 이런 경험을 한 임원들은 하나같이 긍정적인 피드백을 줍니다. 어떤 분은 이렇게 말했어요. '이런 사회적 흐름에 직접 기여할 수 있다는 건 정말 멋진 경험이네. 그전에도 다양성 행사에 참여해 본 적은 있지만, 폭스뉴스의 이름을 달고 간 건 처음이야.' 협회 사람으로부터 전해 들은 얘기인데, 다른 참가자들 또한 이런 반응을 보였다고 하더군요. '폭스뉴스에서 나온 사람들 봤어? 세상에, 내가 이렇게 대단한 사람을 실제로 만나다니. 나는 지금까지 그 회사에 그런 역할이 있는지도 몰랐어.'"

다른 좋은 스폰서십 사례와 마찬가지로, 로드와 헤이스의 관계는 양쪽 모두의 경력을 업그레이드시켰다. 그 바탕에는 능력과 충성심은 물론 의도적으로 자신과 다른 인재를 측근으로 영입한 로드의 노력 덕분에 생긴 추가적인 가치가 있었다. 이것은 두 명의 뛰어난 인재가 수년간 의식적으로 서로에게 투자한 결과물이었다.

"우리는 상대의 중요한 문제에 귀를 기울였고, 각자가 가진 자원을 통해 서로의 가치를 상승시킬 방법을 찾았고, 오랜 세월에 걸쳐 쌓아 온 인맥과 자원에 대한 접근 권한을 서로에게 넘겨줬습니다." 헤이스는 말했다. "그런 의미에서 우리는 서로에게 특별한 혜택을 주는, 호혜적인 관계였죠."

"대체 어디서 저 사람을 찾아낸 겁니까?"

3장에서 살펴봤던 젠팩트의 CEO 티아가라잔이 그의 오랜 프로테제 중 하나인 사즈에게 준 보상을 기억하는가? 최근 그가 새로운 프로테제를 찾았다고 전해 왔다. 티아가라잔은 자신이 그 프로테제를 선택한 가장 큰 이유를 자신과 완전히 다른 리더십 스타일을 지니고 있어서라고 설명했다.

티아가라잔이 채우고자 했던 자리는 경영진에 속하는 최고전략책임자cso였다. 딱 들어맞는 역량을 지닌 인재를 찾는 것 외에도 그는 이번 인사를 통해 두 가지 비즈니스 목표를 달성하고자 했다. 첫 번째 목표는 기존과 다른 관점과 접근법을 지닌 인물을 통해서 경영진의 시야를 넓히는 것이었고, 두 번째 목표는 젠팩트의 최상위에 여성 인재의 입지를 넓히는 것이었다.

티아가라잔은 자신이 이끄는 최고 경영진에 대해 자긍심이 있었지만, 어느 순간 이 그룹이 크게 두 가지 범주의 리더십 타입에 편중되어 있다는 사실을 깨달았다. "한 그룹은 이렇게 생각하는 부류죠. '난 이 문제의 해결책을 알아. 그러니 밀어붙이자.' 그들은 대개 남의 말을 듣지 않고 자신의 목소리만 냅니다. 그 탓에 타인의 의견이 묵살된다 해도 개의치 않아요. 두 번째 부류는 이렇게 생각하는 이들이에요. '이 문제에 대해 견해를 갖고 있긴 하지만, 설명하기 까다로우니 일단 물러나 있자. 특별히 목소리를 내야 한다고 확신할 만한 계기가 없는 한 논쟁에 참여하지 않겠어.'

그들은 각각 뛰어난 인재가 분명했지만, 저는 이 그룹에 새로운 근육을 추가하고 싶었습니다. 자신만의 확고한 전문성과 가치관을 지녔으면서도 새로운 정보와 토론에 열린 태도를 보이는 그런 인재를 원했죠."

그는 여성 인재가 이런 성향을 지니고 있을 확률이 더 높다고 생각했다. 이와 더불어 그는 최고 경영진에 있는 기존 여성들 외에 추가적으로 여성 인재를 영입해야 한다고 판단했다. "조직 내부에 다양성이 존재한다 해도 그 수가 적으면 주류의 의견에 묻히거나 섞이기 십상입니다. 진정한 차이를 느끼고 싶다면 그들의 비중을 유의미한 수준으로 끌어올려야 해요."

이 외에도 최고 경영진에 새로운 여성 리더를 영입할 경우 추가적인 이익을 얻을 확률이 높았다. 젠팩트는 비즈니스 특성상 기술 분야의 뛰어난 인재를 발굴하기 위해 늘 힘써 왔고, 그들 중 상당수는 여성이었다. 이런 이유로 젠팩트는 티아가라잔의 지휘 아래 여성 인력 확보를 위한 새로운 전략을 추진했다. 그들은 워킹맘들이 회사를 떠날 필요가 없도록 지원하는 한편, 관리자 자격을 갖췄으나 경력이 단절된 여성들이 고위직으로 복귀할 수 있는 길을 마련했다.[18]

이러한 전략은 뒷받침해 주는 롤모델이 있을 경우 더욱 탄력을 받는다. 조직에 유리 천장이 없다는 사실을 증명하는 가장 좋은 방법은 그것이 이미 깨졌음을 실제로 보여 주는 것이다. 여성 인재를 최고 경영진으로 영입한다는 결정은 그 자체로 강력한 메시지를 담고 있었다.

몇 달의 탐색 끝에 티아가라잔은 케이티 스테인Katie Stein을 최종 낙점했다. 그는 이미 세계적인 경영 전략 컨설팅 회사 보스턴컨설팅그룹Boston Consulting Group과 인사 전문 컨설팅 회사 머서Mercer의 최상위에서 탁월한 역량을 입증하며 놀라운 경력과 성과를 쌓은 인재였다. 스테인이 젠팩트에 합류한 지 3개월이 되었을 무렵, 티아가라잔은 그에게 연례 투자자 회의에서 전략을 발표하라고 지시했고 스테인은 자신을 선택한 스폰서가 찾던 '새 근육'을 활용하여 좌중을 압도했다.

"저는 테이블을 두드리며 이렇게 말했어요. '이것이 우리가 나아갈 방향이고, 지금 이 순간이 그 이유입니다.'" 티아가라잔은 그때를 이렇게 설명했다. "스테인은 절제된 동시에 명확하고 구체적으로 논리를 펼쳤어요. 회의가 끝났을 때, 젠팩트의 핵심 투자자 한 명이 제게 다가와서 물었죠. '대체 어디서 저 사람을 찾아낸 겁니까? 정말 대단한 인재더군요!' 회장님도 이렇게 평했어요. '스테인 그 친구 일 한번 제대로 하더군.'"

숙련된 스폰서인 티아가라잔은 스테인의 성공을 위해 적극적으로 노력했다. 그와 상의할 때는 없는 시간을 쪼개서라도 시간을 투자했고, 그에게 외부 코칭을 비롯한 자원을 제공했다. 특히 투자자 회의를 앞둔 시점에는 이른바 '이사회 체크 포인트'를 마련해 특정한 인물들을 다루는 방법에 대해 조언했다. 관계 자체가 그리 오래되지 않았기에 그는 스테인의 학습 능력을 확인해 가며 가르쳤다.

현재까지 보인 성과가 만족스러운 만큼 티아가라잔은 자신을 포함한 기존의 최고 경영진과 전혀 다른 스테인의 리더십 스타일이 최고전략책임자 역할을 넘어 조직에 막대한 이익을 가져다주리라 전망하고 있다.

"성향과 리더십 스타일이 완전히 다른 인재를 선택한다면, 당신은 다른 경영진에게도 성공을 위해 반드시 거칠게 밀어붙일 필요가 없다는 사실을 보여 줄 수 있습니다. 본인의 의지를 관철시키기 위해 목소리를 높이는 대신 협력을 통해 임무를 완수하고 목표를 이루는 모습을 직접 선보이는 거죠. 지식과 신념 앞에 조금 더 열린 태도를 갖게 해 주는 거예요."

티아가라잔은 스테인을 선택한 것이 재능 있고 야심 찬 여성 인재를 확보하기 위한 젠팩트의 새로운 전략에도 도움이 되었다고 확신했다.

"5년 뒤에 최고 경영진의 50%가 여성 인력으로 구성된다고 해도 놀라지 않을 겁니다." 그는 말했다. "충분히 가능한 일이에요. 솔직히 말하면, 그런 일이 일어나지 않는다면 더 충격받을 것 같군요."

■ 당신에게는 없고,
그에게는 있는 것

2016년 세계적인 투자 은행 도이체방크의 글로벌 규제관리 책임자가 되었을 때, 아일린 테일러Eileen Taylor는 세계를 무대로 활동할 최고의 팀이 필요했다. 하지만 그가 부임했을 때는 조직의 홈그라운드인 독일 본사의 규제관리 팀장이 회사를 떠난 직후였다. 신뢰할 수 있으면서 독일 내외의 은행 관련 법규에 능통한 인재를 찾아내야 한다는 불이 그의 발등에 떨어졌다. 그는 지금껏 뉴욕과 런던에서만 경력을 쌓은 데다 또 독일어를 유창하게 구사하지 못했기 때문에 상황은 최악보다 좀 더 나은 정도였다.

"저는 투명한 채용 과정의 힘을 믿는 사람입니다." 그는 설명했다. "단순히 인맥을 동원하는 것만으로는 부족하다고 생각해요. 저는 당장 채용 공고를 올리고 면접을 시작했죠. 하지만 지원자 중에는 눈에 띄는 후보가 없었고, 그저 그런 인재들 사이에서 한 명을 골라야 하는 위기에 처하고 말았습니다. 그때 인사부서의 한 직원이 저를 찾아와 물었어요. '혹시 프리드리히 스트로더Friedrich Stroedter를 아시나요? 혹시 그를 모른다면, 일단 만나 보시죠.'"

스트로더는 도이체방크 내 다른 부서에서 일하고 있었지만, 테일러는 그와 직접 대면할 시간적 여유가 없었다. 두 사람은 영상통화로 면접을 진행했는데, 독일 법규에 대한 그의 해박한 지식과 자국 내의 탄탄한 인적 네트워크는(둘 다 테일러가 갖지 못한 자산이었다) 테일러의 마음을 완전히 사로잡았다.

테일러는 스트로더를 사임한 팀장의 후임 자리에 앉히고 조직 개편을 요청했다. 하지만 독일에서 '조직 개편'을 한다는 것은 매우 까다로운 임무였다. "독일의 노동법은 매우 엄격하고 노동조합도 강력합니다." 테일러는 말했다. "하지만 스트로더는 그 일에 필요한 법률 지식뿐 아니라 규제와 관련된 최신 정보도 꿰고 있었어요. 그는 제게 독일 증권거래소 규정을 알려 주며 이런 경우에는 공식 성명을 발표해야 하고, 저런 경우에는 규제 당국에 신고해야 한다고 안내해 줬습니다. 그리고 그 절차들을 밟기 위해 접촉해야 할 사람들 명단을 정리해 보여 줬죠."

스트로더에게 감사의 마음을 표현하고 자신과 조직을 향한 충성심을 강화하기 위해서 테일러는 그를 위해 행동을 개시했다. "저는 그의 연봉을 인상하기 위해 진지한 자세로 협상에 임했습니다. 당시는 회사 실적이 좋지 않은 시기였기 때문에 구성원 중 누구도 연봉 인상이나 보너스를 기대하기 어려운 상황이었어요. 하지만 저는 그의 연봉을 20% 올려주는 데 성공했죠. 그 사실을 알려 주자 그는 날아갈 듯 기뻐하더군요." 하지만 테일러의 노력은 그것으로 끝이 아니었다.

스트로더가 고위급 임원진의 압력을 마주했을 때 테일러는 나서서 그를 변호했다. "저는 그가 얼마나 잘 해내고 있는지 길고 상세한 설명을 담아 이메일을 썼어요." 그를 위해 대신 목소리를 낸 것은 탁월한 선택이었다. 스트로더는 내성적이고 절제된 성격 탓에 때때로 자신의 생각을 강하게 주장하지 못하는 사람이었다.

"그가 저를 위해 일하는 것처럼, 저 또한 그를 위해 일을 합니다."

이것이 바로 스폰서십에 꼭 필요한 '교환'이다. 단순한 노력을 넘어서 서로의 부족한 점을 메워 주는 이 호혜적 관계는 스폰서십을 훨씬 강력하게 만들어 준다. 다음 단계에서 우리는 진정한 상호 보완성을 손에 넣기 위해 스폰서가 택해야 할 방법을 살펴볼 것이다.

실전 활용법 BREAKING IT DOWN

스폰서들은 프로테제를 찾을 때 겉모습이나 지식, 경력, 리더십 스타일 면에서 자신과 닮은 인재에게 끌리는 유혹에 넘어가기 쉽다. 하지만 본인과 다른 배경·국적·성별·기술·관점을 가진 인재를 포용한다면 그 관계에서 기대할 수 있는 이익이 더욱 커진다. 다양성을 포용하는 스폰서가 되고 싶다면 아래 조언들을 마음에 새겨 보자.

의식적으로 다양성을 추구하라.

당신의 사회적 관계가 '보수적'이라면, 의식적으로 노력하지 않는 한 당신의 프로테제 그룹은 '미니미' 집단이 될 확률이 높다. '길리건의 1+2 법칙'을 명심하라. 당신의 프로테제가 세 명이라면, 그중 두 명은 결정적인 면에서 당신과 완전히 달라야 한다.

다양성의 모든 측면을 살펴라.

성별이나 인종을 포함한 몇몇 종류의 다양성은 선천적인 것이다. 반면 기술과 외국어, 소셜미디어 활용 능력 등은 후천적으로 습득 가능하다.[19] 지식 격차를 메우기 위해 혹은 다양한 관점과 경험을 얻기 위해 프로테제를 찾고자 한다면 선천적 다양성과 후천적 다양성 모두를 염두에 두어야 한다. 마실라 헤이스는 흑인 여성으로서 케빈 로드에게 없는 선천적 다양성을 제공했고 동시에 디지털 기술과 소셜미디어라는 후천적 다양성으로 그의 경력에 가치를 더했다.

가진 모든 네트워크를 활용하라.

겐지 요시노를 비롯한 일부 스폰서들은 자신의 업계에서 이미 성과가 검증된 인재를 프로테제로 선택했다. 반면 케빈 로드를 포함한 리더들은 과거의 직장에서 발굴하고 키웠던 젊은 인재들에게 협력을 요청했다. 보다 더 넓은 범위로 시선을 돌리는 이들도 있다. 티거르 티아가라잔은 젠팩트의 기존 경영진과 완전히 다른 리더십을 찾고 있었고 따라서 새로운 최고전략책임자를 찾을 때 조직 밖으로 눈을 돌렸다. 가장 이상적인 접근법은 세 기준 모두를 '믹스 앤 매치' 시키는 동시에 케빈 로드와 같이 직위상 한참 아래 있는 후배에게까지 손을 내밀 준비를 갖추는 것이다.

"

동기가 부여된 프로테제는
반짝거리는 두뇌와 열의 넘치는 에너지로
당신의 투자로 얻게 된 새로운 기술을
다른 누구도 아닌 '당신'에게 보답하기 위해
쓸 확률이 높다.

"

6장

INSPIRE FOR PERFORMANCE AND LOYALTY

STEP3
야망에 어떻게 불을 지필 것인가

이 매뉴얼의 초반부에서 우리는 최고의 리더들이 어떻게 잠재적인 프로테제를 검증하고 찾아내는지 살펴보았다. 좀 더 구체적으로 말하면, 우리는 성공한 스폰서들이 프로테제를 발견해 낸 방법을 알아보고 그 과정에서 그들이 밟았던 단계적 절차를 확인했다. 그다음에 다양성을 포용한 스폰서들의 사례를 통해 스폰서가 성별과 세대, 문화의 격차를 극복하고 뛰어난 역량과 더불어 다른 정체성, 경험, 기술을 가진 프로테제를 찾는다면, 스폰서 개인과 조직이 얻을 수 있는 이익이 훨씬 커진다는 것을 확인했다.

이제 그다음 단계로 넘어갈 차례다. 다양성을 지닌 적절한 프로테제를 발굴한 후에는 그를 어떻게 육성해야 할까? 어떻게 하면 당신의 비전을 통해 그를 '고무'시키고, 그의 야망에 불을 붙이며, 당신의 팀에 합류할 경우 목표를 성취할 수 있다는 꿈에 확신을 불어넣을 수 있을까? 스타 플레이어로 등극하기 위해 반드시 필요한 하드 스킬은 무엇일까? 그 스킬을 개발시키려면 어떤 피드백을 주고 어떻게 '훈련'시켜야 할까?

첫 번째 스텝은 '당신의 세상으로 프로테제를 초대하는 것'이다. 이때 중요한 것은 위험하지 않은 방식, 즉 미투 운동이란 거센 바람에 부딪히지 않는 방법을 써야 한다는 것이다. 인재혁신센터의 설문에 응답한 스폰서들은 프로테제와의 유대를 강화하기 위해 '그들을 아침이나 점심 등 식사 자리에 초대했다'(41%), '시간을 내서 그의 가족 이야기를 들어 주었다'(41%), '과거의 도전이나 어려웠던 순간에 대한 이야기를 공유했다'(38%), '자신의 개인적인 속내를 허물없이 들려주었다'(37%) 등의 노력을 기울이고 있었다.

이와 동시에 스폰서는 프로테제가 한 명의 개인으로, 또 조직의 일원으로서 성공에 대한 큰 그림을 그릴 수 있도록 장려해야 한다. 조사에 따르면, 스폰서의 40%는 프로테제의 야망을 북돋워 주었으며, 38%는 그들이 경력에 대한 비전을 확장할 수 있도록 직접 힘을 써서 도와줬다고 응답했다. 이런 지원을 받지 못한 프로테제는 갈수록 동기가 약해질 수밖에 없다. 설문에 참여한 프로테제 중 50%는 자신의 비전을 확장하는 데 도움을 주는 스폰서에게 더 충실할 것이라고 밝혔다.

당신은 프로테제를 훈련시키기에 앞서 그를 '고무'시켜야 한다. 물론 처음부터 열정과 헌신으로 가득 찬 프로테제라면, 훈련 과정에서 어려운 임무와 직접적인 피드백을 받더라도 그렇지 않은 사람보다 더 수월하게 받아들일 수 있다. 또한 동기가 부여된 프로테제는 반짝거리는 두뇌와 열의 넘치는 에너지로 당신의 투자로 얻게 된 새로운 기술을 다른 누구도 아닌 '당신'에게 보답하기 위해 쓸 확률이 높다.

지금부터 보험 업계와 광고 업계라는 전혀 다른 두 분야에서 프로테제를 고무시킴으로써 스폰서십의 효과를 톡톡히 봤던 두 스폰서의 사례를 살펴보도록 하자.

■ 두 사람이 공동의 이정표를
향해 간다면

의료보험 업계의 공룡이자 역사 깊은 보험회사 애트나Aetna에서 여성 최초로 사장단에 입성한 캐런 린치Karen Lynch는 목표 의식이 분명한 리더로 평가받는다. "저는 지금보다 더 쉽게 접근 가능한 의료보험 시스템을 만들고 싶어요." 그는 자신의 비전에 대해 이렇게 말했다. "사람들이 필요로 하는 의료보험 서비스에 보다 더 편리하게 접근하고, 각종 보험 제도를 파악하는 데 필요한 교육을 받도록 돕는 거죠. 제게는 변화를 만들어 내고자 하는 열정이 있고, 회사를 통해서 세상에 도움을 주는 놀라운 것들을 실제로 선보이고 있습니다."

하지만 애트나와 같은 거대 보험회사의 이미지가 늘 긍정적인 것만은 아니다. 그런 의미에서 린치는 자신의 프로테제가 자기와 마찬가지로 세상을 돕는다는 사명감을 지닌 동시에 조직 내외부에 이러한 사명을 원만하게 전달할 수 있는 인재이길 바랐다.

의료보험에 대한 더 나은 접근 방법과 지식을 넓히고자 하는 린치의 열정은 특유의 영민한 판단력과 결합하여 그를 한 여성 인재에게로 이끌었다. 현재 애트나의 중역이 된 그 여성을 이제부터 '에마Emma'라고 부르도록 하자.

"저는 사내 시찰을 돌던 중 우연히 에마를 만나 업무에 대한 그의 비전을 들었습니다. 사실 그가 맡은 분야는 규모가 굉장히 작았지만, 얘기를 나누자 그가 의료보험 업계 전체의 생리를 잘 알고 있다는 판단이 들었어요. 시장의 경쟁 구도를 정확히 알고 있더군요. 수익 창출에 대한 이해는 물론이고, 비즈니스에 대한 비전과 그것을 추진하고 발전시킬 아이디어까지 구체적으로 갖고 있었어요. 게다가 그에게는 눈길을 끄는 또 다른 요소가 있었죠.

그의 아버지는 투병 중이었는데, 현행 의료보험 제도 때문에 여러 가지 제약을 받는 상황이었어요. 회사 안이었음에도 심지어 현직 사장인 저를 눈앞에 두고도 그는 문제 제기에 거침이 없었습니다. 아버지가 겪는 어려움을 솔직히 털어놓으며 그는 이 말을 덧붙였어요. '의료보험 기업으로서 우리가 지금과 다르게 행동해야 할 부분이 몇 가지 있습니다. 저는 그런 행동을 실천하기 위해 노력하며 최소한 제가 담당한 시장의 본보기가 되려고 힘쓰고 있어요.'"

평소 자신의 비전을 설파하기 위해 스토리텔링을 적극적으로 활용해 왔던 린치는 에마의 이야기에 깊은 인상을 받았다. "직원들의 마음을 움직이기 위해서 그들에게 영감을 주고자 할 때, 저는 두 가지 경험담을 들려주곤 합니다." 린치는 설명을 이었다. "첫 번째는 제가 막 열두 살이 되었을 때 자살한 우리 어머니 이야기예요. 그 사건은 제 열정에 불을 붙였을 뿐 아니라 사람을 한 명의 인간으로서 온전히 이해해야 한다는 가르침을 줬죠. 우리가 일상적으로 하는 행동들도 고객 입장에서는 치료와 치유 과정의 일부라고 할 수 있어요.

두 번째는 엄마가 돌아가셨을 때 우리를 돌봐 줬던 이모 이야기입니다. 이모는 결혼 생활 초기에 남편을 잃고 부모님을 돌보며 지내고 있었죠. 고등학교도 마치지 못한 채 아이 하나를 키우는 싱글맘이었음에도 그는 우리 남매 넷을 모두 거둬 줬어요. 엄마와 이모는 모두 담배를 많이 피우셨는데, 이모는 결국 폐암으로 병상에 눕게 되었죠. 당시 20대 초반이었던 저는 의료보험과 관련된 이 엄청난 악몽을 어떻게 헤쳐 나가야 할지 몰랐어요. 어디에 무슨 질문을 해야 하는지조차 알 수 없었죠.

저는 애트나의 고객들이 그런 혼란과 어려움을 겪지 않도록, 복잡한 의료보험 체계 속에서 길을 잃었다는 끔찍한 느낌을 받지 않도록 하고 싶어요. 제가 이 일을 선택하고 매일같이 열심히 해 나가는 이유는 사람들을 도울 수 있기 때문입니다."

최악의 상황에서도
어깨를 두드려 주는 사람

에마의 재능과 열정, 그리고 목표를 달성하기 위해 소통하는 능력을
본 린치는 그에게 단순히 자신의 이야기를 들려주는 것 이상의 혜택
을 제공했다. 일단 에마에게 더 큰 시장을 담당하게 하고, 필요할 때
면 언제든 조언을 구하라고 격려했다. 그리고 스폰서와 프로테제로서
정기적으로 대화를 나눴으면 한다는 의사를 밝혔다.

"저는 분기별로 그의 성과를 확인했습니다." 린치는 설명했다. "그
가 담당한 시장을 살피고, 그가 고객의 입장에서 목표를 바라보고,
달성할 수 있도록 임무를 맡겼어요. 저는 그가 성공을 위해 필요한
능력과 자격, 용기를 갖췄는지 확인하고 싶었습니다. 물론 매일 소통
했던 건 아니지만, 제가 그와 그의 경력을 위해 투자하고 있다는 사
실을 에마가 안다는 것 그 자체만으로 충분했어요."

그러는 동시에 린치는 여성 리더를 양성하기 위해서 에마와 또 다
른 여성 인재 한 명을 하버드대학교 경영대학원에 진학시켰다.

"그 후 회사에서 마주쳤을 때, 에마는 이렇게 말하더군요. '세상에,
대표님. 그런 경험은 처음이었어요. 이렇게 다양한 산업을 접하고 다
양한 사람을 만나 본 건 태어나서 처음이에요. 이제부터는 장차 임원

회의 구성원이 될 준비를 하면서 향후 몇 년간 어떤 계획을 추진할 것인지 점검해 보겠습니다'라고 말이죠."

에마를 하버드 MBA 과정에 진학시킨 것은 그가 가진 야심과 커리어에 대한 그의 비전을 확장하기 위해서 내린 린치의 과감한 결단이었다. 하지만 린치의 계획은 여기서 끝나지 않았다. 그는 에마가 다른 믿음직한 프로테제들과 마찬가지로 애트나의 장기적인 과제와 일치하는 열정과 목표를 가지고 나아가길 원했다.

"의료보험 업계의 가장 큰 트렌드는 모든 시장이 소비자 중심적인 소매 위주로 넘어가고 있다는 거예요. 지역 중심 시장이 형성되는 건 우리 입장에서 나쁘지 않은 흐름이거든요. 저는 애트나의 젊은 리더들이 우리가 진출한 지역에 단단히 뿌리내리길 바랍니다. 그래서 늘 이렇게 말하곤 하죠. '여러분은 언제나 비영리 활동을 고려해야 합니다. 스스로 열정을 쏟고 헌신할 수 있는 분야를 찾으세요.' 우리의 목표는 개인과 지역 사회, 국가의 건강을 동시에 향상시키는 거예요. 그것은 지역 사회 활동에 참여하고, 그럼으로써 그 일원이 되고, 입지를 다지고, 그들과 같은 시민으로서 책임을 지는 기회를 저버린다면, 변화를 만들어 낼 수도 이루어 낼 수도 없는 목표죠."

에마는 대표의 취지를 곧바로 이해했고, 곧 자신이 맡은 지역에 있는 한 비영리 단체에 가입하여 활동하기 시작했다. 린치는 이렇게 강조했다. "중요한 건 말이 아니라 '행동'입니다." 그 또한 이 신념을 몸소 실천하며 애트나의 본사가 위치한 하트퍼드 지역에서 유방암

치료를 지원하는 수전코멘재단Susan G. Komen for Cure과 장애인 안내견을 지원하는 니즈NEADS, 공연 예술 기관인 부시넬센터Bushnell Center for the Performing Arts를 포함한 다수의 비영리 단체 활동에 참여하고 있다.

린치는 회사 내에서도 직원들을 고무하는 활동을 계속하고 있다. "저는 고객이 보내 온 이메일에 직접 회신합니다." 그는 설명했다. "제 밑에서 일하는 사람들이 그 모습을 보고 제가 변화를 위해 진심으로 노력한다는 사실을 깨닫기 바라요. 저는 늘 직원들에게 얘기합니다. '우리에게 연락하는 사람들은 우리와 똑같이 형제, 자매, 가족을 가진 사람들입니다. 자신의 가족을 대하듯이 고객을 대해야 해요.' 이렇게 말을 하는 건 쉬운 일이지만, 직접 행동으로 보여 주는 건 다른 얘기입니다. 직접 그 모습을 보게 되면, 사람들은 변화에 대해 다시 한 번 생각하게 돼요."

에마는 놀라울 만큼 잘 해냈다. 린치는 자신이 준 첫 번째 임무를 그가 제대로 완수해 냈다고 평가했다. "그는 핵심을 정확히 짚어 냈고, 최고의 성과를 올렸어요. 에마의 아이디어는 경영진을 완벽하게 설득했죠. 우리는 시간이 갈수록 그에게 더 많은 책임을 부여했습니다. 현재 그는 회사에서 가장 중요시 여기는 시장 중 하나를 맡아 운영하고 있어요."

프로테제에게 동기를 부여하는 린치의 방식은 힘든 시기가 닥쳐왔을 때도 멈추지 않았다. 몇 달 전, 뛰어난 성과에 탄력을 받은 린치가 에마를 애트나의 CEO 앞으로 데려갔을 때, 그의 탁월한 프로테제는 잠시 중심을 잃었다. 시작은 꽤 괜찮았다. 에마는 운영 전략의 개요를 말하고, 설득력 있는 근거를 제시하고, 필요한 자원을 적절히 어떻게 분배할지 설명했다. 하지만 CEO가 전략적 비전에 대해 몇 가지 이의를 제기하자 그는 허둥대기 시작했다. 그는 그 자리에 서서 납득할 만한 대안을 제시하지 못했다.

"저는 CEO의 피드백을 에마에게 그대로 전달했어요." 린치는 말을 이었다. "그리고 이렇게 말했죠. 'CEO에게 보고를 할 때는 중요한 질문에 바로 대답할 수 있도록 만반의 준비를 갖춰야 해. 하지만 자네는 아직 그 준비를 갖추지 못했군. 보고를 다시 준비하게. 다음에 들어올 땐 철갑옷으로 무장한 상태이길 바라. 자네의 무장은 내가 도와주겠네.' 그다음 날 바로 에마에게 리스크를 줄이는 전략 기획 방법을 가르쳐 줄 컨설턴트를 고용했어요. 그리고 CEO에게 귀중한 피드백을 주셔서 감사하다는 인사와 함께 수정한 기획안을 보내라고 조언했죠."

이런 종류의 지원은 반드시 프로테제를 고무시킨다. 당신이 스폰서의 상사 앞에서 모든 것을 망쳐 버렸는데, 그가 당신을 벌주는 대신 다음번에 더 잘할 수 있도록 지원을 두 배로 늘렸다고 생각해 보라. 린치는 그 경험이 더 친절하고, 접근하기 쉬운 의료보험 서비스를 만들겠다는 에마의 열정을 한층 강화했다고 강조했다. 그 목표는 바로 린치의 비전이기도 했다.

권한 부여,
빠른 속도로 사람을 성장시키는 기술

2005년 마이클 이서 로스Michael Isor Roth가 거대 광고 회사 인터퍼블릭 그룹Interpublic Group, IPG의 회장 겸 CEO가 되었을 때, 그의 목표 중 하나는 미국 본사를 비롯하여 세계 각국에 흩어진 지사에 글로벌 트렌드에 맞는 운영 체제를 도입하는 것이었다. 다시 말해서 그는 IPG에 '다양성'이라는 키워드를 추가하고 싶었다. "당시 IPG는 다양성과 정반대 지점에 있었습니다." 그는 설명했다. "그때는 거의 전 직원이 백인 남성이었으니까요. 우리는 무슨 조치든 취해야 했습니다. 비즈니스 측면에서도 세계 시장이 원하는 가치를 반영할 필요가 있었어요."

당시 IPG에는 최고다양성책임자CDO로 하이디 가드너Heide Gardner라는 아프리카계 미국인이 있었다. "하지만 그의 직책은 단순한 겉치레에 불과했어요. 그 또한 그 사실을 알고 있었죠." 로스는 가드너의 경력 중 몇 가지 인상적인 사항에 주목했고 그의 아이디어와 계획을 확인하기 위해 몇 차례 직접 만나 대화를 나눴다. 그런 다음 직접 나서서 가드너를 지원하기로 결정했다. 로스는 일단 IPG의 각 부서 책임자들과 면담을 진행했다.

"저는 그들에게 다양성이 IPG의 핵심 가치 중 하나가 될 것이고, 우리는 커다란 변화를 앞두고 있으며, 이 프로젝트를 지휘할 사람으로 가드너를 낙점했다고 말했습니다. 그가 각 부서의 책임자들과 협업하고, 프로그램을 기획하며, 제게 직접 보고를 올릴 거라고 설명했죠. 그의 입에서 나온 지시는 제가 직접 내린 것과 같은 거라고 당부했습니다."

이런 종류의 '권한 부여'는 엄청난 차이를 만들어 낸다. 그 순간부터 가드너 본인을 비롯한 IPG의 누구도 그의 직책이 단순한 겉치레라고 생각하지 않았다. 로스의 지원에 힘입어 가드너는 조직 개편을 위해 큰 계획을 세우고, 그에 필요한 각 부서의 협조를 얻어 냈다. 특히 그가 지주회사의 회장 겸 CEO와 협업하여 다양성 평가표를 만들고 이를 통해 임원진의 인센티브를 조정한다는 사실이 강력한 힘을 실어 주었다. 가드너의 개편안이 일부 구성원들의 반대에 부딪혔을 때, 로스는 약속대로 그를 지지했다.

"당시 작은 계열사 중에서 다양성 평가표의 기준을 만족시키지 못한 곳이 있었죠." 로스를 그때를 이렇게 회상했다. "그곳의 CEO는 계획 추진에 부정적이었어요. 저는 그의 보너스에서 15만 달러를 삭감했죠. 그가 제게 전화를 걸어오더니 주요 고객들을 다 데리고 회사를 떠나겠다고 으름장을 놓더군요. 저는 대꾸했죠. '연초에 나는 우리 조직의 목표를 밝혔고, 자네는 달성에 실패했네. 만약 자네가 매출 목표를 달성하지 못했다면 삭감을 순순히 받아들이지 않았을까?' 그는 그렇다고 답했습니다. 저는 뜻을 분명히 밝혔죠. '나는 다양성 촉진에 매출 상승과 동등하게 우선순위를 두고 있네. 내년에 더 노력해서 만족스러운 결과를 낸다면 제대로 된 보너스를 받게 될 거야.'"

로스는 가드너를 포함한 임원진들에게 이 대화 내용을 그대로 전달했다. 그는 지금도 하루에 서너 통씩 가드너와 이메일을 주고받고 있다. 모든 메일에 직접 답장을 보내고 때로는 개인적인 이야기를 들려주며 격려를 한다.

"한번은 제가 다른 회사의 대표였을 때 겪었던 일을 그에게 얘기해 줬죠. 어느 날 아프리카계 미국인 중역이 제게 말했습니다. '워싱턴 지사에 방문해 보신 적 있나요?' 저는 없다고 했죠. '한번 가 보세요. 부탁드립니다.' 그가 말하더군요. 왜냐고 되물어도 그냥 이렇게 대답할 뿐이었어요. '가 보면 알게 되실 거예요. 저를 믿으십시오.' 곧 워싱턴 지사를 방문했고, 직원들에게 여러 질문을 던졌습니다. 당시 지사장은 클랜Klan이라는 친구였는데, 성과 면에서는 누구보다 뛰어난 인재였죠. 하지만 저는 그 자리에서 그를 해고했습니다."

가드너와 그의 임무에 대한 로스의 믿음은 말로 다할 수 없을 만큼 크다. 확고하고 든든한 지원은 프로테제가 스스로의 가치를 깨닫고 스폰서에게 충성심을 품게 만드는 훌륭한 방법이다. 하지만 모든 프로테제가 가드너처럼 처음부터 준비되어 있는 것은 아니다. 7장에서 자세히 확인하겠지만, 당신은 그들이 자신에게 필요한 기술을 개발하고 연마해서 잠재력을 실현할 수 있도록 옆에서 직접 도와야 한다.

실전 활용법

스폰서-프로테제 관계는 서로의 열정과 야망을 일치시키는 것에서부터 시작된다. 함께 이루어 나갈 비전을 명확하게 제시하며 그를 고무시킨다면, 프로테제는 더욱 성실하고 준비된 자세로 당신을 위해 헌신할 것이다. 아래 조언을 참고하면 공통된 비전을 갖고 하나의 목표로 나아가는 여정이 한결 수월할 것이다.

당신의 내면에 있는 동기와 열정을 공유하라.

당신이 자신의 커리어와 조직을 위해 기여하고 헌신하도록 만드는 요소는 무엇인가? 개인적인 보상과 승진인가? 조직의 핵심 가치를 실현하고 세계적인 기업으로 성장시키는 것인가? 협업을 장려하는 조직 문화 때문인가? 아니면 AI나 헬스케어 같은 첨단 분야의 선두에 서서 세상을 변화시킨다는 자부심 때문인가? 정답이 무엇이든 프로테제를 고무시키는 것은 당신을 고무시키는 바로 그 요인에서 출발해야 한다.

당신의 가치를 통해 프로테제의 열정을 고무하라.
(잠재적 프로테제 후보도 해당된다)

동기를 부여하기 위해 거창하게 연설할 필요는 없다. 진정한 설득력은 신념과 진정성에서 나온다. 만약 자신의 가치와 목표를 가지고 프로테제를 고무할 수 없다면, 애초에 잘못된 인재를 선택했을 확률이 높다.

행동으로 증명하라.

인종 차별적 행동을 절대 좌시하지 않는 마이클 로스와 고객의 이메일에 일일이 응답하는 캐런 린치를 비롯하여 동기를 부여하는 리더들은 자신의 이상을 몸소 실천한다. 설교가 아닌 행동을 목격한 프로테제는 스폰서를 더욱더 적극적으로 따를 것이다.

귀를 열어라.

실무의 대부분을 프로테제가 담당하기 때문에 당신은 그들의 노력을 통해 상당한 이익을 얻겠지만, 스폰서십은 절대 스폰서만을 위한 관계가 아니다. 프로테제의 가치관을 확실히 파악하고, 그것이 당신의 가치관과 일치한다면 그를 존중해야 한다. 캐런 린치가 에마를 찾아내고 그에게 최대한의 동기를 부여할 수 있었던 것은 모두 그의 목소리에 귀를 기울인 덕분이다.

"

무엇보다 중요한 것은, 스폰서십 관계에서
더 많은 임무를 수행하는 쪽은 프로테제여야 한다는 사실이다.
머리를 맞대고 공식적인 계획을 세우는 초반 단계든,
이따금 받는 조언으로도 충분한 중반 단계든,
먼저 연락하고 적극적으로 전략을 실행해 나가야 할 쪽은
언제나 프로테제다.

"

7장

INSTRUCT TO FILL THE GAPS

STEP4
부족한 것이 있다면 훈련시켜라

앞서 살펴본 호라시오 로잰스키와 티거르 티아가라잔은 이미 기술을 완성시킨 프로테제를 선택하고 지원했다. 그들에게 프로테제의 가장 중요한 기준은 당장 조직의 최상위에 올라가 그에 걸맞은 성과와 가치를 가져올 준비가 되어 있는지 여부였다.

하지만 스폰서십의 세계에는 이와 다른 시나리오, 충분히 타당한 또 다른 선택지도 있다. 업무 면에서든 사회생활 면에서든 일부 핵심적인 기술은 미흡하지만 뛰어난 잠재력을 가진 인재를 발굴하는 것이다. 그들은 자신의 가치를 믿고 뒤를 밀어줄 스폰서를 원한다. 그들에게 필요한 것은 자신의 잠재력을 성장시켜 실제 능력으로 키워 줄 인물이다.

'기술 훈련'은 스폰서가 프로테제에게 줄 수 있는 많은 이익 중 하나로, 이 혜택을 받은 프로테제는 스폰서와 조직에 더 나은 성과를 보여 줄 역량을 갖추게 된다. 인재혁신센터의 조사에 따르면, 스폰서의 74%는 '프로테제에게 진로 관련 조언을 제공'하고, 64%는 '구체적이고 설득력 있는 피드백을 전달'하며, 40%는 '프로테제의 열정을 고취하기 위해 노력'한다. 하지만 이러한 시도들은 '프로테제가 임무를 수행하고 스폰서를 돕는 길을 제대로 걷고 있을 때' 비로소 의미가 생긴다.

프로테제를 훈련시키는 과정이 실제로 어떻게 진행되는지 확인하기 위해 서로 다른 두 업계에서 일하는 두 명의 고위급 임원 스폰서 사례를 살펴보자. 한 명은 이미 커리어의 정점에 서 있는 인물로 이제 막 경력을 시작한 여성 프로테제를 지원했고, 나머지 한 명은 본인보다 나이가 많은 베테랑이지만 일부 영역에서 기술의 한계를 지니고 있던 프로테제를 선택하여 후원했다.

찾고 또 찾는다, 특별한 가치가 보일 때까지

켄트 가디너Kent Gardiner는 집단 소송, 독점 금지법 전문 변호사로 미국의 대표적인 로펌 크로웰 앤 모링Crowell & Moring에서 2006년부터

2015년까지 10년 가까이 회장직을 맡았다. 임기 동안 조직 규모를 두 배로 성장시킨 그는 법률 전문지 《로360Law360》에서 '혁신적인 경영 파트너'로 선정된 바 있다. 이와 더불어 가디너는 로펌 설립 이래 최초로 스폰서십을 시작했으며, 조직 내에서 여성 인재의 입지를 확장하기 위해 다방면으로 노력을 기울였다. 로펌에서 처음으로 여성 경영 파트너를 임명하고, 이사회의 여성 구성원을 40% 이상으로 늘리는 방안을 추진한 것도 그였다.

회장직에서 물러날 무렵, 가디너는 조직에서 가장 성공한 여성 파트너 중 한 명을 자신의 후계자로 확정했다. 자리에서 내려온 뒤에도 그는 여전히 이사회 구성원으로 또 송무 팀 최고 책임자로 소임을 다하고 있고, 전직 미 법무부 소속 검사로서 최근까지 듀퐁DuPont과 다수의 메이저 항공사를 비롯하여 수많은 거대 글로벌 기업을 대리하고 있었다.

이런 그의 드높은 위상을 고려할 때, 수백 명의 젊은 변호사가 그의 프로테제 자리를 원했을 것이다. 그러나 가디너는 회장 자리를 내려놓은 후 자신의 비전을 명확하게 그려 놓고 있었다. 우선 그는 경력의 분기점이 될 이 시점에 삶을 풍요롭게 만들고 싶었다. "저는 돈이 필요하지 않았습니다. 고객을 원한 것도 아니었어요." 그는 이렇게 설명했다. "제가 원하는 것은 더 나은 사람이 되는 것이었습니다. 보다 더 깊은 내공을 갖춘 그런 사람이요." 여기에 더해 그는 현대 사회의 가장 중요한 가치 중 하나인 다양성을 위해 조직에 헌신하고자 했다. 그런 이유로 한 동료가 이제 막 파트너 자리에 올라서 자신의 특별한 재능을 증명하기 위해 고군분투하는 흑인 여성 변호사를 소개했을 때, 그는 호기심에 사로잡혔다.

"그 젊은 여성 변호사는 뛰어난 재능을 지녔지만, 회사 내부는 물론 외부의 클라이언트들에게도 필요한 만큼 존재감을 드러내지 못하고 있었어요." 그는 당시를 이렇게 회상했다.

소니아Sonia라는 가명의 이 여성 인재는 노동법 전문가로서 꼭 필요한 여러 능력을 포괄적으로 갖추고 있었다. 하지만 가디너는 곧 그의 단점을 알아차렸다. 그것은 재능이나 열정 부족이 아니라 성격 면의 결함이었다. 소니아는 상당히 내성적인 사람이었다. 이런 성격 탓에 그는 회사 내에서 벌어지는 경쟁에 적극적으로 뛰어들지 못했고, 인맥을 쌓을 기회도 번번이 놓쳤다.

가디너가 훌륭한 스폰서인 이유는 상대방의 '다름'을 기꺼이 받아들일 뿐 아니라 이를 조직에 유리한 방향으로 활용할 줄 알기 때문이다. "프로테제에게 무조건 더 세게 나가라고 말하는 건 좋은 생각이 아니에요. 그건 단순히 제 행동을 모방하라는 말밖에 안 되니까요. 저는 프로테제의 성격에 따라 조언의 방향을 달리 합니다. 누구나 자기만의 강점이 있고, 그 강점을 자신에게 잘 맞는 방향으로 길러 내야 해요." 그는 설명했다.

법정에서 변론을 하는 변호사에게는 '존재감'이 필요하다. 하지만 존재감이라는 것은 다양한 형태로 발현될 수 있다. 가디너처럼 키가 큰 남성은 자리에서 일어나 힘 있게 말함으로써 카리스마를 드러낼 수 있다. "하지만 우리 회사의 뛰어난 여성 변호사 중 한 명은 절대 변호인석 뒤에서 변론을 하지 않습니다. 키가 150cm 정도라서 단상이 몸을 다 가려 버리거든요. 그는 앞으로 나아가서 배심원들에게 직접 호소하는 전략을 취합니다."

가디너의 새로운 프로테제가 지닌 문제는 법률 관련 역량이 아니었다. "그는 이미 훌륭한 변호사였어요." 가디너는 말했다. "이미 파트너 자리에 올라 있고, 제 동료가 그를 추천했다는 사실이 그 증거죠. 하지만 소니아는 자신을 더 효과적으로 표현하는 방법을 배워야 했습니다."

매달 화이트보드에서 벌어지는 전쟁 같은 회의

가디너는 벽에 커다란 화이트보드가 부착되어 있는 사무실에서 월간 회의를 잡는 것으로 소니아와 훈련을 시작했다.

"자네의 특별한 점은 뭔가?"

"특별한 점은 없습니다." 소니아는 기어들어 가는 목소리로 말했다. "저는 이 회사에서 노동법을 담당하는 수많은 변호사 중 한 명일 뿐이에요."

그의 실력에 대한 평판으로 가늠해 볼 때, 이 대답은 겸손이나 단순한 자기 부정일 가능성이 컸다. 가디너는 회사와 클라이언트에게 가치를 더할 뿐 아니라 눈앞의 인재에게도 자신감을 불어넣어 주기 위해 그에게 어떤 특별한 재능이 있는지 탐색하기 시작했다.

그는 회사가 중시하는 다양한 분야를 화이트보드에 적으며 소니아에게 질문을 퍼부었다. 강도 높은 질문들에 답변하는 동안, 소니아는 자신이 특정 산업군에서 정부 계약을 체결할 때 발생하는 민감한 규제 및 법률 문제와 관련해서 창의적인 해결 방안을 떠올릴 수 있다는 사실을 스스로 깨닫게 되었다. 여전히 겸손한 태도를 잃지 않으면서도, 그는 가디너가 이끌어 낸 자신의 강점을 분명히 캐치했다. 소니아는 자신이 담당하는 분야에서 동료들보다 훨씬 더 방대한 전문 지식을 갖추고 있었다. 이러한 전문성을 바탕으로 그는 회사에 독보적인 가치를 더하며 명성을 쌓아 가기 시작했다.

"이 변화는 자신을 향한 소니아의 태도 또한 바꿔 놓았습니다." 가디너는 말을 이었다. "그는 자신이 조직에 꼭 필요한 인재라는 사실을 알게 됐어요."

'월간 화이트보드 회의'의 효과는 그것으로 끝나지 않았다. "일단 강점을 찾아내면 그 강점을 드러내는 방법에 대해 연구할 수 있습니다. 어떻게 내 브랜드를 만들어 나갈까? 내 강점 분야에서 인정받는 구성원이 되려면 어떤 전략을 써야 할까? 소니아는 특정 고객층에게 영향을 미치는 특정한 방식을 알아냈어요. 단순히 제 방식을 모방하는 것만으로는 부족했어요. 그는 자신만의 길을 찾아야 했죠."

두 사람은 소니아가 이 분야에서 자신의 존재를 어필하기 위해 어떤 전략을 사용해야 할지, 어떤 고객들이 그의 업무 스타일과 잘 맞을지, 어떻게 하면 그들과 연결될 수 있을지 논의했다.

이 과정에는 총 세 번의 화이트보드 회의가 필요했고, 그것으로 가디너는 소니아를 실전 클라이언트 미팅에 데리고 나갈 준비를 끝냈다. 첫 번째 기회를 신중히 골라야 했다. 다시 말해서 그는 소니아의 특별한 기술을 꼭 필요로 하는 고객층과 (그의 수줍은 성격을 감안하여) 조용한 분위기 속에서 전문 지식을 전달할 수 있는 미팅을 선택했다.

몇 번의 경험을 쌓자 가디너는 화이트보드 회의 대신 간단한 메모로 피드백을 전달하기 시작했다. 소니아의 전문성이 워낙 뛰어났기 때문에 법률적인 부분에 대한 지적은 거의 할 필요가 없었다. 그 대신 가디너는 그가 발언할 기회를 놓친 순간들을 짚어 내고 다음 기회를 만들어 내는 방법에 대해 세심하게 코칭했다.

두 사람이 스폰서십으로 연결된 뒤 4년이 흘렀다. "그사이 소니아가 조직에서 차지하는 경제적 기여도는 놀라울 만큼 향상했습니다." 그는 이어 설명했다. "오직 소니아에게 사건을 맡기고 싶다며 우리 회사를 찾는 고객들도 생겼죠." 그의 연봉이 상승한 것은 당연한 수순이었다. "하지만 좋아진 것은 경제적인 부분만이 아니에요. 소니아의 자신감 또한 향상됐거든요. 고객과의 관계가 안정되자 회사 내에서도 자신의 아이디어에 대해 목소리를 낼 수 있게 된 거죠. 그러자 그의 주변에 사람들이 모이기 시작했습니다. 그는 이제 회사에서 리더 역할을 하는 방향으로 나아가고 있어요. 그리고 그 상황을 스스로도 즐기고 있죠."

프로테제를 훈련시키는 과정에서 가디너는 시야를 넓히고 인간적으로 성장하겠다는 자신의 목표 또한 이뤘다. "소니아는 자신도 모르는 사이에 제게 귀중한 지식을 알려 줬습니다. '인종'처럼 결정적인 다양성이 포함된 관계를 맺고, 그것을 이끌어 가기 위해서는 단순히 기회를 주는 것 이상의 노력을 기울여야 한다는 사실을요. 그런 관계를 맺으려면 말 그대로 인간이 유대감과 소속감을 느끼는 원리에 대한 근본적인 이해가 필요합니다. 소니아와 인종의 차이를 뛰어넘어 진심으로 소통하는 과정에서 저는 이러한 '관계의 본질'을 배우게 되었죠."

프로테제와 조직을 돕는다는 것은 그 자체로도 보람 있는 일이지만, 가디너는 그 외에도 귀중한 통찰과 경험을 얻었다. 그것은 지금까지와 다른 눈으로 세상을 바라봤기에 가능한 일이었다. "직업적 유산을 쌓기 이전에 더 나은 인간이 되어야 합니다." 그는 이렇게 인터뷰를 마무리 지었다.

일천한 스펙이라면 투자는 더욱 필요하다

재클린 웰치Jacqueline Welch는 현재 미국의 대표적인 주택금융 회사인 프레디맥Freddie Mac의 인사부서를 이끌고 있다. 그러나 10년 전까지만 해도 그는 CNN을 비롯하여 5개 이상의 TV 채널을 거느린 TBS 방송사에서 상무이사로 재직 중이었다. 그가 '누가 봐도 명백히 더 나은 성과를 낼 수 있는' 행정보조 직원을 알게 된 것도 바로 그곳이었다.

어느 날 웰치는 그 행정보조 직원에게 물었다. "만약 원하는 일을 뭐든지 할 수 있다면, 자네는 어떤 일을 선택하겠나?" 리타Rita라는 가명의 젊은 여성은 질문에 매우 구체적인 답변을 내놓았다. 리타는 인사부서 중에서도 인재 영입 담당자로 일하고 싶다고 말했다. "리타도 나도 인재 영입 팀에 들어가려면 어떤 조건을 갖춰야 하는지 이미 알고 있었어요. 심지어 리타는 그 팀에 있는 한 직원의 이름을 언급하며 '저도 그처럼 되고 싶어요'라고 말했죠. 그건 상당히 큰 꿈이었어요. 리타는 그만한 학력을 갖추지 못했거든요." 웰치는 당시를 이렇게 회상했다.

하지만 웰치는 그에게 남다른 재능과 추진력이 있다는 확신이 있었다. "우리는 자리에 앉아 얘기를 나눴죠. 지금 이 자리에서 그 위치까지 가려면 어떻게 해야 할까? 누가 너를 가르칠 수 있을까? 네가 알아야 할 사람들은 누구일까? 그 목표를 어떻게 드러낼 수 있을까? 네가 경험을 쌓고 능력을 입증할 프로젝트에는 어떤 것들이 있을까? 우리는 나란히 앉아서 리타가 목표를 이루는 데 필요한 모든 것을 적고 시간을 계산했어요.

저는 안면이 있는 채용 담당자들의 목록을 만들었고, 리타는 회사를 돌아다니며 사람들을 만났어요. 그게 제가 준 첫 번째 임무였죠. 그에게 TBS의 인재 영입 담당자들을 만나서 그들이 어떤 경력을 갖고 있는지 알아보라고 지시했어요. 그들이 어떻게 지금 그 자리를 얻었는지 알기 위해서였죠. 그 후에는 리타가 알아낸 정보를 바탕으로 그가 보충해야 할 부분은 무엇인지, 이미 갖추고 있는 역량은 무엇인지 정리했습니다. 실제로 그가 가진 강점은 해당 분야 현직자들과 상당 부분 일치했어요.

그 무렵 회사에서 중요한 프로젝트가 시작되었는데, 리타의 능력을 증명하기에 꼭 알맞은 기회였죠. 하지만 행정보조 직원들에게는 참여가 제한된 업무였어요. 저는 리타에게 프로젝트 책임자를 찾아가서 참여하고 싶다는 의사를 어필하라고 조언했어요. 그의 입장에서는 추가적인 일이 되겠지만, 자신을 드러낼 수 있을 뿐 아니라 그 분야의 업무 프로세스도 익힐 수 있는 기회였으니까요. 저 또한 기회가 있을 때마다 그의 능력을 언급하며 힘을 실어 줬죠. '이게 일반적인 방식은 아니죠. 하지만 그는 분명 도움이 될 겁니다. 프로젝트 참여를 고려해 주세요'라고 말입니다.

리타는 강한 인내심을 지니고 있었어요. 하룻밤 사이에 엄청난 변화가 일어나고 인생이 뒤바뀔 거라 기대하는 타입이 아니었죠. 그는 용기 내어 손을 들었고 그 일에 최선을 다했어요. 목표 달성까지는 몇 년이 걸렸지만 그는 착실히 계획을 수행했죠. 현재 리타는 CNN에서 인재 영입 담당자로 일하고 있습니다. 행정보조 직원에서 관리직으로 올라가는 그 어려운 일을 해냈죠."

그들이 서로에게
손을 내민 이유

가디너와 웰치는 다른 많은 리더처럼 개인적인 안면이나 동료의 추천을 통해 프로테제를 발굴했다. 하지만 선구적인 대기업을 중심으로 여러 회사가 이미 스폰서십을 제도화하고 있다. 이런 조직들은 구성원들에게 다양한 스폰서십 프로그램을 권한다(나 또한 그렇다). 하지만 스폰서십이 맺어지고 프로그램이 끝난 다음에도 지속될 수 있도록 하는 원동력은 결국 당사자인 두 사람의 몫이다.

커샌드라 프랜고스Cassandra Frangos는 수많은 스폰서십 프로그램을 잘 아는 사람이었다. 미국의 거대 정보통신 회사 시스코Cisco의 글로벌 인재 관리 책임자로서 직접 프로그램을 운영한 적도 있었다. 하지만 그 자신의 스폰서십은 프로테제가 먼저 적극적으로 손을 내밀면서 시작되었다.

2010년 프랜고스는 시스코의 경영전략 학습 포럼을 주도적으로 진행하고 있었다. 포럼은 조직의 뛰어난 임원들을 선발하고 10명 단위의 팀으로 편성한 뒤 각 팀에게 경영상의 중요한 문제를 맡기고 해결책을 찾아내는 방식으로 운영됐다. 각각의 문제는 시스코에 최소 10억 달러 이상의 추가 이익을 안겨다 주는 중요한 이슈였다.

그해 포럼의 팀을 구성하기 전에, 프랜고스는 지금껏 늘 맡아 왔던 오리엔테이션 연설을 진행했다. 연설을 마쳤을 때, 다이앤Diane이라는 가명의 여성이 그에게 다가왔다. 다이앤은 '신인'이라는 단어와 거리가 먼 인재였다. 프랜고스도 나중에 알게 되었지만, 다이앤은 그보다 나이가 많았으며 그 업계에서 수십 년 경력을 쌓은 베테랑 임원이었다. 그럼에도 불구하고 다이앤은 인상에 깊게 남을 정도로 신선한 에너지와 열망을 지니고 있었다.

"가장 어렵고 복잡한 프로젝트에 절 배치해도 좋아요." 당시 다이앤은 이렇게 말했다. "매일 철야를 하게 되더라도 상관없어요. 저는 일을 배우고 싶거든요."

경영전략 학습 포럼은 일종의 성과 경쟁이었고, 따라서 참가자들은 보통 해결하기 어려운 프로젝트에 배치되는 것을 꺼려 했다. 다이앤의 특이한 제안은 프랜고스의 주의를 끌었다. 그는 인도네시아 시장 문제를 다루는 팀에 다이앤을 배정했다. 그곳에서 다이앤은 인도네시아 현지 시간에 맞춰 일하며 해당 시장의 특수한 상황을 처음부터 배워 나가야 했다. 프로젝트가 시작될 당시, 다이앤은 인도네시아의 기술 시장에 대한 지식이 전무한 상태였다.

프랜고스가 다이앤에게 주목한 이유는 이뿐이 아니었다. 얼마 후, 시스코의 고위급 경영진이 그를 찾아와 자신을 다이앤의 직속 상사라고 밝히며 이렇게 말했다. "다이앤을 잘 지켜보게. 아주 특출한 인재야."

여기에 더해서 다이앤은 아프리카계 미국인이었다. 많은 기업에서 그렇듯 시스코에서도 흑인 여성은 임원 그룹에서 매우 부족한 구성원이었다.

"마지막 요소는 일종의 보너스 같은 거였죠." 프랜고스는 내게 말했다. "아프리카계 미국인 여성이 훌륭한 성과를 낸다면 진심으로 기쁠 것 같았어요. 하지만 제가 다이앤에게 관심을 가진 더 큰 이유는 그의 평판과 태도였습니다."

포럼의 모든 참가자에게는 고위급 경영진인 코치 한 명과 잠재력을 기준으로 엄격하게 선발된 주니어급 보조 직원들이 배정되도록 구성되어 있었다. 코치들은 프로젝트를 진행하며 자신의 잠재적인 프로테제를 관찰하고(시스코에서는 이들을 훈련생Trainee이라고 불렀다), 작업 과정에서 피드백을 제공하며, 일대일 면담을 통해 각 인재의 강점과 약점을 상세히 분석했다. 프로젝트가 끝날 무렵에는 각 코치들이 자신의 프로테제를 데리고 개인 역량 개발 계획을 세웠다.

포럼의 코치와 훈련생은 무작위로 배정되었는데, 마침 다이앤은 프랜고스의 훈련생이 되었다. 그는 훈련 프로젝트 내내 열정적인 의욕을 보이며 막중한 업무량을 감당했다. 어떤 리스크도 두려워하지 않는 태도로, 언제나 업무 능력을 향상시키는 방향을 고민하고 매사에 최선을 다했다.

두 사람은 '구체적인 기술'과 '미묘한 리더십 역량'이라는 두 가지 분야에 집중적으로 관심을 기울였다. 둘 모두 다이앤에게 개선해야 할 여지가 있는 부분이었다. 우선 그는 자신의 아이디어를 '설득력' 있게 제안하는 능력이 부족했다. 다이앤은 대개 적극적이고 열정적인 태도로 의견을 펼쳤는데 때로는 이런 성격이 도움이 되긴 했지만, 한편으로는 외교적이고 간접적인 화술, 상대의 말을 경청할 줄 아는 자세가 부족해 보였다.

"다이앤에게는 기교가 부족했어요." 프랜고스는 이렇게 설명했다. "그는 지나치게 열정이 넘쳤고, 때로는 상대의 말에 발끈하며 목소리를 높였죠. 그렇게 되면 상대방은 그의 말을 들을 생각이 사라지고, 마음을 닫을 수밖에 없어요."

프랜고스는 이런 점을 정확히 지적했고, 다이앤은 그의 직접적인 피드백을 겸허히 받아들였다. "맙소사, 제가 또 그런 행동을 했나요? 그렇게 세게 얘기한 줄 몰랐어요. 앞으로 더 주의하겠습니다"라고 대답하며 그는 실제로 점점 나아지는 모습을 보였다.

이런 태도는 그와 함께 체계적인 역량 개발 계획을 세우는 프랜고스에게도 자신감을 심어 주었다. 두 사람은 다이앤이 몇 년 안에 어떤 직책을 얻고 싶은지, 어떻게 하면 그 목표를 이룰 수 있을지 단계별로 개요를 짰다.

사람을 성장시키는
피드백의 기술

역량 개발 계획과 함께 그해 포럼은 종료되었고, 프랜고스와 다이앤의 공식적인 코치-훈련생 관계도 끝났다. 하지만 다이앤은 그 관계를 지속하고 프랜고스의 프로테제가 되기로 결심했다.

두 사람은 개인적으로도 사이가 좋았다. 다이앤은 프랜고스가 사는 동네에 들를 때마다 그에게 연락해서 식사를 제안했다. 우정이 깊어지면서 프랜고스 또한 특별한 용건 없이 안부를 나누고 수다를 떨기 위해 다이앤에게 전화를 걸기 시작했다.

다이앤은 프랜고스에게 다양한 조언을 구했다. 지금 내 자리에서 업무적인 도움을 받으려면 누구를 찾아가야 할까요? 이 상황(혹은 이 사람)을 적절히 처리하려면 어떤 방향으로 나아가야 할까요? 이런 프로젝트를 맡게 되었는데, 누구와 네트워킹을 해야 할까요?

무엇보다 중요한 것은, 스폰서-프로테제 관계에서 더 많은 임무를 수행하는 쪽은 프로테제여야 한다는 사실이다. 그 임무에는 적극적으로 지시를 요청하고 피드백을 구하는 태도도 포함된다. 머리를 맞대고 공식적인 계획을 세우는 초반 단계든, 이따금 받는 조언으로도 충분한 중반 단계든, 먼저 연락하고 적극적으로 전략을 실행해 나가야 할 쪽은 언제나 프로테제다.

한번은 다이앤 진행하는 대규모 프로젝트가 CEO의 관심을 끈

적이 있었다. 그 덕에 다이앤은 수많은 결재 라인을 모두 건너뛰고 CEO와 직접 협업해 프로젝트를 진행하고 결정하는 기회를 얻었다. 프로젝트 자체는 성공했지만, 다이앤의 윗선에 있던 경영진 몇 명은 그가 자신들을 배제하고 일을 진행시킨 것을 언짢게 여겼다. 그중에서도 회사 내에서 막대한 영향력을 지닌 한 임원은 대놓고 분노를 터뜨렸다.

다이앤은 헝클어진 관계를 매끄럽게 만들고 다시는 같은 상황을 반복하지 않기 위해, 즉 조직 최상위 인사들의 강렬한 자의식과 충돌하지 않으면서 경력을 쌓아 가기 위해 프랜고스에게 조언을 구했다. "다이앤은 더 나은 길을 택할 수 있었어요." 프랜고스는 말을 이었다. "그리고 그때 나눈 대화 이후로 실제로 더 나아진 모습을 보였죠."

프랜고스는 조언과 피드백을 멈추지 않았다. 그로부터 1년 후 엔지니어링 부서의 전략 부사장 자리가 비었을 때, 그는 지금이 프로테제에게 결정적인 도움을 제공할 기회라는 사실을 깨달았다.

"당시 엔지니어링 부서는 비이공계 출신 후보들도 기꺼이 고려하겠다는 입장이었고, 저는 다이앤이 새로운 도전을 위한 준비를 마쳤다고 판단했어요. 저는 그에게 해당 기회를 알리며 도전해 보라고 강력히 권했죠."

다이앤 외에도 다른 쟁쟁한 후보자들이 있었고, 치열한 경쟁이 진행됐다. 결국 다이앤은 그 자리를 손에 넣었지만, 그때부터 그의 진정한 고난이 시작되었다. "다이앤은 엔지니어링과 관련된 수많은 지식을 처음부터 배워야 했어요." 프랜고스는 설명했다. "게다가 이공계 출신 직원들의 강력한 저항에 부딪혔죠. 당시 다이앤이 맡게 된 새 팀의 직원들은 충격에 빠졌어요. 50세가 다 된 흑인 여성에, 지금껏 마케팅 부서에서만 경력을 쌓고 엔지니어링과 관련된 배경이 전혀 없는 사람이 조직을 책임지게 됐으니까요. 그 결정은 그와 부하 직원들 모두에게 시련이었습니다."

다이앤은 누구보다 늦게까지 일했고, 경영전략 학습 포럼에서 인도네시아 시장 문제를 해결할 때 그랬듯이 첨단 제품을 개발하면서 리스크를 최소화하는 방법, 고도로 전문화된 엔지니어링 분야의 경쟁적인 시장 상황, 제품 개발의 최종 단계인 디자인 과정에서 일어날 수 있는 기술적인 버그들에 대해 차근차근 배워 나갔다.

"그는 해냈어요. 정말 완벽하게 해냈죠." 프랜고스는 다소 고조된 목소리로 말했다. "얼마 전에 시스코의 임원진을 대상으로 열린 행사에서 프리젠테이션을 진행하는 다이앤의 모습을 지켜봤어요. 감명받은 청중들의 표정을 보면서 그가 얼마나 자랑스러웠는지 모릅니다."

프랜고스가 기뻐한 것은 단순히 프로테제가 잘되었기 때문만은 아니었다. 그 자신과 회사 또한 큰 이익을 얻었다. 프랜고스는 시스코의 인재 관리 담당 중역이었고, 그의 가장 큰 역할은 인재를 적재적소에 배치하여 회사가 성장할 수 있도록 이끄는 것이었다. 이와 더불어 그에게는 기술부서와 비기술부서 사이에 인재 교류가 유연하게 이뤄지도록 만들어야 한다는 임무 또한 있었다. 이러한 목표가 달성되면 자연히 회사의 가치도 올라가게 된다. "언젠가 다이앤이 엔지니어링 분야에서 쌓은 경험을 가지고 마케팅 부서로 돌아간다면, 그땐 더 효과적인 전략을 세울 수 있을 거예요." 프랜고스는 말했다. 다양성을 존중하는 리더십이 가져다주는 여러 가지 경쟁적인 이점을 고려할 때, 여성과 유색인종이 잠재력을 발휘할 수 있는 기업 환경을 만드는 것 또한 프랜고스의 역할 중 하나였다.[20]

"다이앤의 존재는 말 그대로 '홈런'이었어요. 그와의 스폰서십은 관련된 모든 사람이 가치 상승과 높은 평판, 개인적인 만족감을 얻을 수 있는 완벽한 비즈니스 관계였죠."

가디너와 마찬가지로 프랜고스는 이미 상당한 역량을 발휘하고 있지만 실제로는 더 큰 잠재력을 지니고 있던 프로테제를 발굴하여 자신과 조직에 큰 이익을 가져왔다. 이러한 선택은 지극히 논리적이다. 비즈니스로 가장 큰 이익을 얻는 방법은 숨겨진 가치를 발견하고 이를 실현하도록 돕는 데서 나오기 때문이다.

하지만 모든 투자가 이렇게 성공적인 것은 아니다. 신중하게 선택하고 공들여 훈련시킨 프로테제라고 해서 '맹목적인 믿음'을 줘도 된다는 뜻은 아니다. 스폰서는 언제나 눈을 크게 뜨고 있어야 한다. 특히 새로운 인재를 발굴하여 궤도에 안착시킨 경우라면, 그들의 능력과 성품에 대한 초반의 인상이 정확히 들어맞았는지 철저하게 확인할 필요가 있다.

이 매뉴얼의 다음 장에서는 프로테제를 점검하는 과정을 통해 그들의 역량을 강화시키고, 동시에 스폰서 자신을 보호할 수 있는 방법에 대해 살펴볼 것이다.

실전 활용법 BREAKING IT DOWN

완벽한 프로테제는 없다. 그들에게는 당신의 요구를 제대로 만족시키기 위해서 더 채워야 할 기술이나 고쳐야 할 약점이 있을 수 있다. 스폰서십의 과정 중 하나는 프로테제와 협력하여 그들을 '보완'하는 것이다. 다음의 조언들은 이 중요한 단계를 성공적으로 수행하게 해 주는 가이드가 되어 줄 것이다.

역량 개발은 프로테제가 주도하게 하라.

기술적인 면이 미흡한 프로테제를 발탁하려고 마음먹은 경우, 그들을 위해서 '역량 개발 계획'까지 세워야 할 수 있다. 잠재적인 프로테제와 관계 초반에 수행해야 할 중요한 과제 중 하나는 그들에게 부족한 기술이 무엇인지 대표적인 것 세 가지를 체크하고, 이것을 개발하기 위해서 그들에게 어떤 조치가 필요한지 확인하는 것이다. 스폰서는 프로테제의 계획에 피드백을 주고, 필요하다면 보다 더 구체적인 코칭을 제공해야 한다. 하지만 역량 개발을 요청하고, 주도하는 쪽은 '프로테제'여야 한다는 것을 명심하라.

시간이 지나면 '덜 정형화된 관계'로 넘어가라.

프로테제의 커리어가 발전하고 서로에 대한 신뢰가 깊어지면, 결정적인 순간에 손을 내밀거나 간헐적인 조언을 제공하는 정도로 도움을 줄여야 한다.

직접적인 피드백을 제공하라.

잔인해지고 싶지 않겠지만, 프로테제에게는 '솔직'해야 한다. 완충 장치는 벗어던지고 성과나 충성도 면에서 개선해야 할 점을 있는 그대로 전달하라. 이것은 스폰서인 당신의 리스크를 줄이기 위해서라도 반드시 필요한 조치다. 만일 프로테제가 당신의 상사 앞에서 실망스러운 모습을 보이거나(캐런 린치와 에마의 사례를 떠올려 보자) 고객이나 거래처 앞에서 당신이나 조직을 비판한다면, 당신의 평판이 땅에 떨어지는 상황에 처할 수 있다. 이를 막기 위해서라도 즉시 솔직한 피드백을 제공해야 한다.

프로테제가 당신의 피드백을 기꺼이 받아들이도록 만들어라.

특히 스폰서와 프로테제가 다른 성별이나 인종일 경우, 프로테제가 칭찬과 긍정적인 평가만큼이나 '비판적인 피드백'에 익숙해지도록 만들 필요가 있다. 그를 성장시키기 위해 건설적인 비판을 해야 할 때, 스폰서는 자신이 적이 아닌 동맹 입장에서 조언하는 것임을 그에게 설명해야 한다. '강하게 키우는 사랑의 프레임'을 씌우는 것도 한 방법이다.

"

큰 부서를 이끌기 위해서는
사람들과 공감대를 형성하는 것이 중요합니다.
리더는 애매한 안개 상태에 있는 아이디어들을
통합하고 조각해서 작품으로 만들어 내는 자리예요.

"

8장

INSPECT YOUR PROSPECTS

STEP5
과연 그는 당신이 키울 만한 사람인가

우리는 이 단계까지 오는 과정에서 유망하면서 우리와 다른 재능을 지닌 몇 명의 프로테제를 발견했다. 최고의 역량과 열정을 갖출 수 있도록 그들을 고무하고, 부족한 기술을 메우고, 잠재력을 최대한 발휘할 수 있도록 훈련 또한 시켰다.

하지만 스폰서십의 본질은 '투자'다. 다른 모든 투자와 마찬가지로 지속적인 검증 과정이 필요하다. 당신의 프로테제는 투자에 걸맞은 성장을 이뤄 내어 당신의 후원에 보답하고 있는가? 혹시 지금이 이 관계를 계속 유지할지, 약간의 조정을 거칠지, 지원을 두 배로 늘릴지, 혹은 헌신을 철회할 때인지 결정할 타이밍은 아닌가?

모든 투자가 성공으로 이어지는 것은 아니다. 때로는 지금까지의 손실을 감수하고 손을 털어야 할 때도 있다. 본격적인 스폰서십이 시작되기 전에 잠재적 후보에게 지원을 할지 말지 신중하게 평가하는 것은 매우 합리적인 선택이다. 하지만 이 장에서 구체적으로 논의할 주제와 같이 어떤 종류의 검증은 관계가 시작되고 유지되는 내내 지속적으로 이뤄져야 한다. 관계가 몇 년간 원만하게 지속되면 이제 모든 것을 흐름에 맡겨도 되지 않을까 하는 생각이 들게 마련이다. 그러나 이런 안일한 태도는 종종 부정적인 결과를 초래하곤 한다.

인재혁신센터는 스폰서들에게 '언제 이 프로테제와의 관계를 끝내야겠다'는 신호를 감지했는지 물었다. 응답자의 73%는 '프로테제가 부적절한 언행을 보이거나 스폰서의 평판을 깎아내리는 등 여러 방식으로 신뢰를 저버리며 충성심 부족을 암시할 때'라고 답변했다.

예를 들어 트레버 필립스는 이런 경험담을 들려주었다. "한 프로테제는 저를 스폰서로 둔다는 것을 더 이상 일을 하지 않아도 된다는 뜻이라고 생각했습니다. 그가 하는 일이라곤 사람들에게 전화해서 이렇게 말하는 것뿐이었어요. '필립스 씨가 이런 일을 지시하셨어요. 당장 처리해 주세요.' 스스로는 손 하나 까딱하지 않았죠. 그는 제 권위를 가로채서 남용했어요. 그 사실을 알게 된 뒤 당장 그와 관계를 끊었습니다."

충성심 부족에 이어 56%가 응답한 두 번째 신호는 '너무 잦은 실수를 저지르거나 기대에 부응하지 못하거나 지나친 관리를 필요로 하는 등 역량 면에서 문제가 발견될 때'였다. 스폰서십이 스폰서에게 '힘든 짐'을 지워서는 안 된다. 이 관계에서 주된 업무를 처리하는 것은 프로테제 쪽이어야 한다. 당신에게 업무적인 어려움이나 부족한 기술을 알리고 가르침과 조언을 얻기 위해 적극적으로 행동하는 쪽도 프로테제여야 한다.

그러려면 스폰서가 과도한 부담을 지지 않는 선에서 두 사람의 접점을 찾는 것이 이 관계의 핵심이라는 점을 잠재적 프로테제 후보에게 분명히 알려야 할 필요가 있다. 예컨대, 프로테제의 제안은 이런 식이 적절하다. "내일 아침 일찍 간단한 식사라도 들까요?" 단, 이런 요청을 할 때도 스폰서의 일정을 미리 체크하고 스폰서가 일찍 출근하는 것이 가능한지 확인한 후에 해야 한다는 원칙을 정해야 한다. 다음과 같은 제안 방식도 괜찮다. "이번 주 금요일에 저희가 같은 장소로 외근을 나가더라고요. 이 기회에 대화도 나눌 겸 같은 차량으로 이동하시면 어떨까요? 괜찮으시다면 제가 기꺼이 댁까지 모시러 가겠습니다."

하지만 당신이 매번 먼저 손을 내밀어야 한다거나 그들이 너무 많은 도움을 요청하는 바람에 부담이 가중된다면, 일단 당신이 원하는 관계가 어떤 것인지 그들에게 정확히 알려라. 그런데도 개선에 실패한다면 그를 프로테제 명단에서 제외하는 것까지 고려해야 한다.

이 외에도 스폰서들은 야망이 부족할 때(51%)와 팀워크가 부족할 때(50%), 피드백을 무시하는 태도를 보일 때(32%) 등을 스폰서십 관계를 끝내야 하는 신호로 보았다.

하지만 '충성심 부족'과 같은 심각한 사유와 달리, 지원을 즉시 철회해야겠다는 결단을 쉽게 내릴 수 없는 문제들도 존재한다. 만약 당신의 프로테제가 예상했던 것만큼 성과를 내지 못한다면 즉시 관계를 끝내는 게 좋을까? 아니면 조언을 해 주고 훈련시켜야 할까? 만약 그가 낮은 의욕을 보인다면, 그를 고무시켜서 야망에 불을 붙일 수 있지 않을까? 훈련과 동기 부여를 통해서 팀워크에 능한 인재가 되는 것은 충분히 가능한 일이다. 피드백에 대해서는 어쩌면 스폰서가 의견을 좀 더 명확하게 제시해야 했는지도 모른다. 이러한 의사 결정에는 생각보다 복잡한 과정이 수반된다. 이 장에서는 이와 관련한 몇 가지 사례들을 소개하며 여러 대응 방법을 제안해 보려 한다.

사실 프로테제를 상시 점검한다 해도 언제나 그의 단점을 발견하는 결말로 이어지진 않는다. 이러한 점검을 통해서 스폰서가 확인하고자 하는 것은 성취와 보상, 그리고 프로테제가 여전히 자신의 든든한 동맹이라는 '확신'이다. 인재혁신센터가 진행한 설문에서 스폰서들은 프로테제를 지속적으로 점검함으로써 아래와 같은 혜택을 얻었다고 응답했다.

□ 예상한 것 외의 추가적인 이익 54%

□ 스폰서를 돋보이게 하는 성과 창출 44%

□ 뛰어난 인재를 발굴하여 육성하는 사람이라는 브랜드 확보 38%

□ 프로테제에게 실무를 넘김으로써 발생하는 업무량 경감 37%

□ 정직하고 비판적인 피드백 32%

□ 한결 같은 지지와 충성 확보 30%

이러한 데이터를 염두에 두고 몇 가지 성공 사례를 들여다보자. 지금부터 만날 세 명의 중역은 자신의 프로테제를 점검한 결과로 결단에 꼭 필요한 정보를 얻을 수 있었다. 그중에는 긍정적인 것도 있고, 부정적인 것도 있다.

성과를 낸다고 해도
검증은 멈추지 않는다

광고계의 거물인 IPG의 회장 겸 CEO 마이클 로스는 조직이 다양성과 글로벌 시장 측면에서 인재 영입과 비즈니스에 성공할 수 있도록 하이디 가드너에게 열정을 불어넣고 힘을 실어 주었다(6장).

하지만 가드너의 사례는 로스가 스폰서로서 얼마나 뛰어난 경험을 쌓아 왔는지를 보여 주는 예시 중 하나일 뿐이다. 최근 그는 은퇴한 후에 자신의 뒤를 이을 만한 눈에 띄는 인재 한 명을 주시하고 있다.

로스와 이 잠재적 프로테제와의 첫 만남은 상당히 극적이었다. 회장 겸 CEO가 되기 전, 이사회에 참석하고 있던 로스는 회의실로 불쑥 들어온 한 젊은이를 보았다. 그는 이사진에게 잠시 회의를 멈추고 자신의 말을 들어 달라고 요청했다.

"저는 말했죠. '저 사람은 누군데 회의를 방해하는 거지?' 나중에 알고 보니, 그는 IPG에서 홍보를 담당하는 필립 크라코브스키Philippe Krakowsky였습니다. 그는 언론사와 전화 통화를 하던 중, 한 기자의 입을 통해 바로 이 회의에서 현재 논의 중인 내용을 들었다고 보고했어요. 기자가 그에게 이 사안에 대한 의견을 요청했다더군요. 크라코브스키는 회의 내용이 밖으로 새 나갔다고 판단했고, 그 내용을 즉시 알리기 위해 달려왔던 거였습니다. '언론에서는 이미 그 사안에 대해 투표가 이루어질 거라는 사실을 알고 있습니다'라고 그가 말했죠." 로스는 당시를 설명했다.

"그는 이사진들 한가운데에 서서 아주 훌륭하게 의견을 개진했습니다. 그가 상대했던 언론사 또한 그의 말을 편안하게 받아들였고, 우리 이사들도 그의 설명을 들으면서 이사회 도중에 뛰어 들어올 만큼 사안이 시급했다는 것도 자연스레 이해했죠. 그는 언론과 이사회라는 두 개의 까다로운 집단 사이에서 놀라운 중재 능력을 보여 줬어요."

그때부터 로스는 크라코브스키를 자신의 프로테제 후보군에 넣었다. 시간이 지나면서 그는 이 젊은 인재에게 의사소통 능력을 뛰어넘는 잠재력이 있다는 사실을 깨달았다. "그 친구는 관계를 다루는 능력이 아주 뛰어났어요. 신입 사원부터 고위급 임원까지 원만하게 관계를 맺지 못하는 사람이 없었죠. 그는 상대가 꼭 알아야 할 정보를 제공하면서 필요에 따라 솔직한 태도와 외교적인 태도까지 자유자재로 넘나들 줄 알았습니다."

IPG의 회장 겸 CEO 자리에 오른 이후 로스는 크라코브스키의 가치를 더욱더 깊이 알게 되었다. "이제 막 회사의 경영권을 잡았을 때 저는 아직 조직이나 업계의 전체적인 구조를 파악하지 못한 상태였어요. 이사회에서 다뤘던 사안들은 알고 있었지만, 회사의 깊은 곳까지 구석구석 잘 안다고 할 수는 없었죠. 제게는 이 무시무시하게 큰 배의 항해를 도와줄 부관이 필요했고, 크라코브스키가 바로 적임자였습니다."

나중에 알고 보니 크라코브스키가 이런 식으로 돕고 있던 사람은 로스만이 아니었다. "리더십 팀을 구성할 타이밍이 왔을 때, 저는 IPG의 모든 구성원이 그에게 조언을 구하고 있다는 사실을 알았어요. 사람들은 크라코브스키에게 전화해서 '이 문제에 대해 저는 어떻게 접근해야 할까요?'라고 물었죠."

로스는 크라코브스키에게 홍보 영역을 넘어서 보다 더 넓은 범위에서 소통 기술을 발휘할 수 있도록 기회를 주기로 결정했다. "당시 인사부서에는 타회사 출신이 책임자로 있었는데, 다소 내성적인 사람이었어요. 제가 직접 발탁한 인재가 아니라 전임자 때부터 쭉 근무하던 사람이었죠. 하지만 그는 끝내 우리 조직에 융화되지 못했어요. 저는 이사회를 소집해서 인사 책임자를 교체하겠다고 말했습니다. 그들은 제게 물었어요. '교체라니, 누구로 말입니까?' 제가 크라코브스키라고 말하자 이사진들이 심히 걱정스러운 표정으로 저를 바라보더군요. 능력이야 다들 인정했지만, 크라코브스키는 인사 업무 관련 경험이 전혀 없었으니까요. 하지만 저는 바로 그것이 그를 선택한 이유라고 설명했습니다.

저는 경력을 쌓는 내내 다양한 직군에 있는 인재들을 발탁하고 그들을 완전히 새로운 분야에 배치했습니다. 저는 사람의 능력을 우선합니다. 그것 외의 배경이나 학력은 무의미한 조건일 뿐이죠."

결국 크라코브스키는 새로운 인사 책임자가 되었다. 당시 IPG는 인재들의 근속을 유지하는 것에 어려움을 겪는 상황이었고, 따라서 그의 역할은 매우 막중한 책임을 동반했다.

"그 무렵 IPG는 재정 문제를 겪고 있었어요." 로스는 말했다. "솔직히 말하면, 그게 바로 이사회가 저를 CEO 자리에 앉힌 이유였죠. 우리는 회계 장부를 바로잡고 대대적인 수정 작업에 들어갔어요. 지배구조 문제를 해결할 때까지 재무제표 공시를 연기한다는 초유의 결단을 내리기까지 했죠. 조직 구성원들 사이에는 회사가 무너질지도 모른다는 불안감이 널리 퍼진 상황이었기 때문에 인사부서의 역할이 매우 중요했습니다. 회사는 회사대로 우리와 다르게 수익을 올리고 있는 경쟁사로 특출한 인재들이 유출될까 봐 전전긍긍하고 있었어요."

크라코브스키가 IPG의 운명을 좌우할 중책을 맡은 만큼, 로스는 그의 행보 하나하나를 면밀히 관찰했다. 신임 인사 책임자의 역할은 IPG의 핵심 인재 이탈을 막고, 꼭 필요한 인력을 충원하며, 외부적으로는 회사가 착실히 회복되고 있다는 이미지를 심어 줌으로써 고객들의 신뢰를 유지하는 것이었다. 크라코브스키가 새 자리를 통해서 역량과 충성심을 동시에 입증하면서 로스는 그에게 맡길 더 큰 임무를 준비하기 시작했다.

"그 일로 크라코브스키의 재능과 성품을 검증했고, 그에게 또 다른 책임을 맡기기로 결정했습니다." 로스는 말했다. "저는 그를 최고 전략책임자 자리에 앉혔습니다. 인사와 마찬가지로 전략 업무는 그에게 생소한 분야였지만, 이번에도 그는 빨리 배웠어요. 저는 CEO로서 후계자를 물색할 의무가 있었고, 크라코브스키는 유력한 후보 중 한 명으로서 경영진 역할을 경험할 필요가 있었죠. 그는 임무를 받아들였고, 기대만큼 성과를 증명했습니다."

로스가 관찰한 것처럼 크라코브스키는 훌륭한 성과를 가져왔다. 그는 IPG의 포트폴리오에 디지털 플랫폼을 비롯한 뉴미디어 시장을 추가하고 고객을 중심으로 부서 간 통합 시스템을 구축하는 등 기업의 핵심 전략들을 매끄럽게 실행했다. 그가 연이어 업무를 성공적으로 수행하는 것을 확인한 로스는 그를 IPG에서 가장 중요한 사업 부문인 '미디어브랜드'의 총괄 책임자로 임명했다. 크라코브스키는 1만 명 이상의 구성원이 있는 조직을 효율적으로 운영하며 디지털 및 데이터 중심 마케팅 전략을 강화했다.

다른 고위급 임원들과 마찬가지로 크라코브스키가 자신의 성패로 하여금 조직 전체에 영향을 미치는 자리에 앉게 되면서 그의 성과를 점검하는 일은 매우 간단해졌다. 그러나 로스는 성과를 넘어서 자신의 프로테제가 조직 내 다른 구성원들과 어떻게 상호 작용하는지 그리고 어떻게 신뢰와 결속을 쌓아 나가는지 세심하게 관찰했다.

"저는 그가 진실하고 영리하고 소탈한 사람인지, 또 헛소리를 늘어놓는 대신 정확한 커뮤니케이션을 수행하는 사람인지 알고 싶었어요. 크라코브스키는 제가 원하던 자질들을 두루 갖춘 인물이었습니다. 실상 모든 구성원이 영업 사원이나 다름없는 이 업계에서 그런 인재는 절대 놓칠 수 없는 보물이죠. IPG의 임직원들도 그 사실을 알고 있어요. 그들은 지금도 조언을 구하기 위해 크라코브스키의 자리를 찾고, 그와 그의 피드백을 신뢰합니다."

로스는 크라코브스키가 IPG의 다양한 영역을 누비며 성과를 내는 모습을 지켜보며, 자신뿐 아니라 조직의 모든 구성원이 그를 신뢰한다는 사실을 직접 확인했다. 그리고 마침내 그는 이 프로테제를 후계자 명단의 최종 후보 리스트에 올렸다.

"CEO 자리를 이어받은 최고의 후계자들에 대한 연구를 살펴봤어요." 로스는 크라코브스키를 후계자 리스트에 올린 이유를 이렇게 설명했다. "전직 CEO의 트레이닝을 받으며 성장한 내부 인재가 가장 좋은 결과를 이끌어 낸다는 것을 확인했습니다. 저는 14년에 걸쳐 크라코브스키를 홍보 담당자에서 인사부서 책임자로, 최고전략책임자에서 미디어브랜드 총괄로, 결국은 CEO 후보로까지 성장시켰죠.

그가 제 뒤를 이을지 그렇지 못할지는 아직 알 수 없어요. IPG에는 다른 좋은 후보자들도 많으니까요. 하지만 그가 밟아 온 경력 그 자체는 제가 의도적으로 설계한 CEO 수업이었습니다."

두 사람이 일군 성공적인 스폰서십은 프로테제가 각 임무에서 능력을 입증하고 신뢰를 얻어 내는 모습을 확인한 다음, 더 크고 새로운 책임을 부여하는 스폰서의 신중한 검증 절차가 있었기에 가능했다.

지금이 관계를 끊어야 할 순간은 아닌가?

크라코브스키를 지원하기 시작한 것과 거의 비슷한 시기에 로스는 마일스Myles라는 가명의 직원을 영입하여 IPG의 부서 하나를 맡겼다. 크라코브스키와 마찬가지로 마일스의 성과를 확인하는 것은 어렵지 않았다. 그 또한 조직의 부서 하나를 통째로 책임지고 있었기 때문이다.

"그는 자원을 효율적으로 배정하고 탁월한 인재를 채용하는 등 뛰어난 성과를 보였습니다." 로스는 설명했다. 마일스의 능력을 확인한 그는 아직 업무 경력이나 고객과의 커뮤니케이션 경험이 충분하지 않다는 핸디캡에도 불구하고 그를 해당 사업 부문의 총괄 책임자로 임명했다.

"저는 일단 밀어주기로 결정한 인재에게는 확실하게 힘을 실어 줍니다. 크라코브스키 때처럼 저는 마일스를 아직 훈련되지 않은 필드로 내보냈어요. 그가 원래 있던 자리에서 능력을 증명해 냈으니 제가 그 능력을 보다 더 넓은 범위로 확장시킬 수 있으리라 생각했죠. 하지만 그는 결국 실패했습니다. 그건 분명 제 실수였어요."

로스는 프로테제를 지나치게 빨리 신뢰하는 실수를 저질렀다. 그는 마일스에게 달성해야 하는 구체적인 매출 목표와 신경 써서 챙겨야 하는 주요 고객 명단을 전달했다. 하지만 그의 활동을 꾸준히 지켜보던 로스는 그가 매출 면에서도, 고객과의 소통 면에서도 두각을 나타내지 못한다는 사실을 확인했다. 게다가 로스의 사무실에 호출되어 피드백을 받는 동안에도 마일스는 변명에만 급급할 뿐 구체적인 해결책은커녕 계획조차 제시하지 못했다.

"그는 계속 앞으로 더 나은 모습을 보이겠다고 말했어요. 실제로 저는 여러 번의 기회를 주었죠. 하지만 아무것도 달라지지 않았어요. 매출은 오르지 않았고, 고객들도 전혀 만족하지 않는다는 피드백을 보내 왔습니다."

하지만 마일스는 이미 조직에서 너무 높은 자리까지 올라간 상태였다. 즉 그를 IPG에서 내보내지 않고서는 그와의 관계를 완전히 끊을 방법이 없었다. 결국 로스는 결단을 내렸다. 마일스에게는 분명 로스가 알아보고 발굴한 능력이 있었다. 하지만 결과적으로 그는 기대에 부응하지 못했을 뿐 아니라 진정한 변화 대신 핑계와 공허한 약속에 매달리는 실망스러운 모습을 보였다.

부적절한 행동에는
단호히 칼을 들어라

마일스의 경우 가장 큰 문제는 매출 부진을 비롯한 가시적인 성과였다. 하지만 이보다 더 흔한 스폰서십 종료 시나리오는 프로테제가 적절한 소프트 스킬을 갖추지 못한 경우에 발생한다. 앞으로 마티Marty라고 부를 로스엔젤레스의 한 홍보 대행사 대표는 우리가 인터뷰를 하던 바로 그날 프로테제와의 관계를 끝내야겠다고 마음먹고 있었다.

그는 6개월 전 칼라Carla라는 가명의 여성 인재를 프로테제로 삼았다. 칼라는 창의적인 아이디어를 떠올리는 수준에서 그치지 않고 이를 시장성 있는 방향으로 포장하는 재능, 회사와 고객 모두에게 이익이 되도록 관계를 이끌어 가는 능력까지 지니고 있었다.

마티는 이 뛰어난 인재를 승진시켰다. "칼라는 이미 높은 지위에 있었지만, 저는 그에게 핵심 고객들의 포트폴리오를 일임하면서 완전히 새로운 부서를 만들고 이끌어 갈 기회를 주었습니다."

지금껏 칼라는 프리젠테이션과 고객 관리, 그리고 자신이 전권을 쥐고 지휘하는 작은 팀 운영에서 좋은 성과를 보여 왔다. 하지만 그에게는 새로운 부서를 만들고 지휘하는 데 필요한 '미묘한 리더십 스킬'이 부족했고, 결과적으로 부서를 정착시키는 데 실패하고 말았다.

"저는 그에게 끝없는 조언과 코칭을 제공했습니다." 마티는 설명했다. "하지만 그는 구성원들이 내놓은 제각각의 아이디어들을 전혀 컨트롤하지 못했어요. 매번 사람들을 제치고 혼자만 빨리 달리면서 자기 방식만 옳다는 태도를 고수했죠. 그는 언제나 모든 것을 완벽하게 만들려고 애썼지만, 큰 부서를 이끌기 위해서는 사람들과 공감대를 형성하는 것이 중요합니다. 리더는 애매한 안개 상태에 있는 아이디어들을 통합하고 조각해서 작품으로 만들어 내는 자리예요."

마티는 칼라의 부하 직원들과 그의 직속 상사(이 회사의 '넘버2'), 그리고 칼라 본인과 직접 대화를 나누며 자신의 프로테제를 점검했다. "칼라의 상사는 그의 태도가 엉망이라고 평했어요. 칼라에게 그 상사의 피드백을 부드럽게 전달했는데, 저에게 무려 자신의 상사를 해고하라고 요구하더군요. 정말 제정신이 아닌 소리였죠. 그래도 칼라에게 다시 한 번 기회를 주려 했습니다. '우선은 집에 가서 이 상황을 분석하고 정리해 오게. 이성적이고 침착하게 판단하면서 내가 바라는 것이 무엇인지 생각해 봐'라고 말했죠. 이런 조치가 그의 감정적 대응을 누그러뜨릴 것이라 믿었습니다."

그는 말을 이었다. "하지만 예상은 빗나갔죠. 다음 날 칼라가 인사팀에 찾아와 정식으로 자신의 상사에 대한 징계를 요구했다는 보고를 받았습니다. 저는 인사 팀 구성원 전체에게 이 사태에 대해 설명해야 했어요. 그건 정말 악몽이었습니다."

칼라는 프로테제에게 주어진 몇 가지 임무에서 낙제점을 받았다. 사실 성과 자체도 실망스러웠지만, 그때까지 그에게 주어진 기간이 고작 6개월이었다는 점을 감안하면, 아직 개선할 여지가 남아 있었다. 마티 또한 그에게 가르치고 발전시킬 부분이 있다는 사실을 알면서 그를 프로테제로 받아들인 것이었다. 그런데도 칼라는 그의 조언을 듣지 않았고, 오히려 마티에게 일의 부담을 가중시키면서 상황을 악화시켰다. 그것도 결코 용납할 수 없는 행동으로 말이다.

좋은 프로테제는 당신이 좋아하는 일, 오직 당신만이 가치를 더할 수 있는 일에 몰두할 수 있도록 '여유 시간'을 확보해 준다. 그런 인재는 조직에 분란과 불화를 가져오거나 당신을 지저분한 분쟁에 끌어들이는 행동을 '절대' 하지 않는다.

인터뷰가 진행되던 무렵, 마티는 여전히 칼라를 완전히 해고할지 다른 부서로 전출시킬지 결정하지 못한 상태였다. 한 가지 확실한 것은 이 재능 있는 여성 인재가 더 이상 그의 프로테제가 아니라는 사실이었다. "그건 제게도 쓰라린 결정이었습니다." 마티가 말했다. "이런 경험은 처음이고, 이미 그에게 쏟아부은 투자도 상당한 수준이지만, 저는 조직을 위해 결단을 내려야 하는 위치에 있어요. 스폰서십의 목적은 단순히 프로테제를 밀어주는 게 아니라 두 사람이 힘을 합쳐서 조직의 비즈니스를 돕는 것 아닙니까."

한계인가,
단순한 실수인가

스폰서십 관계에서 일상적으로 발생할 수 있는 또 하나 시나리오는 필립 크라코브스키 같은 완벽한 성공작이나 마일스, 칼라 같은 완전한 실패작이 아닌 그 중간 어디쯤에 있는 프로테제를 만나게 되는 것이다. 프로테제를 점검하는 과정에서 커다란 결점을 발견하는 경우도 있지만, 때로는 함께 노력하여 관계를 개선하는 방법을 찾아야 할 때도 있다. 앞서 만났던 뛰어난 스폰서 켄트 가디너가 바로 이런 케이스에 속하는 사례를 들려주었다.

가디너는 당시에 대해 이렇게 설명했다. "신입 사원 시절부터 제 프로테제 그룹에 들어 있던 여성 인재가 한 명 있었습니다. 그에게 필요한 기술들을 개발시키고, 또 그를 주요 클라이언트에게 소개하는 과정은 점진적이고 끈질긴, 때로는 가차 없는 훈련의 연속이었습니다." 이 프로테제, 멜리사Melissa라는 가명의 변호사가 위기에 봉착한 것은 경력을 꽤 쌓은 후의 일이었다.

"저는 고객들에게 멜리사를 소개하며 누구보다 가까이에서 그가 여러분을 챙겨 줄 것이라는 확신을 줬어요. 또 멜리사가 사소하고 실무적인 업무들을 처리해 준다면 저는 더 넓은 범위의 전략을 세울 수 있겠다고 판단했죠." 이것은 스폰서가 프로테제에게 응당 기대할 수 있는 보상이었다. 하지만 멜리사는 예상과 정반대로 행동했다.

"멜리사는 의사소통을 할 때 화려한 언변에 의존하거나 종종 타인을 헐뜯는다는 결점이 있었습니다." 가디너는 그를 이렇게 평가했다. "멜리사는 클라이언트 앞에서 다른 회사의 변호사들을 지나치게 비판하고, 대놓고 그들의 판단을 깎아내렸습니다. 하지만 자신의 클라이언트가 바로 그 변호사들과 친밀한 사이라는 사실을 꿈에도 몰랐던 거죠. 클라이언트들은 이런 인상을 받았다고 하더군요. '이 사람은 이렇게 서슴없이 남을 깔아뭉개는데, 내가 없는 데서 내 욕을 할지 누가 알아?' 멜리사는 허물없는 관계를 만들려고 그런 행동을 했는지 몰라도 듣는 사람의 생각은 완전히 달랐죠."

가디너는 클라이언트나 팀 내 구성원들과 수시로 연락을 취하면서 멜리사의 평판을 구체적으로 확인하지 않는 실수를 저질렀다. 한 클라이언트가 멜리사에 대한 불만을 제기하며 사건을 다른 로펌에 의뢰하기 전까지 그는 사태의 심각성을 전혀 깨닫지 못했다. "멜리사는 본인뿐 아니라 제 신용까지 떨어뜨렸어요." 가디너는 말했다. "그런 그를 쭉 데리고 가는 게 과연 옳은 일일까? 결단을 내려야 하는 순간이었죠."

이는 매우 어려운 결정이지만, 스폰서라면 언젠가 한 번쯤 마주하게 될 시련이기도 하다. 프로테제가 충성심을 저버렸다면 즉시 관계를 끊어야겠지만, 그 외의 상황이라면 '완벽한 정답'이란 없다. 결정에 앞서 가디너는 일단 현재의 상황을 균형 있게 분석하려고 했다. 멜리사는 분명 실수를 저질렀다. 하지만 그는 능력과 열정을 갖춘 인재였다. 당장 그가 처한 환경의 어려움도 무시할 수 없었다. 어쨌든 그는 나이 든 남성들이 지배하는 분야에서 최고의 변호사로 자리 잡기 위해 고군분투하고 있지 않은가. 모든 상황을 고려하며 그는 멜리사의 결점이 고칠 수 있는 성질의 것인지 신중하게 판단했다.

그가 내린 결정은 멜리사의 훈련을 두 배로 늘리는 것, 그리고 약간의 도움을 제공하는 것이었다. "저는 알 수 있었습니다." 가디너는 설명했다. "남을 헐뜯는 그의 결점은 뛰어난 능력이 있음에도 불구하고 늘 불안정한 입지 때문에 생긴 습관이었죠. 저는 그를 더 성장시켜 보겠다고 마음을 굳혔지만, 현실적으로 저는 젊은 여성 변호사에게 권위적인 남성 중역들과 소통하는 법에 대해서 알려 줄 만한 사람이 아니었습니다. 저는 오랜 경험을 쌓은 베테랑 여성 변호사들에게 의뢰인과의 대화에서 지켜야 할 '선'을 멜리사에게 가르쳐 달라고 부탁했죠."

그로부터 15년이 지난 지금, 멜리사는 그 베테랑 여성 변호사 중한 명이 되었다. "우리의 스폰서십은 완벽한 윈윈 관계로 성장했습니다." 가디너는 말을 이었다. "멜리사는 정말 멋진 인재예요. 실수로부터 교훈을 얻었고, 관계를 다루는 방법도 훈련했죠. 지금 저는 그 덕분에 훨씬 넓은 고객층을 확보하게 되었습니다."

조언과 지원에도
그가 반응하지 않는다면

우리가 로베르타Roberta라고 부를 이 인물은 현재 세계에서 가장 영향력 있는 IT 회사 중 한 곳에서 인사부서를 이끄는 중역이다. 지금의 회사로 이직하면서, 그는 이전에 다니던 직장인 금융 서비스 기업에서 발굴한 직원 한 명을 데려왔다. 타냐Tanya라는 가명의 젊은 여성 인재였다.

"당시 저는 타냐가 장차 회사를 이끌 슈퍼스타 재목이라고 판단했습니다." 로베르타는 설명했다. "초반부터 그를 차기 리더십 후보 리스트에 올려 두었죠." 타냐는 열의를 보였지만, 로베르타는 점검의 끈을 놓지 않았다. 오히려 다른 사람들의 눈과 귀를 활용하여 자신의 잠재적 프로테제를 면밀히 관찰했다.

"저는 팀원들에게 그의 능력이 어느 정도 수준인지 물었어요. 그런데 아무도 그의 능력을 보증하겠다고 나서지 않더군요. 직속 상사들도 딱히 타냐 덕분에 조직의 가치가 상승했다고 판단하지 않는다고 평가했어요. 모두가 그를 좋아했고 그의 다감한 성격을 칭찬하긴 했지만, 제가 원하는 것은 저와 즐겁게 마주 앉아 수다나 떠는 그런 프로테제가 아니었어요. 저는 하나의 목표를 위해 긴밀히 협업하는 과정에서 형성되는 신뢰 높은 관계를 원했죠."

로베르타는 타냐를 자신의 방으로 불러 조언했다. "그에게 이 회사에 막 들어온 만큼 팀원들과 상사에게 더 많은 질문을 해야 한다고 말했어요. 질문이 없는 직원은 건방지거나 업무에 열의가 없다는 평가를 받을 수 있다고 설명했죠. 단순히 성격 좋은 사람이라는 평가 이상을 성취해야 한다, 팀 회의에서는 적극적으로 질문을 던져서 팀 프로젝트를 따라잡고 자기 몫을 해내야 한다고도 조언해 줬죠."

타냐는 그의 말을 이해하는 것처럼 보였다. 또 앞으로 더 잘하겠다는 약속도 했다. 하지만 3개월 후 로베르타가 팀 리더들에게 타냐의 평가를 부탁했을 때, 그들은 타냐가 늘 회의실 구석에 말없이 앉아 있을 뿐이라고 대답했다. 3개월 동안 로베르타에게 직접 연락하거나 찾아온 일도 없었다. 타냐는 여전히 자신의 문제점을 인정하지 않았고, 발전을 위해 조언을 구하지 않았다.

그를 불러 주변의 피드백을 전하며 더 잘해야 한다고 격려한 것은 이번에도 로베르타 쪽이었다. 타냐의 재능을 아깝게 여긴 로베르타는 그가 참석하는 회의에 직접 들어가서 그를 다른 구성원들에게 소개해 주기까지 했다. 그의 진입 장벽을 낮춰 주려는 배려였지만, 여전히 타냐는 아무런 변화를 보이지 않았다. 마이클 로스가 마일스와의 대화에서 느꼈듯이, 로베르타는 타냐가 늘 변명만 하고 진정성 없는 태도를 보인다는 인상을 받기 시작했다. 그 와중에 업무 면에서도 실망스러운 성과가 나오자 로베르타는 마침내 타냐를 더 이상 신뢰할수 없다고 판단했다.

그와 함께 이직한 지 1년이 되었을 때 로베르타는 관계를 끊을 준비가 되어 있었다. 당시 타냐는 지나친 실수가 용인되지 않는 중간 관리자 자리에 앉아 있었으므로 회사는 그를 해고하기로 결정했다.

"정말 끔찍한 경험이었어요." 로베르타는 그때를 이렇게 회상했다. "물론 여전히 타냐에게 놀라운 재능이 있다고 확신해요. 하지만 어떤 이유에서인지 그는 질문을 하지 않았고, 도움을 청하지도 않았고, 분명히 의견을 내야 할 상황에서도 입을 다물었죠. 스폰서가 아무리 많은 조언을 제공해도 모든 프로테제가 스폰서십에 걸맞은 발전을 보이는 건 아닙니다."

하지만 당신이 고무하고, 훈련시키고, 점검한 결과 훌륭한 역량을 입증한 프로테제들은(실제로 많은 인재가 이 단계를 멋지게 통과한다) 보다 더 분명하고 공식적인 관계로 나아갈 준비를 마친 것이다. 이제 '거래'를 시작할 시간이다.

실전 활용법 BREAKING IT DOWN

프로테제의 역량을 개발했다고 해서, 다시 말해 그들을 훈련시키고 고무한 것으로 스폰서의 역할이 끝난 것은 아니다. 당신은 그를 지속적으로 주시하며 성과, 충성도, 가치 상승이 기대에 부응하고 있는지 확인해야 한다. 다음 조언들을 참고하면 프로테제를 점검하는 과정에서 도움을 받을 수 있을 것이다.

경청 또 경청이 중요하다.

물론 업무적인 성과나 기술력 향상에 대한 점검은 명백히 필요한 과정이며, 수시로 이뤄져야 한다. 하지만 스폰서십은 당신의 브랜드를 이마에 붙이고 다닐 사람을 선택하는 과정이기도 하다. 잠재적 프로테제의 동료와 상사, 고객들의 평가를 귀담아 들어라.

태도와 가치관을 눈여겨보라.

스폰서는 프로테제의 기술 격차를 충분히 극복시킬 수 있다. 하드 스킬이든(필립 크라코브스키를 완전히 낯선 사업 부문으로 보냈던 마이클 로스를 떠올리자) 소프트 스킬이든(멜리사의 커뮤니케이션 능력을 성장시킨 켄트 로스의 사례를 기억하자) 뭐든 가능하다. 그러나 프로테제가 스폰서의 피드백을 무시하거나, 열정이 부족하거나, 지나치게 의존하거나, 불성실하거나, 충성심을 저버리는 태도를 보인다면, 손실을 감수하고 관계를 끊어야 하는 타이밍이다.

관대하되, 너무 관대하지는 마라.

실수를 하지 않는 사람은 없다. 특히 프로테제를 선택하는 과정에 있다면 그 인재는 아직 다듬어지지 않은 다이아몬드 원석일 가능성이 높다. 그런 이들은 스폰서가 원하는 완벽한 모습을 보이지 못할 수 있다. 하지만 스폰서의 시간은 한정되어 있고, 프로테제 또한 제한적인 기회 안에서 자신의 열정과 습득 속도를 증명할 의무를 지니고 있다. 우리의 경험칙을 미루어 봤을 때, 성과와 기술 면에서 프로테제가 결정적 실수를 세 번 이상 저지른다면 이를 눈감아 줄 필요가 없다.

벌이 필요한 경우엔 벌을 내려라.

현재는 다소 부족한 성과를 보이지만 뛰어난 잠재력과 충성심을 보이는 프로테제가 있다면, 그들에게 필요한 도움을 제공해야 한다. 하지만 그의 잠재력이 당신의 생각보다 미흡하다는 사실이 드러난다면 그와의 관계를 가벼운 멘토십 이하로 격하시키는 것이 마땅하다. 혹시라도 프로테제가 신뢰할 수 없는 인물로 밝혀진다면 미련 없이 그를 해고해야 한다. 조직에서 내보낼 권한이 없다면 개인적인 관계라도 최대한 끊어 내라.

> 66
>
> 인재를 신중하게 발굴하고
> 함께하는 내내 지속적으로 검증하는 것.
> 이것이 바로 신속한 스폰서십을 성공으로 이끄는 열쇠다.
> 관계를 잘만 끌어 간다면
> 이미 높은 직위에 올라 있는 인물뿐 아니라
> 일천한 경력을 지닌 인재들도
> '뛰어난 성과와 견고한 충성심'이란 보상을 돌려줄 것이다.
>
> 99

9장

I N S T I G A T E   A   D E A L

STEP6
이것은 거래다,
그것도 아주 철저한

프로테제를 적절히 훈련시키고 철저한 검증을 거쳤다면, 이제는 관계의 본질을 명확히 드러낼 때다. 스폰서가 원하는 것은 분명하다. 당신은 신뢰와 성과를 기대할 수 있는 관계를 원한다. 그렇다면 지금부터 프로테제를 향한 당신의 후원과 지지를 공식적으로 또 공개적으로 표명할 필요가 있다.

스폰서십은 성공과 평판을 나누어 갖는 관계인 만큼, 이 거래에는 어느 정도의 리스크가 수반된다. 저명한 인사 중에도 스폰서십을 잘못 활용한 탓에 손실을 입은 이들이 적지 않다. 도널드 트럼프 대통령이 연방 정부에서 가장 큰 부처 중 하나인 보훈장관 후보로 백악관 주치의 출신인 로니 잭슨Ronny Jackson을 지명했던 과정을 예로 들어 보자(두 사람은 개인적으로 매우 친밀한 관계를 유지했던 것으로 알려져 있다). 트럼프 대통령은 공개적이고 적극적으로 잭슨을 옹호했지만, 그에 대한 공적인 자질 논란과 사적인 의혹들이 터져 나오면서 결국 지명을 철회해야 했다.[21] 트럼프와 잭슨처럼 몇 년씩 알고 지낸 사이라 해도 스폰서십 관계의 조건으로는 충분치 않을 수 있다.

인재혁신센터의 자료에 따르면, 적지 않은 스폰서들이 신속히 움직이는 것을 선호하는 경향을 보였다. 스폰서를 대상으로 진행한 설문에서 응답자의 87%가 '프로테제를 영입한 즉시, 또는 1년 이내'에 공개적으로 그들을 지원했다고 밝혔다. 10%가 '3년 내에 공식적인 지원'을 시작했다고 응답했고, '3년 이상의 검증 기간'을 거쳤다고 응답한 비율은 전체의 2%에 불과했다.

사실 스폰서-프로테제 관계는 매우 미묘하면서 복잡하고, 이 책 전반에 걸쳐 강조되는 확실한 예방책 몇 가지를 제외하면 특별한 공식이 존재하지 않는다. IPG의 CEO 마이클 로스를 포함한 일부 스폰서들처럼 느리고 신중하게 움직임으로써 스폰서십을 성공적으로 이끌 수도 있지만, 또 다른 CEO들의 사례처럼 프로테제를 발굴하자마자 거래에 착수해서 성공 확률을 큰 폭으로 높일 수도 있다는 뜻이다.

신속히 움직일 때
보상은 배가된다

젠팩트 CEO 티거르 티아가라잔은 새로 영입한 최고전략책임자 케이티 스테인을 연례 투자자 회의에 데려가기로 결정했다. 그것은 그를 이사회와 핵심 투자자들 앞에 선보인다는 의미였다. 참석자들은 그 자리에서 스테인의 뛰어난 역량뿐 아니라 그를 향한 티아가라잔의 두터운 신임을 분명히 확인했다.

그는 스테인을 발굴한 초기부터, 심지어 그가 젠팩트의 고용계약서에 서명하기도 전부터 이 관계가 '거래'임을 명확히 했다. 최고전략책임자 영입 프로젝트는 젠팩트의 인재 검증 위원회와 티아가라잔 본인의 적극적인 참여 아래 철저한 검증 시스템을 거쳐 진행되었다. 그는 처음부터 이번 채용이 단순히 경영진 구성원을 충원하는 것을 넘어서 새로운 프로테제를 찾는 과정이 되리라 생각했고, 그 끝에 낙점된 스테인에게 즉시 손을 내밀었다.

티아가라잔은 채용 단계에서 스테인과 총 네 번의 일대일 면담을 진행했다. 그 과정에서 그는 상대방의 역량과 철학을 비롯해 성공을 향한 야망, 조직에 대한 장기적인 충성심, 그가 찾던 자질인 열린 태도와 절제된 결단력이 있는지 두루 확인했다. 이와 더불어 그는 스테인의 '개인적인 이야기'에도 집중했다. 단순한 직업적 성취만이 아니라 그가 했던 행동과 결정을 통해 성품을 알아보기 위함이었다.

예를 들어 스테인은 예전에 일했던 회사에 대해 이런 이야기를 했다. 당시 그 조직은 재정적인 문제로 오랜 전통이었던 팀 워크숍 예산을 삭감해야 하는 상황에 놓여 있었다. 그 소식에 사기와 에너지를 잃어버린 팀원들을 본 스테인은 자신의 집에서 파티를 열기로 마음먹었다.

"그는 팀원들을 집으로 초대해서 즐거운 시간을 보냈다고 말했어요." 티아가라잔은 설명했다. "그 이야기에는 어떤 불만의 기색도 없었어요. 그는 회사의 예산 삭감을 비난하지 않았고, 자신의 행동을 영웅적으로 과시하지도 않았죠. 그저 담담히 말할 뿐이었어요. '제게는 팀원들이 힘든 시기를 이겨 내도록 서포트할 책임이 있었고, 그래서 내린 결정이었죠. 그 선택은 도움이 되었어요'라고 말입니다."

이런 이야기들을 통해 티아가라잔은 스테인이 한 조직의 구성원으로서 또 한 명의 개인으로서 어떤 사람인지 파악했고, 그에게 금전적인 보상 이상의 거래를 제안하기로 결심했다. 티아가라잔은 당시를 이렇게 회상했다. "스테인에게 '난 자네를 영입할 생각이네. 그렇게 한다면 분명 큰 성공을 거두게 될 거야. 내가 그렇게 되도록 만들어 주겠네'라고 말했습니다. 그가 저를 바라보며 묻더군요. '그렇게 되도록 만들어 주신다는 건, 저의 성공을 위해 뒤를 받쳐 주시겠다는 말씀인가요?' 저는 맞다고 대답했죠."

신중한 생각과 철저한 계산을 바탕으로 신속하게 스폰서십을 결정할 때 커다란 보상이 돌아올 수 있다. "관계에 일찍 배팅하고 초반 단계부터 적극적으로 움직인다면 스폰서십은 성공할 가능성이 높아집니다." 티아가라잔은 말했다. "어떤 사람이든 누군가 자신을 믿고 기꺼이 투자한다는 사실을 깨닫는다면, 보통은 그에 대응해 반응을 보입니다. 바로 충성심이죠. 하지만 투자에 대한 판단은 언제든 잘못될 여지가 있기 때문에 지속적인 점검은 필수입니다."

티아가라잔의 말처럼 신속한 스폰서십의 성공 비결은 '새로운 프로테제를 계속해서 시험하고 검증하는 태도'다. 특히 스테인의 사례처럼 프로테제가 이미 스스로 역량을 입증하고 상당히 높은 자리까지 올라간 상황일 경우 이는 합리적인 결정일 수 있다. 물론 티아가라잔이 투자자 회의에서 공식적인 스폰서십을 선언하기 전에 몇 개월 동안 스테인을 집중적으로 훈련시킨 것은 사실이지만, 그의 이력서만 봐도 뛰어난 성과를 올리리라는 것은 충분히 예상할 수 있는 결과였다.

인재를 신중하게 발굴하고 함께하는 내내 지속적으로 검증하는 것. 이것이 바로 신속한 스폰서십을 성공으로 이끄는 열쇠다. 다음 예시를 통해 더 자세히 알아보겠지만, 관계를 잘만 끌어 간다면 케이티 스테인처럼 이미 높은 직위에 올라 있는 인물뿐 아니라 일천한 경력을 지닌 인재들도 '뛰어난 성과와 견고한 충성심'이란 보상을 돌려줄 것이다.

무엇을 서로에게
안겨 줄 것인가

앤 어니는 멀린다 울프의 프로테제로서 그의 지원에 성과로 보답했다. 하지만 어니는 프로테제인 동시에 숙련된 스폰서이기도 했다. 그의 전 직장은 한때 월스트리트를 주름잡던 금융 대기업 리먼브라더스였고, 그곳에서 유망한 프로테제 후보를 발굴했을 때 그는 누구보다 신속하게 거래에 착수했다.

"리먼브라더스의 최고다양성책임자로 임명됐을 때, 저는 증권 거래 부서에서 일하고 있었어요." 어니는 당시를 이렇게 회상했다. "필드에서 실무를 담당하던 사람이 조직 운영을 맡게 된 거죠. 제게는 완전히 낯선 분야였어요. 게다가 당시 리먼에는 다양성에 관련된 자료나 데이터가 제대로 구축되지 않은 상태였죠. 인사부서와 협력도 제대로 진행되지 않았고요. 저는 필요한 데이터를 수집하고, 분석하고, 프로젝트를 진행할 인재가 절실했습니다."

그는 사내 게시판에 모집 공고를 올렸고, 선발 과정에서 에런 블루먼솔Aaron Blumenthal이라는 젊은 남성 직원을 발견했다. "최고재무책임자CFO 밑에서 일하던 그는 경력이 거의 없는 신입급 직원이었어요. 데이터를 꼼꼼히 수집하고 정보를 설득력 있게 전달하는 데 능했지만, 업무의 방향과 우선순위를 정하는 부분에서는 아직 지도가 필요했죠. 사람들에게 질문을 하거나 관계를 맺는 방법도 서툴렀어요."

아직 역량이 완성되지 않았음에도 불구하고 어니가 블루먼솔을 잡기 위해 서두른 데는 분명한 이유가 있었다. 그는 어니가 필요로 하는 뛰어난 데이터 분석력과 함께 보기 드문 수준의 자아 성찰 능력을 지니고 있었다. 그는 자신에게 부족한 부분이 무엇인지 정확히 알았고 어니의 도움을 통해 성장하고 싶어 했다.

"블루먼솔은 제 밑에서 일하고 싶은 이유를 명확하게 밝혔어요." 어니는 설명했다. "제가 현장에서 일하다 온 사람이었기 때문이죠. 그는 필드에서 진행되는 비즈니스를 이해하고 세일즈를 통해 이윤을 창출하는 방법을 배우고 싶어 했어요. 저는 그 분야에 관련된 훈련을 그에게 제공하겠다고 약속했습니다. 블루먼솔이 저를 위해 다양성 관련 데이터를 모아 주고, 제가 그를 비즈니스 현장에 더 많이 노출시켜 주는 방식으로 말이죠. 저는 그에게 확실하게 말했어요. '자네가 언젠가 세일즈를 하고 싶다면 내가 도와줄 수 있어. 하지만 우선은 이 자리에 필요한 일들을 해 줘야 해. 내가 시스템을 구축하는 것을 도와준다면 나 또한 현장에서 필요한 기술을 가르쳐 주고 자네가 들어갈 자리가 있는지 알아봐 주겠네.'"

어니와 블루먼솔의 스폰서십은 신속하게 체결되었지만, 어니가 이 관계를 외부적으로 공식화하기까지는 1년이 훨씬 넘는 시간이 걸렸다. 우선 그의 역량을 검증할 필요가 있었다. 어니는 그 과정에 대해 설명했다. "함께 일을 시작하자마자 블루먼솔은 파워포인트 자료를 만들어 와서 제게 보여 줬어요. 핵심적인 정보를 분석하고, 그 결과를 시각적인 도식으로 구현한 자료였죠. 그 자료를 보자 전체적인 그림을 한눈에 파악할 수 있었어요. 얼마 후에는 자료 분석 가이드와 시각 데이터를 일목요연하게 정리한 서류들을 흰색 바인더로 깔끔하게 철해 와서는 이렇게 말했죠. '이것이 앞으로 우리 작업의 유일한 가이드라인이 될 거예요.' 그는 일처리를 매우 체계적으로 했을 뿐 아니라 제가 필요로 하는 그 능력을 정확히 가지고 있었어요. 인사부서에서 제공한 데이터를 가지고 재무 담당 중역들이 관심을 가질 만한 프리젠테이션을 만들어 냈죠. 그건 리먼브라더스에서 우리의 주장을 관철시킬 수 있는 하나뿐인 방법이었습니다."

블루먼솔은 이후 몇 달 동안 지속적으로 어니를 만족시킬 만한 성과를 가져왔다. "저는 다양성이라는 낯선 분야에서 능력을 입증해야 했어요." 어니는 말을 이었다. "그러려면 첫째로 우리 조직에 문제가 있다는 사실을 통계적으로 입증하고, 둘째로는 실질적인 해결 방안을 제시해야 했죠. 블루먼솔은 통계 수치를 능숙하게 해석할 줄 아는 데다 다양성이라는 가치를 중요시했기 때문에 설득력 있게 이야기를 만들어 낼 수 있었어요. 그가 그럴듯하게 이야기를 꾸며 냈다는 말이 아닙니다. 객관적인 데이터를 분석해 임팩트 있는 결과를 이끌어 내고 경쟁사를 참조해 벤치마크할 부분들을 찾아냈다는 뜻이죠. 블루먼솔은 데이터를 정확하게 비교하기 위해서 경쟁사 시스템을 연구하는 데 몇날 며칠을 쏟아부었어요. 당초 제가 세운 목표는 동일 규모의 기업 중에서 상위 25% 수준의 다양성 시스템을 갖추는 것이었는

데, 그 덕분에 목표 달성 여부를 수치로 증명할 수 있었죠."

어니는 자신의 자리에서 스폰서의 몫을 다했다. 그는 블루먼솔에게 부족한 소프트 스킬을 가르쳤고, 그가 그토록 갈망하던 자리에 노출될 기회들을 주었다. "당시 리먼브라더스는 소수자 소유의 공급업체와 확고한 거래 관계를 유치하고자 했어요." 그는 말을 이었다. "저는 블루먼솔에게 공급 관리 팀과 공동 프로젝트를 기획하고, 직접 나서서 진행하라고 제안했죠. 그 팀은 프로젝트에 외부 인력이 끼어드는 것을 마뜩치 않아 했지만, 저는 블루먼솔이 숫자 감각뿐 아니라 다양성에 대한 통찰력까지 두루 지닌 인재라고 적극적으로 어필했습니다. 다음으로는 백인 남성인 그를 여성 금융인 회의와 흑인 공급자 모임에 두루 참석시켰어요. 이렇게 얻은 경험을 바탕으로 그가 리먼의 공급자 회의를 조직하고 주도하고 진행할 수 있게 되었을 때, 저는 원하던 자리에 그가 갈 수 있도록 도와주었죠."

리먼브라더스의 공급자 다양성 프로젝트를 이끌며 몇 년을 보낸 뒤, 블루먼솔은 어니에게 스폰서십의 다음 거래를 진행시켜 달라고 요청했다. "그는 개인 고객을 대상으로 한 세일즈를 하고 싶다고 말했어요. 저는 개인 클라이언트 팀을 이끌고 있던 조지 워커George Walker 팀장을 찾아가 블루먼솔을 추천했죠. 그는 제 제안을 받아들였어요. 리먼이 파산한 이후, 블루먼솔은 제 추천을 받아 다른 금융 기업으로 옮겼고, 그곳에서 새로운 경력을 쌓기 시작했습니다." 어니는 이렇게 말을 마쳤다.

"우리의 거래는 결실을 맺었어요. 그는 제가 낯선 분야에 정착할 수 있도록 도와줬고, 저는 그가 원하던 분야로 진출할 수 있도록 지원했죠. 이제 그는 자신의 프로테제를 훈련시키는 단계까지 성장했습니다."

■ 완전한 적도 눈여겨봐야 하는 이유

트레버 필립스는 커리어 초반부터 스폰서십을 맺어 왔고, 그 덕분에 자신만의 강점과 창의성을 손에 쥐었다. 그중에서 어떤 거래는 그의 인간관계를 완전히 새로운 차원으로 전환시키기도 했다. 다시 말해서 그는 자신의 '잠재적 적'을 프로테제로 탈바꿈시켰다.

"사이먼 울리Simon Woolley라는 친구가 있습니다." 필립스는 설명했다. "저보다 조금 젊은 흑인 남성으로 꽤 알려진 사회운동가죠. 그는 소수자 유권자들의 목소리를 이끌어 내는 오퍼레이션블랙보트 Operation Black Vote, OBV 운동을 주도했어요. OBV의 가장 성공적이고 실효성 있는 활동 중 하나는 정치계에서 활약할 리더들을 양성하는 프로그램인데, 지난 10년간 영국 정부에서 지명한 소수자 장관들 중 적어도 여섯 명이 울리의 프로그램을 거친 사람이었습니다. 1987년 고작 네 명에 불과했던 소수자 하원의원이 현재 약 50명까지 늘었죠. 저는 그중 절반 이상이 OBV 출신이라고 알고 있습니다."

필립스는 2000년대 초반에 만난 울리와 10년 이상 알고 지냈고, 그의 많은 부분을 존경했다. 하지만 두 사람 사이에는 결정적인 차이가 있었다. "그는 정말 좋은 사람이에요. 하지만 우리는 인종과 정치색을 포함한 여러 면에서 서로에게 100% 동의할 수 없었어요. 그는 뚜렷한 진보 성향을 지녔고, 저는 소위 말하는 '기득권'에 속한 사람입니다. 사람들은 우리를 반대 진영에 속한 인물로 분류하곤 했죠."

2006년 영국 정부는 새로 창설한 시민권 기관인 평등인권위원회 Equity and Human Rights Commission, EHRC의 위원장으로 필립스를 지명했다. EHRC는 기존에 인종 평등, 여성 기회, 장애인 인권을 관장하는 세 개의 별도 위원회에 나뉘어 있던 의제를 통합해서 책임지는 기관이었다. 굳이 설명할 필요도 없는 일이지만, 이미 각 분야에서 강력한 지지를 받고 있던 기존 기관들은 권한과 예산을 빼앗아 가는 새 기관에 대해 노골적으로 불만을 표시했다. 필립스는 동맹이 필요하다는 사실을 깨달았다. 그에게는 '기득권'에 속하지 않는 이미지를 가진 사람, 그래서 서로 다른 압력 단체들 앞에서 자신에게 힘을 실어 줄 인재가 필요했다.

"저는 울리에게 말했어요. '나와 함께할 의향이 있나?' 그는 제정신이냐는 표정으로 저를 보며 대답했죠. '왜 내게 그런 제안을 하는거죠? 내가 골칫거리가 되리라는 걸 잘 알 텐데요.' 저는 이렇게 말했죠. '그것 또한 내가 바라는 바야. 난 우리의 상황을 어렵게 만들어 줄 사람이 필요하거든. 내부에서 압박을 주는 거지. 자네는 의견을 자유

롭게 펼치면 돼. 다만 우리 기관 자체는 인정해 줬으면 좋겠네. 외부
에서 돌을 던지는 대신 내부에서 비판적인 피드백을 주는 거지. 나는
그런 의견이 운영에 도움이 될 거라고 확신해. EHRC는 이제 자리를
잡는 중이고 아직 완성되지 않았으니까. 나는 지금보다 더 나은 기관
을 만들어 가고 싶다네.'"

울리는 필립스의 제안을 받아들여 위원 후보로 나섰지만, 처음부
터 그 자리에 곧바로 앉은 것은 아니었다. 의사 결정권자는 필립스가
아닌 영국 정부의 각료들이었고 그중 장관직에 있던 한 명이 울리를
탐탁지 않게 여긴 것이다. 필립스는 울리를 설득하는 동시에 정부 인
사들을 직접 찾아다니며 적극적으로 그를 지지했다(이것은 거래의 조건
중 하나였다). "저는 울리의 임명을 밀어붙였고, 결국 따냈어요." 필립
스는 말했다.

"얼마 후 울리는 위원회에 들어왔고 실제로 큰 골칫거리가 되었습
니다. 하지만 단순히 '이 조직은 쓸모없어요'라는 식의 불평이 아니라
'이 조직은 설립 취지를 실현하지 못하고 있어요. 지금보다 더 나은
모습을 보여야 합니다'와 같은 건설적인 피드백을 내놓았죠. 그건 위
원회에 꼭 필요한 의견이었고 덕분에 우리는 압력 단체에 맞서 승기
를 잡을 수 있었어요."

필립스는 당시를 이렇게 회상했다. "게다가 내부에 그와 같은 인
재를 두고 있다는 사실 그 자체가 큰 도움이 되었죠. 그때는 여성 단
체, 소수자 단체, 장애인 단체 할 것 없이 우리 기관을 와해시키려고

혈안이 되어 있었거든요. 그들은 권력을 놓지 않으려고 안간힘을 썼어요. 그 상황에서 울리의 존재는 위원회의 존립을 지키는 데 절대적인 역할을 했습니다. 내부에서 변화를 추진한다는 자신의 역할을 변함없이 실행하면서 말이죠. 그게 바로 우리 거래이기도 했고요."

두 사람은 위원회 활동의 일환으로 영국 경찰의 불심검문제도에 대한 새로운 관점을 제시했다. 그들은 소득 수준이나 지역을 비롯한 여러 요인을 배제한 후에도 경찰이 백인보다 흑인을 불심검문할 가능성이 더 높다는 사실을 증명하기 위해 기존에 없던 분석 방법을 개발하고 통계 자료를 수집했다. "우리의 자료는 경찰의 정책을 변화시켰습니다." 필립스는 설명했다. "저는 프로젝트의 전면에 울리를 내세웠고, 덕분에 그의 영향력은 한층 강력해졌죠."

그들의 활동에 주목한 정치인 중에는 2016년 총리직에 오른 테리사 메이Theresa May도 있었다. "총리에 취임한 직후, 그는 영국 역사상 처음으로 인종 차별에 대한 감사를 진행하겠다고 발표했습니다. 그때 그의 곁에 누가 있었을까요? 바로 사이먼 울리였어요. 두 사람의 협업이 가능했던 것은 제가 울리에게 제공한 코칭 덕분이었죠."

필립스와 울리가 합의한 거래에는 울리의 위원직 수락과 그가 제시하는 진보적인 관점의 피드백, 그리고 유명 정치인들을 다루는 법에 대한 필립스의 코칭이 포함되어 있었다. 그 결과가 테리사 메이라는 인맥으로 이어진 것이다. 그들이 이룬 개인적 성취보다 더 중요한 것은 스폰서십 관계가 두 사람의 브랜드와 영향력을 동시에 강화시켰다는 사실이다. 그리고 그 영향은 지금까지도 미치고 있다.

필립스와 울리는 더 이상 공식적인 스폰서-프로테제 관계가 아니며 현재는 함께 일하지 않는다. 하지만 스폰서십의 장점 중 하나는 서로를 도울 능력과 의지를 지닌 사람들 사이에 우정, 혹은 동맹 관계가 싹틀 수 있는 기반을 마련해 준다는 점이다. 필립스와 울리는 여전히 서로에게 '골칫거리' 같은 존재지만, 자신의 신념과 정체성을 훼손하지 않으면서 여전히 상대를 지지하고 있다. "만약 도움이 필요한 상황이 오면 저는 지체 없이 울리에게 전화를 걸 거예요. 그리고 그는 제 부탁을 들어 줄 겁니다." 필립스는 말했다.

이것이 바로 스폰서십이 가져다주는 '장기적인 보상'이다. 하지만 이런 혜택을 포함한 다양한 이익을 얻기 위해서 스폰서는 프로테제에게 여러 방식으로 투자해야 한다. 그 방법을 다음 장을 통해 자세히 탐구해 보도록 하자.

실전 활용법

스폰서십에서 확실한 이익을 끌어내기 위해서는 처음부터 분명한 조건을 제시해야 한다. 다시 말해서 당신은 프로테제에게 대놓고 거래를 유도해야 한다. 물론 이런 종류의 민감한 대화는 쉽게 끌어낼 수 있는 것도, 정답이 있는 것도 아니다. 아래의 조언들이 적절한 타이밍을 맞추고 조건을 결정하는 데 가이드가 되어 줄 것이다.

상황을 고려하여 타이밍을 결정하라.

적당한 프로테제 후보를 발굴하여 능력을 검증했다는 확신이 들면 티거르 티아가라잔과 같이 신속하게 움직이고 싶은 마음이 들게 마련이다. 만일 그런 선택을 한다면, 스폰서십을 맺은 후에도 검증을 계속해야 한다는 사실을 잊지 마라. 하지만 프로테제 후보와 직접 협업한 적이 없거나 아직 스폰서십을 제대로 경험하지 못한 상황이라면, 천천히 움직이는 편이 현명할 수 있다.

조직 문화를 고려하라.

스폰서십의 또 다른 변수는 '조직'이다. 이미 스폰서십을 일반적으로 받아들이는 분위기의 조직이라면, 적당한 후보를 찾아냈을 때 신속히 움직일 수 있다(물론 신중한 검토는 선택 이후에도 계속되어야 한다). 하지만 보수적이고 덜 진화된 조직 문화에서는 스폰서십 자체가 특정 구성원을 편애한다는 의혹을 불러일으킬 수 있다. 이런 경우에는 보다 더 느긋한 움직임이 필요하다.

조건을 분명히 제시하라.

빨리 움직이든 천천히 움직이든, '스폰서'라는 용어를 사용하든 하지 않든, 프로테제를 의식적으로 발굴했든, 기존 관계가 유기적으로 발전했든 간에, 당신이 그에게 원하는 성과가 무엇이며 줄 수 있는 혜택이 어떤 것인지 분명히 밝혀야 할 때가 올 것이다.

투명한 태도를 보여라.

아직 그에게 완전히 투자할 준비가 되어 있지 않다고 해도(프로테제를 완전히 별개의 분야에서 훈련시킨 뒤에야 그가 원하던 기회와 노출을 제공했던 앤 어니의 사례를 떠올려 보자), 당신이 프로테제와 쌓고 있는 관계를 그와 주변 사람들 모두에게 '투명하게' 전달해야 한다. 이 관계의 목적이 업무적인 기회와 가치라는 점을 모두에게 알려라.

"

스폰서십 관계를 맺다 보면,
개중에는 정직함이나 충성심처럼
필수적인 자질이 미달인 사람도 있을 것이다.
설령 그런 케이스가 아니라 해도 프로테제에게
무한한 인내심과 영향력을 허락해서는 안 된다.
그러나 때로는 후배들이 더 많은 리스크를 감수하고
새로운 도전에 뛰어들기 위해서
든든한 선배의 '보호'가 필요한 경우도 있다.

"

10장

INVEST THREE WAYS

STEP7
3가지 투자법으로
호혜의 고리를 만들어라

존 이트웰John Eatwell은 현재 케임브리지대학교 퀸스칼리지의 총장이자 해당 분야에서 최고의 자리에 오른 경제학자다. 그러나 믿기 어렵겠지만, 1970년까지만 해도 그는 훗날 교수직을 얻는 데 도움이 될까 싶어 학술 위원회 회원 자리를 노리던 평범한 대학원생이었다.

대부분의 명문 대학교와 마찬가지로(그리고 《포천》 선정 500대 기업 대부분과 동일하게) 케임브리지대학교는 모든 분야에 뛰어난 경력을 지닌 엘리트들이 우글대는 치열한 경쟁의 장이었다. "저는 논문도 발표했고, 지원 자격도 갖추고 있었습니다." 이트웰은 당시를 이렇게 회상했다. "하지만 제가 그 자리를 얻으리라는 보장은 전혀 없었죠. 학술위원회는 굉장히 정치적인 곳이고, 그곳에 들어가려면 강력한 한 방이 필요했거든요. 자격을 갖추는 것만으로는 한참 부족했죠."

위원회에서 회원 선발 회의가 열리기 전날 밤, 이트웰은 이탈리아 출신의 저명한 경제학자이자 자신의 스폰서였던 루이지 파지네티Luigi Pasinetti와 저녁식사를 함께했다. 디저트가 나올 무렵, 파지네티는 지금이 이트웰에게 얼마나 결정적인 순간인지를 이해했다.

"그는 자리에서 벌떡 일어나 식당 밖으로 나갔어요. 밤 10시가 넘은 시간이었죠. 그는 곧장 케임브리지 교정을 가로질러 걸어갔습니다." 이트웰은 말을 이었다. "그는 친한 친구 사이였던 학술 위원회 회원들의 방을 찾아다니면서 노크하더니, 저를 새 회원으로 추천한다고 말했어요. 회원들은 그의 추천을 받아들였죠."

몇 년 뒤, 이트웰은 파지네티의 예상처럼 경제학자로서 탁월한 경력을 쌓았다. 그뿐 아니라 그는 파지네티와 과거 파지네티의 스폰서였던 존 메이너드 케인스John Maynard Keynes의 학술적 유산을 단단히 뿌리내리는 데 공헌했다. 스폰서가 원하고 기대했던 대로 이트웰은 파지네티의 다른 프로테제들과 함께 케인스학파가 살아남아 다음 세대로 이어지고 번성하는 데 일조했다. 이로써 이트웰은 프로테제의 의무를 충분히 달성했다.

파지네티가 훌륭히 해낸 스폰서의 역할은 우리가 지금부터 살펴볼 주제와 깊은 연관이 있다. 물론 이렇게 적극적이고 직접적인 지원은 프로테제와 장기적인 관계를 맺으며 성과와 충성, 가치 상승을 충분히 경험한 다음에 이뤄져야 한다. 그 과정에서 스폰서는 프로테제를 고무하고, 훈련시키며, 그가 스폰서와 스폰서의 조직, 나아가서는 해당 분야 전체에 이익을 가져다줄 인재가 되도록 그의 동기와 역량을 개발해야 한다.

그다음에 실행해야 할 단계는 바로 '투자'다. 잠재력이 충분한 원석을 찾았다면 이제 그 원석이 빛을 내도록 닦을 차례다. 프로테제는 스폰서를 최고의 자리로 밀어주고, 만약 스폰서가 이미 최고의 자리에 있다면 비전과 브랜드를 강화해 준다. 그 프로테제가 당신이 은퇴한 뒤에도 당신이 남긴 유산을 지켜 낼 인재로 성장하길 바란다면 지금부터 안내할 세 가지 투자 방식을 눈여겨봐야 한다.

첫 번째 투자법,
소리 높여 지지하라

2012년 제인 쇼Jane Shaw는 인텔의 이사회 의장직에서 물러나며 은퇴 기념 식사 자리를 마련했다. 이사회 구성원들과 인텔의 원로 임원 서너 명이 참석한 캐주얼한 자리였다. 그날 참석자 중에는 로절린드 허드넬Rosalind Hudnell이라는 이름의 여성도 있었다.

'저 여자는 누구지?' 다른 참석자들이 그를 바라보며 수근거렸다. '저 여자가 여기서 뭘 하는 거야?' 쇼는 의구심이 오래 가도록 내버려 두지 않았다. 그는 자리에서 일어나 눈앞에 모인 인텔의 고위급 인사들에게 허드넬을 소개했다. "여러분이 이 친구를 알아 두셨으면 합니다. 인텔의 성공에 필수적인 일을 하는 사람이거든요." 이어서 쇼는 여성과 유색인종 직원들이 인텔에서 공정한 성장의 기회를 누릴 수 있도록 만드는 허드넬의 직무, 최고다양성책임자가 얼마나 중요한지 역설했다.

"저는 허드넬이 탁월한 여성 인재이며, 회사를 진일보시키고 있다고 봤어요." 나와의 인터뷰에서 쇼는 이렇게 말했다. 그는 허드넬을 이사회 식사 자리에 초대한 이유에 대해 이렇게 설명했다. "하지만 그때까지만 해도 조직 내에서 허드넬은 자신의 가치를 제대로 인정받지 못했죠. 식사 참석자들이 그가 누구인지 알아보지 못한 게 바로 그 증거였습니다. 저는 은퇴 기념 식사 자리를 통해 그를 고위급 임원들에게 소개했고, 그 선택이 허드넬에게 새로운 기회를 열어 주었어요. 은퇴한 뒤에도 저는 허드넬이 인텔 외부에서 인적 네트워크를 쌓을 수 있도록 열심히 지원했고, 그 덕에 저 또한 큰 도움을 받았죠." 쇼의 새로운 네트워크는 허드넬의 영향력이 IT 시장과 비즈니스 세계를 넘어서 다양한 배경을 가진 여성 지도자 인맥과 더 넓은 사회 활동으로 이어지는 데 큰 역할을 했다.

허드넬을 공개적으로 지지한 쇼의 행동은 스폰서의 올바른 투자법을 보여 주는 좋은 사례다. 거래를 유도하고 그 관계를 투명하게 공개했다면, 이제는 메가폰을 잡을 순서다. 가까운 동료들을 넘어서 온 세상에 당신이 이 사람을 지원한다는 사실과 그 이유를 알려야 한다는 뜻이다. 그들의 능력을 보증하고, 그들이 쌓은 경험과 기술, 그리고 조직에 대한 헌신이 얼마나 큰 가치를 더해 줄지 설명하라. 이 단계까지 왔다면 당신은 이미 그의 잠재력과 진정성을 충분히 검증한 상태다. 그 사실을 모두가 알도록 해야 한다.

이런 종류의 공식적인 지지는 업무를 진행하는 도중에도 이뤄져야 한다. 현재 구글의 글로벌 자문 팀 총괄 책임자인 케리 페라이노가 과거 아메리칸익스프레스의 부사장으로 재직할 당시에 발굴한 원석 밸러리 그릴로Valerie Grillo에게 취했던 투자 전략도 이것이었다. "저는 그의 재능을 드러내고 싶었고, 실제로 그럴 필요도 있었어요." 페라이노는 말했다. "당시 그릴로가 맡고 있는 일은 회사의 핵심 부서나 주요 업무와 거리가 멀었거든요. 저는 그를 회의에 직접 데려가기로 했죠. 그 결정을 내리지 않았다면 그릴로는 결코 그런 기회를 얻지 못했을 거예요. 저는 그런 식으로 제 브랜드와 평판의 일부를 그에게 떼어 줬습니다. '페라이노가 저 사람을 이 자리에 데려왔다는 건, 그가 조직의 주목을 받을 만한 젊은 인재라는 뜻일 거야.' 사람들에게 이런 인상을 심어 주는 게 목표였죠."

"그날의 일이 제 경력에 티핑포인트가 되었습니다." 그릴로는 당시를 이렇게 설명했다. "부사장님은 제가 원했던 사람들에게 저를 선보일 기회를 주셨어요." 그날 이후 그릴로는 아메리칸익스프레스에서 성공 가도를 달렸다. 현재 그는 같은 회사의 인사부서 책임자로서 글로벌 고객 관리를 지휘하고 있으며, 조직 내에서 가장 높이 올라간

라틴계 구성원으로 자리 잡았다(그는 푸에르토리코 이민자 가정 출신으로 브롱크스에서 자란 배경을 지니고 있다). 그릴로는 여성과 유색인종 구성 원들에게 영감을 주고, 인재 채용이 원활히 이루어지도록 하며, 페라이노를 비롯한 다양성 지지자들이 아메리칸익스프레스에 뿌리내리고자 했던 유산의 일부를 몸소 실천하고 있다.

안타깝게도 인재혁신센터의 설문에 따르면 남성 스폰서 중 50%, 여성 스폰서 중 59%만이 '프로테제의 리더십 잠재력을 온전히 신뢰한다'고 응답했다. 물론 그들의 회의적인 반응을 이해할 수 없는 건 아니다. 스폰서십 관계에서 적지 않은 리스크를 감당해야 하는 것은 스폰서 쪽이다. 애써 발굴한 프로테제 후보가 능력 부족, 혹은 충성심 부족으로 판명 날 수도 있다. 게다가 많은 스폰서가 거래를 서두르는 경향을 보이는 만큼(그중 상당수는 티거르 티아가라잔이나 앤 어니가 말했던 경험을 얻지 못한다) 스폰서십을 맺은 후에도 프로테제의 기술이나 마음가짐이 채 완성되지 않았다고 느낄 수도 있다.

하지만 스폰서의 지지와 신뢰를 받는다는 확신은 프로테제의 성공 확률을 비약적으로 높인다. 이런 상황에서 스폰서가 택해야 할 길은 분명하다. 필요한 단계(훈련-검증-거래 유도)를 밟아 가며 신중하게 움직이되, 상대가 온 힘을 다해 밀어줄 자격이 있다고 객관적으로 판명되면 그 혜택을 확실히 제공해야 한다.

두 번째 투자법,
닫힌 문 안에서 지원하라

두 번째 투자 방식은 공식적인 장소 외에도 스폰서의 지원이 정말로 필요한 곳, 바로 '권력의 회랑corridors of power' 안에서 지원하는 방법이다. 좋은 자리에 공석이 생겼는가? 프로테제의 임금을 올려 줄 여지가 있는가? 중요한 경험을 쌓을 수 있는 직무로 가야 할 타이밍은 아닌가? 스폰서십이 이 단계까지 왔다면, 스폰서는 이미 프로테제의 강점을 깊이 이해하고 있을 것이고, 또 반드시 그래야 한다. 앞서 조언했듯이 우리는 서로 다른 기술과 성향을 지닌 세 명의 프로테제를 양성하길 추천하므로(5장), 스폰서는 승진을 비롯해서 조직 내에 기회의 장이 열렸을 때 그 자리에 가장 어울리는 프로테제를 추천할 수 있어야 한다.

프로테제의 이름을 당당히 언급하고, 필요하다면 존 이트웰의 스폰서가 했던 것처럼 인맥의 문을 두드려라. 프로테제가 스스로 손을 들고 나서도록 격려하는 것도 좋다. 거대한 주택 금융회사 프레디맥에 새로운 최고정보책임자CIO가 필요해졌을 때, 인사 책임자인 재클린 웰치는 그 자리에 꼭 맞는 인재를 즉시 떠올렸다. 웰치는 그 인재에게 지원서를 내라고 조언한 뒤 그가 낙점될 수 있도록 최선을 다해 도왔다.

"프레디맥에서는 경영진 사이에 소통이 아주 긴밀하게 이뤄집니다." 웰치는 설명했다. "기업 가치가 2조 달러에 이르는 거대 조직이지만, 경영진 구성원은 고작 150명밖에 되지 않거든요. 다른 대기업들에 비하면 매우 작은 규모죠. 외부에서 새 구성원을 충원할 때는 그 사람의 태도와 소통 방식이 우리 집단에 어울리는지 엄격하게 검증해요. 대처 능력을 확인하기 위해 강도 높은 압박 면접도 진행합니다. 그 자리를 노리는 인재라면 자신을 지지할 사람들이 누구인지도 정확히 알아야 해요. 저는 프로테제를 불러서 이렇게 말했어요. '이게 프레디맥 경영진의 대화 스타일이야. 이 자료는 자네가 반드시 알고 있어야 할 정보고, 이건 면접 예상 질문이네. 자, 이제 예행 연습을 시작해 볼까?'"

권력의 닫힌 문 안에서 훈련하고 지원받은 경험은 프로테제의 역량을 강화시키는 것으로 그치지 않는다. 이제 막 떠오르는 인재 입장에서는 이런 네트워크 자체가 성공을 위한 필요충분조건인 경우가 많다. 특히 해당 인재가 기득권층인 '시니어 남성 클럽'에 속하지 못한 사람인 경우 더욱더 그렇다. 하지만 인재혁신센터의 조사 결과는 이 부분에서 스폰서들이 충분한 노력을 기울이지 않는다는 사실을 보여준다. 스폰서십을 맺고 있다고 생각하는 남성의 30%, 여성의 24%만이 프로테제의 승진을 위해 그를 강력히 추천했다고 응답했다. 이는 기회를 발로 차 버리는 행위나 다름없다. 최고의 인재를 찾아내고 그들의 능력과 충성심을 검증했다면, 그들이 높이 올라 갈수록 스폰서와 조직의 가치 또한 함께 상승한다는 사실을 기억해야 한다.

세 번째 투자법,
공중 엄호를 제공하라

성공의 비법 중 하나는 가끔 실패할 자유를 갖는 것이다. 스폰서십 관계를 맺다 보면, 개중에는 정직함이나 충성심처럼 필수적인 자질이 미달인 사람도 있을 것이다. 설령 그런 케이스가 아니라 해도 프로테제에게 무한한 인내심과 영향력을 허락해서는 안 된다. 그러나 때로는 후배들이 더 많은 리스크를 감수하고 새로운 도전에 뛰어들기 위해서 든든한 선배의 '보호'가 필요한 경우도 있다. 스폰서는 프로테제에게 공중 엄호를 제공함으로써 그가 대담한 아이디어를 실현하거나 참신한 프로젝트를 시작하도록 도울 수 있다.

이것이 바로 IPG의 CEO 마이클 로스가 하이디 가드너에게 제공한 투자 방식이었다. "가드너가 제게 프로젝트 미팅에 참석해 달라고 하거나, 특정한 그룹에 메시지를 보내 달라거나, 공식적인 지원 의사를 밝혀 달라고 부탁하면, 저는 그의 요청에 따릅니다." 프로젝트를 추진할 때 CEO가 곁에 있다면, 당연히 프로테제의 말과 행동에는 엄청난 힘과 무게가 실린다.

그리고 대부분의 사람이 그러는 것처럼 프로테제가 기대에 미치지 못하는 성과를 냈을 때, 조직의 상부를 대상으로 그에게 두 번째 기회를 얻을 자격이 있다는 사실을 어필하는 것 또한 스폰서의 역할이다. 고위급 임원들과 유사한 교육 배경이나 개인적 특성을 지닌 인재들은 대개 이런 기회를 당연하다는 듯 얻는다. 그러나 여성이나 유색인종을 포함한 소수자들은 그런 혜택에서 배제되는 경우가 많다. 인재혁신센터의 조사에 따르면, 스폰서 중 고작 19%만이 '프로테제에게 공중 엄호를 제공한다'고 밝혔다.

스폰서의 투자와 관련된 이 모든 낮은 수치들은 꽤 실망스러운 결과였다. 그러나 이는 스폰서십에 아직 커다란 잠재력이 숨어 있음을 보여 주는 것이기도 했다. 스폰서들이 아직 제대로 투자하지도 않은 상태에서 프로테제를 통해 이 정도의 혜택을 얻고 있다면, 본격적인 투자를 시작했을 때 얻을 수 있는 이익이 얼마나 클지 상상해 보라.

지금부터 금융 서비스와 소비재 제조업이라는 전혀 다른 업계에서 활동하는 두 스폰서의 사례를 살펴볼 것이다. 그들은 이 장에 제시된 세 가지 투자 방식을 그대로 활용했고, 그 결과 본인은 물론 자신이 몸담은 조직의 이익까지 극대화했다.

흙 속의 진주를 찾았다면,
무슨 수를 써서라도 파내라

"몇 년 전, 파자드Farzad라는 남성이 우리 회사에 면접을 보러 왔습니다." 프레디맥의 담보대출 및 구조화 금융 담당 상무인 마크 핸슨Mark Hanson은 그를 처음 만난 순간을 이렇게 회상했다. "사실 저를 비롯한 면접진은 그에게서 대단한 인상을 받지 못했어요. 그를 추천한 동료에게 가서 물었죠. '자네가 추천한 그 지원자, 별로 특별할 게 없던데?' 그러자 동료가 말하더군요. '아냐, 그럴 리가 없어. 다시 한 번 만나서 얘기해 봐.' 그래서 저는 그의 배경을 약간 알아봤습니다. 스탠퍼드대학교를 졸업하고 캘리포니아공과대학교에서 화학공학 박사 학위를 땄더군요. 그를 지도했던 교수님에게 연락해 그에 대해 물었더니, 이런 대답이 돌아왔습니다. '파자드요? 그는 제가 15년 동안 학생들을 가르치면서 본 사람 중에 가장 똑똑한 인재입니다.'

그래서 우리는 그를 고용하기로 결정했고, 실제로 그는 지금껏 제가 함께 일했던 사람 중에서 가장 영리한 인재였어요. 워낙 내성적이고 표현에 소극적인 친구라 첫눈에 그 장점이 보이지 않았던 거죠. 하지만 지금은 우리 부서 전체가 그를 중심으로 돌아가고 있습니다."

핸슨이 파자드에게서 프로테제의 자질을 발견하는 데는 약간의 시간이 걸렸지만, 일단 스폰서십을 맺은 후에는 그에게 아낌없이 투자했다. 그 투자에는 누구나 다 하는 자원 제공 외에도 공개적인 지지와 권력의 닫힌 문 안에서 이뤄지는 도움의 손길이 포함되어 있었다.

"제 상사 중에는 월스트리트의 거물로 저명한 금융 전문가가 있습니다." 핸슨은 설명했다. "하루는 그가 저를 찾아와서 말하더군요. '난 파자드의 능력을 잘 모르겠네. 자네를 만나면 그의 칭찬만 하는데, 막상 만나 보니 대단한 점을 발견할 수 없었어.' 그러더니 파자드를 제쳐 두고 저의 성공과 발전을 위한 충고를 열성적으로 해 주셨죠. 저는 그에게 말했어요. '한 가지만 부탁드리고 싶어요. 내년에 진행될 인재 육성 프로그램에서 파자드를 조금만 더 관심 있게 지켜봐 주시고 그의 의견에 귀를 기울여 주시면 안 될까요? 만약 그의 말이 이해되지 않는다면 조금 더 자세히 설명해 달라고 해 보세요.' 그가 이렇게 대답했죠. '그게 자네를 발전시키는 길이라면, 내 그렇게 하지.' 6개월 후, 바로 그 월스트리트의 거물이 제 방문을 열고 들어오더니 '파자드는 본인이 이 바닥에서 가장 똑똑한 인재라는 걸 알고 있나? 그 점을 스스로 인정하려 들지 않더라고. 하지만 나는 이제 알겠어.'라고 말했어요."

이와 더불어 핸슨은 파자드가 가장 필요로 하는 곳에서 공중 엄호를 제공했다. 구체적으로 그는 파자드가 개인적으로 연방 정부를 상대하는 일에서 그를 지켜 냈다. "독특한 이름과 이란 출신이라는 배경 때문에 파자드는 이슬람교도라는 오해를 받고, 영주권을 받는 데 어려움을 겪었어요. 근무 시간에 볼티모어의 출입국 관리소에서 전화를 걸어와 당장 출두하라고 위협하는 일도 빈번했죠. 이런 상황이 무려 5년이나 지속됐습니다."

핸슨은 파자드가 준비해야 하는 방대한 서류 준비를 도왔고, 바쁜 업무 시간 중에도 그에게 출입국 관리소 직원과 대화하거나 면담해야 할 일이 생기면 일정을 배려해 주었다. 그의 지원에 힘입어 파자드는 결국 영주권을 손에 넣을 수 있었고, 그런 상황에서도 프레디맥의 임직원들에게 자신의 능력을 톡톡히 입증했다. 물론 프로테제로서 자신의 역할도 잊지 않았다. 그중에는 단순히 명문 대학교 출신의 영리한 인재가 가져올 수 있는 성과 이상의 가치가 포함되어 있었다.

"몇 년 전, 저는 아주 좋은 조건의 이직 기회를 얻었습니다." 핸슨은 설명했다. "월스트리트에 있는 은행의 한 사업 부문을 통째로 관리하는 자리였죠. 제가 받은 조건 중에는 함께 팀을 꾸릴 직원 다섯명을 데려올 수 있다는 내용이 포함되어 있었어요. 저는 파자드에게 연락해서 말했죠. '뉴욕에 이직 자리가 생겼네. 난 도전할 생각인데, 워낙 큰 건이다 보니 자네가 꼭 필요해.' 더 자세한 정보를 줄 필요도 없었어요. 그가 이렇게 대답했거든요. '상무님이 가신다면 저는 따르겠습니다. 쓸 만한 친구로 한두 명을 더 추천할 수도 있어요.' 결과적으로 그 제안을 거절하긴 했지만, 그때 보여 준 파자드의 반응은 잊을 수가 없어요. 그는 제게 헌신과 충성심을 보여 줬고, 의지할 수 있는 든든한 버팀목이 되어 주었습니다."

때로는 원칙과 통념에서 벗어날지라도

지금까지 우리가 살펴본 다양한 사례는 대개 스폰서가 프로테제의 상사인 경우(혹은 상사의 상사인 경우)에 집중되어 있다. 하지만 스폰서십의 놀라운 강점 중 하나는 전통적인 조직의 위계질서를 넘어서 관계의 범위를 '확장'시켜 준다는 점이다.

몇 년 전, 다국적 유지산업 회사 유니레버 아메리카의 커뮤니케이션 및 지속가능 사업 총괄 부사장인 조너선 애트우드Jonathan Atwood는 미타 말릭Mita Mallick이라는 지원자와 면접을 진행했다. 당시 그는 커뮤니케이션 팀장, 다시 말해서 그의 '넘버 2'를 맡을 만한 인재를 찾고 있었다. 말릭은 그 자리에 적합한 경력을 갖추지 못했기에 최종 선발에서 제외되었다. 하지만 그에게 깊은 인상을 받은 애트우드는 또 다른 자리를 제안하면서까지 말릭을 붙잡았다.

애트우드는 그 이유를 이렇게 설명했다. "저는 인사부서 책임자를 불렀습니다. 그가 다양성 확장과 브랜드 이미지 제고를 담당할 사람을 찾고 있다는 사실을 알았거든요. 그에게 '말릭과 한번 이야기해 보게. 자네가 찾던 역량을 갖추고 있는 인재야. 기회를 한번 줘 보는 게 어떨까?'라고 말했죠."

말릭과 만난 인사 책임자는 부사장과 똑같은 감명을 받았고 곧바로 채용 절차를 진행했다. 말릭이 애트우드를 찾아가 감사 인사를 전했을 때 둘의 관계는(이전까지만 해도 두 사람은 단순히 젊은 인재와 그를 추천한 고위급 임원이었다) 스폰서십으로 발전했다. 애트우드는 다른 모든 업무도 그렇지만, 프로테제 관리에서도 동기 부여가 가장 중요하다고 생각하는 스폰서다.

"개인적이고 인간적인 이야기의 가치는 종종 과소평가되곤 합니다." 그는 설명했다. "하지만 때로는 그런 것들이 가장 강력한 힘을 발휘합니다. 사람의 마음을 움직이는 건 바로 그 부분이에요." 그는 유니레버 임직원들에게 알코올 중독을 극복하고 술을 끊기 위해서

분투했던 과거를 비롯해 자신이 직접 겪은 삶의 투쟁 과정을 진솔하게 들려주곤 했다.

"말릭을 만났을 때, 저는 그에게 강력한 스토리가 있다는 것을 직감했어요. 그에게 제 삶의 과정을 들려주고는 그에게는 어떤 이야기가 있는지 알려 달라고 했죠. 말릭은 제 부탁을 들어 줬습니다. 나중에서야 그것이 다른 사람 앞에서 처음으로 한 고백이었다고 털어놓더군요." 말릭의 이야기는 문화적 장벽의 극복과 연관되어 있었다. 그의 친할머니와 외할머니는 모두 인도의 시골에서 아주 어린 나이에 농부의 아내가 되었다. 할아버지는 영국의 지배에 저항하여 독립 운동을 하다가 붙잡혀 여러 해를 감옥에서 보냈다. 그의 부모는 미국으로 건너와 말릭을 낳았고, 그는 이 새로운 땅에서 극복해야 할 수많은 과제를 만났다. 문화적 차이에서 오는 혼란이나 모성애와 커리어 사이의 갈등을 비롯한 몇몇 과제는 비교적 보편적인 투쟁 경험에 해당했다. 하지만 개중에는 아주 특수하고 개인적인 경험도 있었다. 그리고 애트우드의 예상처럼, 그 모든 경험이 한데 모여 그에게 큰 동기를 부여했다.

"저는 두 세대 만에 얼마나 큰 진보가 일어날 수 있는지 보여 주는, 살아 있는 증거입니다." 인재혁신센터와의 인터뷰에서 말릭은 이렇게 말했다. "우리 할머니 중 한 분은 만 11세에 결혼했다고요!"

애트우드는 말릭이 자신의 이야기를 폭넓게 공유할 수 있는 용기만 지닌다면, 다양성이라는 가치로 유니레버의 직원들에게 영감을 불어 넣고 조직의 브랜드를 강화하는 강력한 무기를 손에 넣게 되리라고 판단했다. 그것은 말릭에게 제안할 직무에 딱 맞는 재능이었다. 하지만 자신의 개인적인 이야기를 공유한다는 것은 두려운 과제였다. 젊고 야심 찬 인재라면 이렇게 생각하는 것도 당연했다. '내 동료와 상사들이 이런 이야기를 진심으로 들어 줄까? 막상 아무도 관심을 가지지 않으면 어떡하지?' 애트우드는 이러한 리스크를 이해했고, 그에게 공중 엄호를 약속했다.

"저는 말릭에게 말했습니다. '내가 자네의 안전망이 되어 주겠네. 상황이 조금이라도 틀어지거나 안 좋은 얘기가 나온다면 내가 뒤를 봐준다고 약속하지.' 그를 지원한 이유는 특정한 지식을 전파하기 위해서가 아니라 그에게 마음속 진심을 자유롭게 펼칠 자리를 확보해 주기 위해서였죠."

말릭은 자신의 새로운 임무를 성공적으로 수행했다. 물론 스토리텔링은 그 일부에 불과했다. 그는 소셜미디어를 자유자재로 다루는 특출한 마케팅 능력과 전문 지식을 동원하여 세계적인 수준의 다양성 사업을 기획하고, 그 가치를 기업 브랜드와 연결시켰다. 말릭이 기획하고 이끈 사내 프로그램, 그리고 대외적인 커뮤니케이션 방식은 유니레버를 2018년 워킹마더미디어Working Mother Media가 선정한 '워킹맘이 일하기 좋은 회사' 1위에 선정되는 결과를 가져왔다.[22]

말릭에 대한 투자를 확대하기로 결심한 애트우드는 그에게 세계적으로 주목받게 될 연설 기회를 주었다. "부사장님은 제게 엄청난 기회를 주셨어요. 월마트의 후원으로 벤턴빌에서 진행되는 페스티벌에서 연설할 자리를 연결해 주신 거죠. 여러 기업 CEO들도 다수 참여하는 행사였어요." 말릭은 당시를 이렇게 설명했다. "처음에는 거절했어요. 말도 안 되는 일이라고 생각했거든요. 부사장님은 저를 방으로 불러 설득하셨죠. '이건 자네가 해야 할 일이네. 내가 준비를 도와줄 테니 걱정할 필요 없어. 그리고 나 또한 연설을 돕기 위해 직접 행사에 참여할 예정이야.' 그러고는 실제로 그 말을 지키셨어요. 얼마 후 CEO를 비롯한 180명의 고위급 경영진이 참여한 전화 회의에서 부사장님은 제 칭찬을 쏟아 내셨죠. '벤턴빌 행사에서 말릭은 정말 대단했습니다. 월마트와 우리의 관계를 강화시켰을 뿐 아니라, 유니레버의 브랜드 이미지를 더욱 탄탄하게 만들었어요'라고요."

말릭을 향한 애트우드의 투자는 공개 석상만이 아니라 권력의 닫힌 문 안에서도 지속적으로 이뤄졌다. "최근에 부사장님은 제게 유니레버 아메리카의 이사회에서 프리젠테이션을 하라고 지시하셨죠." 물론 그의 스폰서는 아무런 준비도 없이 말릭을 이사회 앞에 내보이는 실수를 저지르지 않았다. "이사회 전날 저를 불러 이런 말씀을 하셨어요. '내일 마주할 상황을 예행 연습해 보자고. 내가 전부 지도해 줄거야. 이건 자네가 발표할 주제에 대한 각 이사진의 반응을 예상한 것이고, 이건 예상 질문 리스트야.'"

스폰서의 헌신적인 노력은 결실을 맺었다. 말릭은 얼마 전 승진 심사에 통과하여 유니레버 북미 지역의 다양성 및 다문화 마케팅 총괄 책임자로 임명되었다. 애트우드 역시 커리어에 탄력을 받았다. 말릭이 애트우드의 직속 부하 직원이 아니었음에도 불구하고 그에 대한 투자는 애트우드에게 큰 보상으로 돌아왔다. 말릭이 지닌 역량과 스토리는 그가 유니레버에서 실현하고자 했던 가장 큰 가치, 즉 개인적인 목표 의식을 통해 조직 구성원들의 동기와 기업 브랜드를 진정성 있게 연결한다는 이상을 실현시켜 주었다. "현재 말릭은 유니레버의 전 직원을 대상으로 하는 목표 의식 워크숍 프로그램을 운영하고 있습니다." 애트우드는 설명했다.

현재 말릭은 애트우드의 의견을 듣고 그것을 현실로 만드는 자리에 있다. 물론 그가 이런 힘을 얻게 된 것은 부분적으로 애트우드 덕분이다. "사람들은 대개 뭔가를 하겠다고 말만 하지 실천은 하지 않아요." 애트우드는 말했다. "말릭은 정반대예요. 어떤 대화를 나누면 3주 후쯤 찾아와서 이렇게 말하죠. '저희 프로그램에 부사장님의 의견을 이런 식으로 반영했습니다. 이건 지난 3주 동안 제가 취한 조치의 목록이고요.'"

말릭의 성공적인 행보에는 스폰서의 가치관이 십분 반영되어 있다. "말릭은 저와 함께한 초창기부터 다양성 플랫폼을 구상했습니다." 애트우드는 설명했다. "이후에는 유니레버의 북미 지사장이 위원장직을 맡고 여러 부서장이 직접 참여하는 다양성 및 포용 위원회를 출범시켰죠. 지금도 정기적으로 대규모 회의를 소집하여 진행하고 있습니다." 당연한 얘기지만, 말릭과 함께 일하는 모든 리더가 이 라이징 스타를 발굴하고 훈련시킨 장본인이 바로 애트우드라는 사실을 잘 알고 있다.

이것이 바로 당신이 스폰서십 매뉴얼을 충실히 따르고, 그에게 최대한의 지원 공세를 퍼부은 결과 프로테제로부터 기대할 수 있는 이익의 일부다. 그는 당신의 업무 부담을 덜어 주고, 당신이 스스로 하기 어려운 일을 대신해 내고, 회사의 상사와 동료들이 당신의 브랜드를 명확히 인지하도록 도울 것이다.

이 매뉴얼에서 지금까지 제시한 단계를 모두 밟았다면, 일단 축하한다. 당신과 프로테제의 관계는 이제 충분히 성숙했다. 하지만 여기서 끝이 아니다. 이 단계에 도달했다면, 이제야 두 사람은 앞으로 수년 동안 서로를 성장시키고 번창시킬 진정한 관계의 시작점에 서 있는 셈이다.

실전 활용법 BREAKING IT DOWN

지금까지 스폰서십 관계가 스폰서에게 줄 수 있는 이익에 대해 여러 방향에서 살펴봤지만, 이 관계가 진정한 상호 이익으로 이어지기 위해서는 우선 프로테제에 대한 전폭적인 투자가 전제되어야 한다. 프로테제는 스폰서가 자신에게 100%의 노력을 기울이고 있다는 사실을 깨달아야 하고, 주변 사람들 또한 스폰서가 해당 프로테제에게서 스타의 재능을 발견하고 열성적으로 지지한다는 사실을 인지해야 한다. 아래 조언들을 참고하면 프로테제를 지원하고 지지하는 과정에서 구체적인 도움을 받을 수 있을 것이다.

떠들썩하게 지지하라.

매우 직관적인 조언이지만, 처음에는 약간의 용기가 필요할 것이다. 스폰서는 프로테제와의 관계를 모두에게 투명하게 알려야 한다. 그를 회의에 데려가서 직접 소개하라. 단순히 공개적인 수준을 넘어서 떠들썩하게 지지해야 한다. 물론 이러한 '떠들썩함'에는 악의적인 험담이 끼어들 가능성이 있다. 그에 대한 내용은 12장에서 더 자세히 살펴볼 예정이다.

개인적인 차원에서도 지원을 제공하라.

스폰서는 결코 프로테제의 '자존감 높이기 프로젝트'를 도와주는 사람이 아니다. 만약 프로테제에게 자존감 문제나 기타 심각한 감정적 문제가 있다면, 프로테제는 다른 곳에서 스스로 해결법을 찾아내야 한다. 하지만 말릭의 첫 번째 대규모

연설을 돕기 위해 직접 벤턴빌까지 동행한 애트우드의 호의나 파자드의 비자와 영주권 문제를 나서서 도와준 핸슨의 적극성에는 의심할 여지없이 깊은 유대감과 충성심이 그 바탕에 있다는 사실을 명심하라.

권력의 회랑 안에서 지원하라.

프로테제가 자신의 힘만으로는 접근할 수 없거나 이용할 수 없는 사람과 장소에 초점을 맞춰라. 허드넬을 인텔의 이사회 저녁식사에 초대했던 쇼의 행동 밑에는 면밀한 계산이 깔려 있었다. 쇼는 그 선택이 프로테제의 존재감과 평판을 강화하리라는 것을 정확히 알았다. 하지만 조직 상부의 인사들과 교류하기 위해 반드시 거창한 자리를 마련해야 하는 것은 아니다. 연말 성과급 결정 회의에서 당신의 상사, 혹은 그의 상사에게 프로테제의 최근 성과를 전달함으로써 그들이 프로테제가 지닌 역량을 정확히 파악할 수 있도록 하는 것도 좋은 방법이다.

실패를 격려하라.

스폰서는 프로테제의 편에 서서 그가 계산된 리스크를 감수할 수 있도록 용기를 불어넣어야 한다. 하지만 도전에는 실패의 위험이 따른다. 프로테제의 실패 가능성을 미리 예측하고, 만약 일이 잘못되더라도 후속 조치와 회복을 돕겠다고 격려하라. 필요하다면 그들의 실패에 실망한 누군가에게 메일을 보내거나 전화를 걸어서 사정을 대신 설명해 주는 식의 적극적인 도움을 베푸는 것도 좋다. 물론 상한선은 정해 두어야 한다. 앞 장에서 설명했듯이 '삼진 아웃'이 경험칙상 적당한 선이다.

66

누구든지 커리어를 쌓는 과정에서
실수를 할 수 있어요.
그때 '이번 일은 완전 망쳐 버렸네요'라고
솔직히 인정하고 도움을 청할 사람이 있다는 것,
그 자체만으로 엄청난 도움이 됩니다.

99

11장

Final
조직을 키우는 건
'혼자'가 아닌 '함께'의 정신이다

2부에서 제시한 스폰서십 7단계 매뉴얼이 너무 많다는 생각을 할 수도 있다. 게다가 그리 간단치 않은 과정들이다. 하지만 자신에게 어떤 훈련이 필요한지 확인하고 요청하는 것부터 스폰서의 업무 부담을 나눠서 지고 두 사람의 커리어를 동시에 상승시킬 수 있도록 성과를 내는 것까지, 스폰서십이 무르익는 과정에서 대부분의 일을 처리하는 것은 프로테제 쪽이라는 사실을 기억하자.

스폰서와 프로테제의 관계는 서로에게 영향을 미치는 동시에 조직 또한 변화시킬 수 있다. 스폰서십의 영향력은 시간이 지날수록 각 부서로 확산되어 결과적으로 조직 전체에까지 확장된다.

나는 운 좋게도 미래 지향적인 회사에서 경력을 쌓은 성공적인 스폰서들과 함께 일해 왔다. 더 정확히 얘기하자면, 인재혁신센터 구성원들의 지원과 도움을 받으며 30개 이상의 기업에서 스폰서십 프로그램 운영을 도왔다. 이러한 조직과 그 리더들은(우리와 협업하진 않았지만 지금껏 쭉 관찰해 왔던 다른 기업들과 함께) 스폰서십의 모델 역할을 하고 있다. 이번 장에서는 그중에서도 언스트 앤 영의 조직 사례를 살펴볼 것이다. 언스트 앤 영은 직접 스폰서 역할을 하거나 스폰서십 프로그램을 진행했던 다섯 명 이상의 고위급 임원들과 여러 차례 일대일 인터뷰를 진행할 수 있도록 적극적으로 협조해 주었다.

우선 언스트 앤 영의 경영 파트너 겸 언스트 앤 영 아메리카의 대표인 스티브 하우의 사례부터 시작하자. 스폰서십에 대한 그의 접근법은 프로테제를 넘어서 그 프로테제의 또 다른 프로테제에게까지 영향을 미치는 강력하고 상호 교환적인 관계로 이어졌다. 결과적으로 조직 전체에 이익을 가져왔음은 물론, 중국 관련 비즈니스에 전례 없는 사업 기회를 만들어 냈다.

그의 첫 스폰서십은 재능과 야심을 갖춘 두 사람의 유대라는 전통적인 방식으로 시작되었다. 1987년 하우는 언스트 앤 영 아메리카의 중간 관리직에 재직하며 월스트리트의 주요 은행들을 상대하는 핵심 업무를 맡고 있었다. 그 무렵 켄 마셜Ken Marshall이라는 젊은 회계사가 그의 팀에 합류했다. 하우는 그를 관리하는 입장이었지만, 두 사람은 서로 다른 능력을 필요로 하는 어려운 임무를 함께 수행하는 과정에서 곧 어깨를 나란히 하고 일하게 되었다. 그들은 강력한 파트너십을 바탕으로 조직의 기존 시스템에 도전하기로 결심했다. 언스트 앤 영이 주요 고객들의 복잡한 회계 감사를 지원하기 위해 활용하던 소프트웨어를 개량하기로 한 것이다.

"보고를 하자 경영진 회의실에서는 불만스러운 고함이 터져 나왔습니다." 마셜은 그때를 이렇게 회상했다. "기존의 소프트웨어를 제대로 이해하지 못했으면서 핑계를 댄다는 질책도 들었죠. 하지만 저희는 우리끼리라도 재설계 작업에 착수하자고 마음을 모았어요. 대표님은 아마도 그 과정에서 제 일처리 능력과 권위에 굴하지 않는 뚝심을 높이 사신 것 같습니다." 세 번째 프로젝트를 함께할 무렵, 두 사람은 회계 감사를 더욱 효율적이고 효과적으로 할 수 있도록 소프트웨어를 개선하는 데 성공했다.

하우는 이 경험을 통해 마셜의 재능이 특별히 투자할 만한 것임을 확인했다. "그가 제게 큰 자산이 되어 주리라는 것은 분명했어요." 하우는 설명했다. "그에게 기회를 더 주고, 그의 역량을 더욱 활용하고, 그를 더 많은 사람에게 보이기로 마음먹었습니다. 그러려면 우선 저자신의 사회적 네트워크를 더 넓혀야 했죠."

1. 고무하라, 훈련하라, 투자하라

1997년 마셜이 막 파트너로 승진했을 때, 그와 하우는 함께 합병을 진행했던 언스트 앤 영의 주요 고객사 중 한 곳을 놓치는 실수를 저지르고 말았다. "우리가 내는 이익에서 꽤 큰 비중을 차지하던 고객이 었어요." 마셜은 말했다. "저는 그때 아, 회사를 그만둬야겠구나 생각했어요. 하지만 대표님은 저를 다잡으며 다른 분야에서 일할 수 있도록 주선해 주셨죠." 그는 하우의 모습을 보는 것만으로도 많은 것을 배웠다고 말했다. "그분은 절대 상처를 곱씹으며 같은 자리에 머물러 있지 않았어요. 대표님을 보며 리더십이 무엇인지 배웠습니다."

하우는 이제 마셜의 직속 상사가 아니지만, 여전히 그를 주시하고 있다. 때때로 그에게 새로운 기회에 관한 정보를 주고 조언을 제공하기도 한다. 예를 들어, 마셜이 국제회계기준International Financial Reporting Standards, IFRS 팀을 거쳐 재무회계자문서비스Financial Accounting Advisory Services, FAAS 팀의 실무 책임자로 임명되면서, 마셜은 익숙한 안전지대에서 벗어나 새로운 도전을 시작하게 되었다. 그는 특히 다른 부서와 소통하는 데 어려움을 느꼈다. 관료주의 조직에서 입지를 굳히기 위해 피할 수 없는 사내 정치는 그를 절망적으로 만들었다.

"저는 마셜에게 말했어요. '그들도 다 자기 일을 하고 있는 거야. 조직 생활을 하려면 그들과 원만하게 협업할 수밖에 없어.' 저는 그에게 과거 멘토가 있었다는 사실을 알고 있었어요. 실적이 우수한 회계사로 당시 마셜에게 이렇게 조언해 준 것 같더군요. '윗사람들은 신경 쓰지 마. 실적만 보여 주면 모든 게 용서될 테니까.' 하지만 저는 마셜을 둥글고 균형 잡힌 인재로 성장시켜야 한다고 생각했죠. 저는 그의 과거 멘토와 전혀 다른 조언을 해 주었습니다. '실적의 힘에는 한계가 있어. 자네의 멘토가 거기까지밖에 오르지 못했다는 게 그 증거지. 더 멀리 나아가고 싶다면 모두에게서 신뢰와 존경을 받아야 해'라고 말이죠." 하우는 당시를 이렇게 설명했다.

"그때만 해도 소통의 기술은 제 강점이 아니었죠." 마셜은 고백했다. 그는 하우의 꾸짖음 뒤에 자신을 지지하고 성장시키려는 목표가 있다는 사실을 알고 있었다. "누구든지 커리어를 쌓는 과정에서 실수를 할 수 있어요. 그때 '이번 일은 완전 망쳐 버렸네요'라고 솔직히 인정하고 도움을 청할 사람이 있다는 것, 그 자체만으로 엄청난 도움이 됩니다." 그는 이렇게 덧붙였다.

얼마 후 언스트 앤 영이 스위스 지사로 직원들을 파견하기 시작했을 때, 하우는 마셜에게 이번 기회를 잡으라고 충고했다. 마셜은 그의 조언에 따라 스위스에서 3년 반이란 시간을 보냈다. "저는 그곳에 있는 동안 놀라운 경험을 했고, 또 성장했습니다. 경력상으로도 큰 이익을 얻었어요." 마셜은 말했다. "대표님이 저를 챙겨 주지 않았다면 결코 그 자리를 얻지 못했을 겁니다."

그는 스폰서의 지원에 두 가지 방식으로 보답했다. "마셜은 유럽에서 뛰어난 활약을 보였고, 이는 큰 이익으로 이어졌죠." 하우는 설명했다. 그에 더해 마셜은 유럽의 주요 고객들과 미팅할 때 자신의 스폰서가 지닌 능력과 성과를 신중하게 전달했다. "그 시기를 돌아보면, 마셜은 늘 저를 돋보이게 하려고 노력했습니다."

두 사람의 관계는 각자의 직위가 올라감에 따라 더욱 발전했다. 마셜은 프로테제로서 자신의 역할이 점차 변하고 있다는 것을 깨달았다. 최근 그가 가장 신경 쓰는 임무는 '정직한 피드백'을 제공하는 것이다. "저는 지금 캐나다에서 남미까지 넓은 시장을 책임지고 있어요. 그래서 다양한 사람을 만나고 그들에게 업무 방식에 대한 의견을 듣고 있습니다. 그 의견들을 가감 없이 전달하는 것이 대표님께 큰 도움이 된다는 사실을 알게 되었죠."

2. 조직을 위해 다양한 관점을 확보하라

하우는 오랫동안 다양성 포용을 스폰서십의 핵심 가치로 여겼다. 이러한 태도는 그가 마셜과 맺었던 전통적인 관계(뛰어난 능력을 지닌 두 인재의 자연스러운 유대감)를 뛰어넘어 스폰서십 영역을 확장하는 데 큰 역할을 했다. 1990년대 후반, 언스트 앤 영의 여성 관리자들이 그를 찾아와 아이의 성장과정에 따른 육아 휴직의 필요성과 복직 후의 커리어에 대한 두려움을 털어놓았을 때, 하우는 그들에게서 새로운 기회를 발견했다. 그는 조직의 관점을 바꿔야 한다는 주장을 강하게 밀어붙였다. 하우의 노력은 여성들이 가정과 일 사이에 균형을 유지하면서 승진의 사다리에 오를 수 있는 조직 문화를 만드는 데 기여했다. 이는 자연스레 여성 구성원에게 조직에 대한 높은 충성심을 갖게 했다.

이들의 충성심은 언스트 앤 영의 실질적인 핵심 자산으로 발전했다. 최고 경영진에 다수 포진된 여성 중역들이 젊고 뛰어난 여성 인재들의 롤모델이 되면서 열렬한 지지를 이끌어 낸 것이다. 솔직하고 투명한 스폰서십은 여성 인재들의 야망과 성취욕을 끌어 올렸고, 늘 사과하거나 얼버무리는 입장이 아니라 적극적으로 기회를 찾아 나서는 인물로 성장하게 만들었다. 이러한 현상은 여성 프로테제를 지원하는 남성 스폰서들에게도 힘을 실어 주었다. "물론 일부 남성 중역들은 너무 위험하다며 시도해 보지도 않고 여성 인재들을 프로테제 후보에서 배제하곤 합니다." 언스트 앤 영의 글로벌 다양성 및 포용 책임자 카린 트와로나이트Karyn Twaronite는 설명했다. "하지만 여성들을 지원하지 않는다면 조직의 미래에 꼭 필요한 관리자 후보들을 제대로 양성할 수 없어요."

다양한 관점을 중시하는 분위기는 점차 조직 전체에 뿌리내리고 있다. "우리는 뛰어난 고객들과 일하고 있고, 그들은 조직을 운영하면서 까다롭고 복잡한 문제들을 해결해야 하는 입장에 있습니다. 다양한 관점을 포용하는 팀이 아니고서는 그들에게 적절한 자문 서비스를 제공할 수 없어요. 변화 없는 곳에서 최고의 아이디어가 나오던 시대는 이미 지났어요. 그런 태도로는 더 이상 생존할 수 없습니다."

3. 잠재력을 간파하고 성장을 촉진하라

스티브 하우가 케이트 바턴Kate Barton을 알게 된 것은 바턴이 언스트 앤 영 아메리카 북동부 세금 관리 팀장으로 임명되어 뉴욕으로 건너 온 2006년이었다. 두 사람은 종종 협업을 진행했고, 이따금 기업 행 사에서 만나 잡담을 나누곤 했다. "바턴은 말 그대로 원석이었습니 다." 하우는 회상했다. "매우 밝고 성실했으며, 일도 그만큼 잘했어요. 하지만 때로는 커뮤니케이션 면에서 조언이 필요해 보였죠. 어떤 사 람들은 일만 잘하면 주변에서 저절로 알아줄 거라 생각하지만, 현실 은 그렇지 않거든요. 저는 바턴에게 그런 부분을 지도해 준다면, 그를 조직 리더들의 눈에 띌 정도로 돋보이게 만들 수 있을 것 같았어요."

어느 날 오후, 하우는 바턴에게 전화를 걸어 자신의 사무실로 호 출했다. 사무실로 온 그에게 현재 언스트 앤 영 아메리카의 세금 담당 부총괄 후보로 그가 거론되고 있다는 소식을 전했다. 부총괄은 조직 에서 중역에 속하는 자리였다. 하우는 그가 이번 기회에 낙점될 가능 성이 그리 높지 않다는 사실을 알고 있었지만, 그래도 최선을 다해 볼 가치는 있다고 판단했다. "대표님은 제게 믿음과 확신을 갖고 있다고

하셨어요." 바턴은 말했다. "만약 이번 기회를 놓치더라도 중역 회의에 제가 앉을 만한 다른 자리가 있을 거라고 얘기해 주셨죠."

결론부터 말하자면, 바턴은 부총괄 자리를 놓쳤다. 하지만 11개월 후, 하우는 다시 바턴에게 전화를 걸었다. "현직 세금 담당 부총괄이 유럽지사 이동을 제안받았다는 사실을 알려 주려고 연락했네. 그 자리는 글로벌한 업무를 수행하는 요직이니 아마도 수락할 걸세." 하우는 설명했다. "다시 말해서 부총괄 자리가 다시 비었다는 얘기네." 바턴은 또 한 번 치열한 경쟁 속으로 뛰어들었다. 그는 하우의 강력한 조언에 따라 언스트 앤 영에서 근무하며 얻은 역량과 세금 담당 부총괄 자리에 올랐을 때 성취할 비전을 파워포인트 자료로 정리하여 중역 회의에서 발표했다.

이번에는 하우의 조언이 확실한 효과를 발휘했다. 다른 후보들과 차별화된 프리젠테이션 덕분에, 바턴은 원하던 자리를 손에 넣었다.

그 순간을 기점으로 하우와 바턴은 둘 사이를 상호 이익을 가져다 주는 스폰서십 관계로 발전시켰다. 하우는 때때로 (마셜에게 했던 것과 마찬가지로) 바턴의 커뮤니케이션 능력을 지적하며, 혼자만 앞서 나가는 대신 속도를 늦추고 다른 사람들을 안고 가는 법을 가르쳤다. 바턴은 종종 하우의 사무실에 들러 유머러스한 농담을 던졌다. 두 사람은 이제 전화로 다음 회의의 안건을 조율할 때 오랜 시간 함께 일한 덕분에 만들어진 자기들만의 약칭을 썼다. "이를 테면 이런 식이죠. '이번에 논의할 것으로 세 가지 안건이 있네. 그중에서 특히 X가 신경 쓰이는군.'"

바턴과 마셜을 비롯한 프로테제들이 각자 눈에 띄는 성공을 거두면서 하우는 잠재된 재능을 일찍 발굴하는 능력이 탁월하다는 평판을 얻게 되었다. 이제 바턴과 마셜도 본인의 위치에서 아직 남들의 눈에 띄지 않은 원석을 찾고 있다.

그리고 하우에게 영감을 받아서 바턴이 찾아낸 프로테제는 대규모의 새 시장을 개척함으로써 조직에 막대한 이익을 가져다주었다.

4. 기술 격차에 투자함으로써
새로운 시장을 개척하라

바턴이 샤우 장Shau Zhang을 처음 만났을 때, 장은 언스트 앤 영 보스턴 사무소의 중간 관리자에 불과했다. 바턴은 그가 프리젠테이션을 통해 경쟁사들을 제치고 고객을 유치하는 모습을 눈여겨봤다. 그때까지만 해도 장의 영어에는 중국어 억양이 강하게 섞여 있는 데다 프레젠테이션 기술에도 미숙한 부분이 남아 있었기에 그 성취는 더욱 인상적으로 다가왔다.

바턴은 이 눈에 띄는 인재를 더 자세히 관찰하기 위해 그를 한쪽으로 불렀다. 장은 바턴과의 첫 대화를 이렇게 기억했다. "저는 20대 초반에 영어도 거의 못하는 상태에서 달랑 200달러를 가지고 미국으로 건너왔던 이야기를 들려 드렸어요. 겨우겨우 대학을 졸업한 뒤 언스트 앤 영에 신입 사원으로 입사했지만, 지금은 다양한 고객을 서포트하며 여러 프로젝트를 지휘하는 자리까지 올랐다고 얘기했죠. 이제는 보스턴 출신 친구들과 레드삭스 팀을 응원하러 다닐 정도로 정착했다는 말씀도 함께요. 제가 전하고 싶은 메시지는 바로 '무엇이든 가능하다. 세상에 불가능이란 없다'였어요."

바턴은 자신이 찾던 재능이 장에게 있다고 확신했고 그에게 투자하기로 결심했다. 그는 새 프로테제에게 동기 부여가 필요하지 않다는 사실을 금세 알아챘다. 장에게는 이미 충분한 동기가 있었다. "세금 관리 팀 파트너들의 사무실이 위치한, 유리벽으로 된 복도를 쭉 걷기만 해도 다양성이 얼마나 부족한지 알 수 있었어요. 그곳에 유색인종 여성은 없었거든요. 말 그대로 단 한 명도 없었죠. 저는 이렇게 말했어요. '저는 중국에서 건너온 유색인종 여성으로서 언스트 앤 영의 파트너 자리를 차지한 최초의 사례가 되고 싶습니다.' 말을 마치자마자 이런 대답이 돌아왔어요. '당장 시작하죠.'"

바턴은 장의 기술 격차를 극복하는 데 주력했다. 첫 단추는 일대일 영어 수업 비용을 지원해 달라고 회사를 설득하는 일이었다. 이것은 절대 일반적인 혜택이 아니었다. 언스트 앤 영은 직원들에게 언어 트레이닝 과정을 제공했지만, 장의 직급은 원칙적으로 그룹 수업 지원만 받을 수 있었다. 여기에 더해서 바턴은 개인적으로 프리젠테이션 코칭을 지원했다. "저는 괜찮은 콘텐츠를 갖고 있었지만 이를 표현할 언어 능력을 갖고 있지 못했죠." 장은 말했다. "프리젠테이션 능력도 부족했고 돌발적인 질문에 적절히 대처하는 훈련도 필요했어요. 중국의 학교에서는 보통 일방적 커뮤니케이션이 이뤄지거든요. 선생님만 지식을 전달할 뿐, 학생이 손을 들어 질문을 하는 경우는 거의 없죠. 프리젠테이션을 할 때 반박 의견이 들어오는 건 두렵지 않았지만, 저 자신도 설득하기 어려운 소통 능력으로 어떻게 상대를 설득하겠어요. 저는 상대의 눈을 정면으로 바라보며 토론과 질의 응답에 능숙하게 참여하는 방법을 배웠어요."

장을 훈련시키는 과정에서 바턴은 하우의 가르침을 발판 삼아 프로테제의 성공 모델을 만들었다. "저는 장의 실패를 보고 싶지 않았어요." 바턴은 설명했다. "제가 스폰서십을 통해 배운 가장 큰 교훈 중 하나는 프로테제에게 기회를 주는 동시에 그 기회를 성공으로 연결시킬 지원을 함께 제공해야 한다는 거였죠." 실질적인 지원은 프로테제의 자신감과 신뢰를 강화하고 대화를 촉진시켜 결과적으로 스폰서십을 진정한 파트너 관계로 성장시킨다.

장이 자신의 능력을 증명하자 바턴은 투자를 늘리고 공개적으로 그를 지지한다고 표명했다. 또한 권력의 닫힌 문 안에서도 적극적으로 끌어 주었다. 그 과정에는 자신의 스폰서인 스티브 하우에게 장을 소개하는 단계도 포함되어 있었다.

하우가 장에게 호감을 느낀 요소 중 하나는 그가 스폰서-프로테제 관계에 적극적으로 참여하고, 먼저 나서서 큰 몫을 담당하려고 한다는 점이었다. "가끔은 스폰서가 프로테제의 사정을 챙길 시간이 없을 때도 있죠." 하우는 말했다. "하지만 장은 먼저 찾아와서 '이런저런 도움이 필요합니다' '이런 부분이 지원되면 더 큰 성과를 낼 수 있을 것 같습니다'라고 말하곤 했어요. 언젠가 한번은 장이 제게 언스트 앤 영의 고위급 임원들과 네트워크를 형성할 수 있게 도와 달라고 요청한 적이 있어요. 비즈니스를 확장하는 데 필요한 인적 자원을 충원해 달라는 부탁도 했죠. 아예 구체적으로 외부에서 2개 국어가 가능한 인재들을 영입하고 그중에서 역량이 검증된 핵심 구성원들은 시니어 매니저나 파트너로 승진할 수 있도록 힘을 실어 달라고 요청했습니다. 그는 이러한 선택이 해당 인재들과 조직 모두에 도움이 되리라 확신했고, 자신도 그 기회를 잘 이용할 수 있다는 것을 알고 있었죠."

바턴은 프로테제에게 온 힘을 다해 투자할 마음을 먹고 있었다. "언스트 앤 영 아메리카가 중국해외투자네트워크China Overseas Investment Network, COIN를 출범해서 미국에 진출한 중국 기업들에 서비스를 제공하기로 결정했을 때, 저는 장에게 그 프로젝트를 이끌 기량이 충분하다고 판단했습니다. 우리에게는 세금 관리 팀에서 보인 그의 뛰어난 업무 역량과 다양한 문화를 아우르는 커뮤니케이션 스킬(예를 들면 영어와 중국어, 러시아어까지 3개 국어를 구사하는 능력), 그리고 사업가 기질이 모두 필요했어요." 바턴이 말했다. 장은 그 당시 바턴이 자신에게 했던 말을 정확히 기억했다. "이 프로젝트는 자네가 이끌게 되었어. 자네가 가진 모든 능력을 발휘해 주길 바라네."

이 경사스러운 순간에도 바턴은 자신이 한때 하우에게 받았던 가르침을 되새기며 장에게 솔직하고 직접적인 피드백을 제공했다. 큰 팀을 이끄는 리더가 된 만큼 무조건 밀고 나가는 성격을 다소 누그러뜨리고 조화를 이룰 줄 알아야 한다고 강조한 것이다. "장은 굉장히 저돌적인 성향이었어요." 바턴은 당시의 장을 이렇게 설명했다. "그런 성격을 지닌 여성 인재들은 종종 오해를 사기도 하죠. 때로는 문화적인 차이 때문에 더 큰 공격을 받을 수도 있고요. 저는 그가 보다 더 능숙한 커뮤니케이션을 할 수 있도록 지도했어요."

장은 현재까지도 COIN을 이끌고 있다. 지난 8년 사이 그는 완전히 바닥에서 시작한 프로젝트를 1억 달러 규모의 비즈니스로 키워냈다. "그 분야는 지금도 급성장하고 있으며 이제는 회사의 핵심 사업으로 자리 잡았어요." 하우가 말했다. "우리의 목표는 미국과 중국 사이의 비즈니스 동력을 확실히 구축하는 겁니다. 그렇게 된다면 말 그대로 위대한 유산을 남길 수 있을 거예요."

하지만 하우는 이미 확고한 유산을 만들었다. 아무리 뛰어난 능력을 갖췄다 하더라도 그 업계에서 여성 인재가 또 다른 여성 인재를 끌어 주는 것은 매우 드문 일이다. 심지어 바턴은 문화적으로도 민족적으로도 전혀 다른 여성을 프로테제로 삼았다. 바턴의 지원이 없었다면 장은 그 엄청난 잠재력을 결코 발휘하지 못했을 것이다. 그리고 언스트 앤 영은 그 가치를 놓치고 말았을 것이다.

5. 조직 주도형
스폰서십 프로그램을 설계하라

이 책 전체에 걸쳐 나는 한 개인이 스폰서십을 지렛대 삼아 어떻게 커리어와 조직을 성공의 길로 이끄는지 그 방법을 안내했다. 하지만 어떤 조직들은 이미 공식적으로 스폰서십 프로그램을 시행하고 있으며, 이를 통해 구성원들이 성별, 인종, 민족적 장벽을 넘어 다양성을 포용하는 스폰서 활동을 할 수 있도록 지원하고 있다.

언스트 앤 영 아메리카는 뛰어난 성과를 내는 여성과 유색인종 인재를 고위급 파트너 혹은 임원급 코치들과 연결해 주는 리더십 프로그램을 시행 중이다. 물론 이러한 코칭이 자동적으로 스폰서-프로테제 관계로 이어지는 것은 아니다. 최종 결정권은 스폰서에게 있고, 눈앞의 인재에게 큰 투자를 베풀 가치가 있는지 판단하는 것은 그의 역할이다. 하지만 관계의 바탕을 만들고 스폰서십 초반에 필요한 개발과 노력을 이끌어 낸다는 것만으로도 이러한 프로그램은 큰 의미를 지닌다.

"언스트 앤 영의 스폰서십 프로그램은 '검증된' 여성과 유색인종 파트너들을 지원합니다." 트와로나이트는 설명했다. "그들은 잠재적 리더로 인정받은 인재들로 각각 고위급 중역 한 명을 멘토로 배정받죠. 어떤 이는 자신의 멘티를 고객 미팅에 데려가고, 또 어떤 이는 함께 식사를 들기도 해요. 때로는 멘티를 대동하고 고객과 골프 라운딩에 나가는 중역도 있는데, 이런 기회는 여전히 남성 구성원들에게 더 많이 주어지는 추세죠."

인재혁신센터가 첫 번째 스폰서십 연구 결과를 발표했던 2010년, 하우는 이미 오랫동안 다양성을 포용하는 리더십을 정착시키기 위해 노력하고 있었다. 인재혁신센터와 지속적으로 협력하고, 우리가 진행하는 스폰서십 효과 연구에 현실적인 사례를 더하면서 언스트 앤 영은 이 분야에 새로운 의미를 부여하고 하우가 오랜 세월 직관적으로 이해하고 있었던 통찰을 실제로 입증했다. 다시 말해서 그들은 스폰서십이 비즈니스에 긍정적인 영향을 미치며 수치로 환산할 수 있는 이익을 가져온다는 사실을 검증해 냈다. 그 결과 언스트 앤 영 아메리카는 스폰서십을 적극적으로 지원하는 것을 넘어서 인재 개발 프로세스와 성과 보상 시스템에도 도입하기 시작했다. 다양성을 존중하는 방향으로(경험과 배경, 성별, 인종, 민족적 벽을 넘어서) 인재를 발굴한 리더는 승진과 인센티브를 포함한 인사고과에서 가산점을 부여받는다.

하우는 이런 체계가 없을 때부터 다양성을 포용하며 인재를 발굴해 왔지만, 현재는 조직의 시스템을 적극적으로 활용하고 있다. 그는 지난 몇 년 사이 언스트 앤 영 아메리카의 '포용성 리더십 프로그램'을 통해 약 24명의 여성과 유색인종 인재와 함께 일했다. "이 관계는 최소한 멘토십을 보장하고, 그중 일부는 스폰서십으로 발전합니다." 멘티에서 프로테제로 성장한 소수의 인재들 중에는 켈리 그리어Kelly

Grier라는 여성이 포함되어 있었다.

이 프로그램이 하우의 멘티로 그리어를 배정한 날로부터 15년이 지난 2018년 7월 1일, 그리어는 하우의 뒤를 이어 언스트 앤 영의 경영 파트너 겸 언스트 앤 영 아메리카의 대표 자리에 올랐다. 마지막 장에서 자세히 살펴보겠지만, 외부 연구에 따르면 기업의 이익에 긍정적인 영향을 미치는 스폰서십의 최대 성과 중 하나는 최고 경영진의 후계를 제대로 정비하는 것이다.

6. 조직에는 어떤 보상이 돌아오는가

스티브 하우와 그의 프로테제들에게는 길고 긴 여정이었겠지만, 그 결과 조직은 다양한 보상을 얻었다. 하우는 그 자신이 중간 관리자에 불과했을 때 뛰어난 잠재력을 지닌 회계사 켄 마셜을 발굴했다. 두 사람은 주요 고객을 위하여 감사 절차를 효율적으로 개선했고, 이후 마셜이 한 차례 위기를 겪고 회사를 떠날 뻔했을 때는 하우의 설득으로 그의 마음을 돌렸다. 서로에 대한 지지는 하우가 대표직에 오르고 마셜이 핵심 부문의 수장이 된 이후에도 계속됐다. 하우의 다른 프로테제들 또한 저마다 리더 지위에 올랐고, 그 과정에서 다양성을 포용하는 그의 원칙 덕분에 언스트 앤 영은 뛰어난 여성 인재들이 선호하는 기업이 되었다. 게다가 그의 열린 태도는 결과적으로 중국이라는 급성장하는 시장의 문을 열어 주었다. 무엇보다 하우는 스폰서십의 힘을 빌려 이사회가 그의 후계를 지명할 타이밍에 완벽한 후보자를 내세울 수 있었다.

이것이 바로 스폰서십의 힘이다. 스폰서-프로테제 관계는 다양한 분야에 이익을 가져다주며, 그 영향력은 현직 리더의 임기를 넘겨서까지 지속될 수 있다. 하지만 이 관계를 제대로 운영하기 위해서는 현대 사회의 새로운 리스크, '미투'의 함정을 피해야 한다. 물론 이것은 충분히 극복할 수 있는 리스크다. 어떻게 그것이 가능한지 그 방법을 다음 장에서 함께 살펴보자.

3부

당신은 조직에
무엇을 남길 것인가

"

성별을 막론하고
커리어 상승과 조직의 발전, 그리고 젊은 인재의 발굴을
무엇보다 중시하는 '선의의 스폰서'일지라도
오해와 가십의 중심에 설지도 모른다는 두려움과 마주한다면,
개인의 선의가 실현되는 선택 앞에서
주저할 수밖에 없다.

"

12장

#미투를 넘어서면
얻을 수 있는 것들

성희롱 이슈는 스폰서-프로테제 관계에 끼어든 '뜨거운 감자'다. 이 문제를 잘못 건드렸다가 온전하게 걸어 나온 사람이 없다고 해도 과언이 아니다. 하지만 현실의 뜨거운 감자와 마찬가지로 그것을 건드리라고 강요하는 사람은 없다. 즉 간단한 몇 가지 예방책만 지키면 누구나 위험에서 벗어날 수 있다는 뜻이다. 성적인 실수를 저지를지도 모른다는 두려움과 그에 수반되는 리스크는 이성 간 스폰서십을 피할 이유가 아니라 그것을 제대로 운영해야 할 이유다.

솔직히 말해서 직장 내 성희롱은 새로운 이슈라고 부르기 어려운 문제다. 대부분의 남녀 직장인들은 심각할 정도로 많은 남성 고위직들이 권위를 남용하여 성적 욕망을 채우려 한다는 사실을 이미 오래 전부터 알고 있었다. 그중 일부는 물리적인 힘을 사용한다. 어떤 이들 은 직장 내에서 얻게 될 혜택을 내세워 회유하거나 불이익을 들어 상 대를 협박한다. 원하는 것을 얻은 뒤에는 같은 수단을 이용하여 자신 의 범죄를 은폐하고 온당히 받아야 할 처벌을 피해 간다. 대부분의 피 해자들은 심리적 고통에 시달리며 업무 면에서도 악영향을 받는다.

이러한 성 착취 행태는 셀 수 없이 오랜 세월 지속되었지만, 2017년 을 기점으로 뉴미디어가 이를 집중 조명하고 대중의 태도가 변화하면 서 분위기가 반전되었다. 그해에 시작된 '#미투 운동'은 권력을 지닌 특정한 남성들의 과거 행적을 규탄하는 여성들(그리고 일부 남성들)의 고통에 찬 외침의 파도였다.

인재혁신센터의 연구는 언론에 주기적으로 보도되는 끔찍한 이야 기들이 단순한 예외 사례가 아니라는 사실을 증명한다. 2018년 발표 한 자료에 따르면 화이트칼라 여성 근로자 중 34%는 직장 내 성희 롱을 경험했고, 7%는 성폭행을 당한 적이 있는 것으로 확인되었다.[23] 다음의 표에서 확인할 수 있듯이 미디어 업계에서는 41%에 가까운 여성들이 직장 내 성희롱을 겪었으며, 심지어 보수적인 법률서비스 업계에서조차 여성 근로자의 22%가 같은 경험을 했다고 털어놓았 다.[24]

조직에 있는 여성 구성원이라면 누구도 성희롱의 위협에서 예외 가 될 수 없다. 인재혁신센터의 데이터에 따르면 백인 및 라틴계 여성

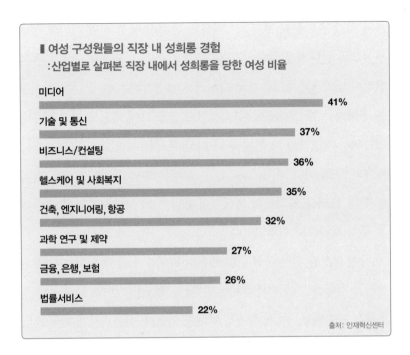

■ 여성 구성원들의 직장 내 성희롱 경험
:산업별로 살펴본 직장 내에서 성희롱을 당한 여성 비율

미디어
41%

기술 및 통신
37%

비즈니스/컨설팅
36%

헬스케어 및 사회복지
35%

건축, 엔지니어링, 항공
32%

과학 연구 및 제약
27%

금융, 은행, 보험
26%

법률서비스
22%

출처: 인재혁신센터

근로자의 37%, 아프리카계 미국인 근로자의 25%, 아시아계 근로자
의 23%가 성희롱을 경험했다.[25]

이러한 행위로 인한 피해는 개인뿐 아니라 그들이 속한 조직에
까지 영향을 미친다. 국제 학술지 《금융경제학저널Journal of Financial
Economics》에 실린 2018년 연구에 따르면, 성희롱 사건이 초래한 주가
하락과 기업 브랜드 이미지 추락은 수백 만 달러 이상의 손실을 가
져오고, 막대한 비용이 드는 소송과 검찰 조사에 연루될 경우 기업의
가치 하락은 더욱 심화될 수 있다.[26]

여성 직원들이 구조적인 성희롱과 성차별 문제를 제기했던 나이

키의 사례를 떠올려 보자. 그 피해는 단순히 여성 직원 개인의 성과 부진으로 끝나지 않았다. 이러한 환경은 조직 상층부에 여성 비율을 현저히 낮게 만들었고, 결국 나이키는 급성장하는 여성 운동복 시장을 공략하는 데 실패했다. 구조적인 결함을 보여 주는 증거가 너무나 명확해서 경영진이 이 문제를 더 이상 무시할 수 없게 된 2018년, 나이키의 CEO 마크 파커Mark Parker는 브랜드 총괄 책임자를 포함한 남성 중역 11명을 자리에서 물러나게 했다.[27] 이 불미스러운 해고 사태는 주가 하락으로 연결되었다.

남성 구성원 역시 성적 위법 행위의 피해자가 될 수 있다. 인재혁신센터가 진행한 조사 결과에 따르면, 남성 직장인의 13%가 직장 내 성희롱을 경험했고, 5%가 성폭행 피해를 입었다. 아프리카계 미국인 남성은 이러한 범죄에 특히 취약한 것으로 나타났는데, 그들의 성희롱 피해 비율은 21%, 성폭행의 경우는 7%로 확인되었다. 남성이 겪은 직장 내 성희롱 사건의 가해자는 같은 남성인 경우가 더 많았다(57%).

합의된 이성관계조차 위험한 이유

임원을 비롯한 관리자 직급이 부하 직원과 성관계를 맺는다면, 설사 그것이 합의된 관계라 할지라도 신뢰를 하락시키고 가치를 위협할 가능성이 높다. 이 경우 첫 번째 피해자는 당사자 커플, 그중에서도

(대부분 여성인) 부하 직원 쪽이다. 이렇게 발생한 손실은 동료와 후배들, 나아가 같은 팀에서 일하는 모든 구성원으로 확장된다.

2018년 인재혁신센터는 기업 직원들을 대상으로 '상사와 성관계를 맺는 행위'에 대해 어떤 인상을 받느냐고 물었다. 조사 결과 첫째, '흔한 일이다' 둘째, '강력하게 비난받아야 한다'는 응답이 많았다. 응답자 중 11%가 '자신의 팀원 중 상사와 성관계를 맺은 사람을 알고 있다'에 '그렇다'고 답했으며, 그들 중 71%는 '해당 관계가 부적절하다고 생각한다'는 답변을 내놓았다.

이러한 여론은 개인적인 신념보다 실용주의적인 관점에 기반한 것이다. 그 관점을 세분화해서 제시하면 다음과 같다.

① **팀 내 사기 저하** : 응답자의 25%가 상사 혹은 관리자가 부하 직원과 성관계를 맺었을 때, 팀 내 사기가 떨어졌다고 답변했다.

② **존경심 하락** : 이러한 상황에서 22%는 상사 혹은 관리자에 대한 존경심을 잃었다고 대답했으며, 17%는 그의 상대에 대한 존경심이 하락했다고 밝혔다.

③ **성과 및 생산성 저하** : 14%는 상사가 부하 직원과 잠자리를 가졌을 때 팀 전체의 성과가 하락했다고 답변했으며, 11%는 생산성이 떨어졌다고 응답했다.

설문에 이어 진행된 후속 인터뷰에서 응답자들은 팀 내 분위기가 비정상적으로 변화했다는 내용을 비롯하여 상사-부하 직원의 성관계가 야기하는 문제들에 대해 더 상세한 답변을 들려주었다.

만약 자신의 동료가 상사와 연인 관계라면, 그 동료를 대하는 태도가 조심스러워질 수밖에 없다. 그가 연인에게 자신의 험담을 할 가능성이 있기 때문이다. 이와 더불어 해당 상사 앞에서 그 사람에 대한 피드백을 할 때 칭찬 이외의 말은 꺼낼 수 없다. 그가 동료와 잠자리를 함께하고 있으므로, 그 일로 자신에게 화를 내거나 방어적인 태도를 취할 가능성이 존재하기 때문이다. 이러한 두려움과 억눌림은 팀의 업무 불균형과 실적 부진으로 쉽게 이어진다.

결론은 명확하다. 조직의 사기와 신뢰도, 생산성, 소통 능력을 한껏 떨어뜨리고 싶은 스폰서라면 프로테제와 마음껏 연애를 해도 좋다. 그러면 이 모든 결과를 빠른 시일 내에 눈앞에서 확인할 수 있을 것이다.

조심하되, 포기하지는 마라

성희롱 이슈와 별개로 여성 인재들은 또 다른 짐을 지고 있다. 괜한 의혹이나 악의적인 험담을 두려워하는 남성 스폰서들이 여성 프로테제를 기피할 수 있다는 사실이다. 인재혁신센터의 조사에 따르면 '직장 내 성희롱에 대한 최근 사회 동향을 의식한 남성 스폰서들이 여성 프로테제를 덜 선호하게 될 것이다'라는 문항에 '그렇다'라고 대답한 응답자 비율은 약 40%에 이르렀다. 남녀 응답자 모두 비슷한 비율로 동의했으며, 해당 여성 인재가 뛰어난 역량을 지녔다는 전제

를 달아도 결과는 달라지지 않았다.[28]

　이러한 불행한 결과를 반영하는 사례는 현실에서 흔히 찾아볼 수 있다. 시카고 교외에서 일하는 한 정형외과 의사는 《뉴욕타임스》와의 인터뷰에서 얼마 전부터 직장 내 여성 구성원, 특히 하급자와 단둘이 있는 상황을 의식적으로 피한다며 다음과 같이 답했다. "저는 그 부분에 많은 주의를 기울이고 있습니다. 말 그대로 생계가 달린 일이니까요. 만약 어떤 여성과 부적절한 신체 접촉을 했다는 의혹이라도 생기면, 저는 당장 메스를 빼앗기고 조사에 시달리게 될 겁니다. 제 인생은 그렇게 끝장나겠죠. 게다가 그 꼬리표는 평생 저를 쫓아다닐 거예요."[29]

　《뉴욕타임스》는 같은 기사에서 이름을 밝히지 않은 한 벤처 사업가의 의견을 추가로 인용하며, 해당 업계의 수많은 남성이 현재 여성 사업가 혹은 여성 입사 지원자와의 일대일 대화를 피하고 있다고 밝혔다. "예전 같으면 '여성 지원자 면접? 당연히 해야지! 실리콘밸리에 한참 부족한 여성 인재를 충원하기 위해서라도 기꺼이 하겠어'라고 말했던 사람들이 지금은 이미 잡혀 있던 일정도 취소하고 있습니다. 그 행위에 달린 리스크가 애써 쌓은 평판을 무너뜨릴 정도로 급속히 커졌으니까요."[30]

　하지만 '#미투 운동' 시대에 이성의 스폰서가 된다는 게 반드시 피해야 할 만큼 위험한 선택일까? 정답은 '아니요'다. 이런 종류의 오해를 극복하는 것이 비즈니스의 필수 요건이라는 사실을 감안하면 다른 답이 나오는 것은 이치에 맞지 않는다. 언스트 앤 영을 비롯한 수많은 기업 리더가 이미 알고 있듯이, 성별 다양성은 조직의 경쟁력에 막대한 영향을 미친다. 인재혁신센터가 발표한 보고서 〈혁신과 다양성이 시장 성장에 미치는 영향Innovation, Diversity and Market Growth〉에 따르면, 팀 내에 타깃 고객층에 해당하는 성별이 한 명이라도 있을 경우 '팀 전체'가 잠재 고객을 명확히 이해할 확률이 2배 이상으로, 25%에서 61%로 상승한다.[31] 자산 관리 시장에서 여성 인재의 힘으로 운영되는 시장 규모(다시 말해서, 오롯이 여성 전문가에 의해 관리되는 자산 규모)가 미국에서만 5조 1천억 달러(한화로 약 6000조 원)에 이른다는 내용은 우리가 출간했던 단행본 《핸드백 파워Harness the Power of the Purse》의 중심 주제이기도 하다.[32] 만약 당신이 최고의 여성 인재들을 나서서 지원하지 않는다면 그들은 높은 확률로 자신이 역량을 발휘할 수 있는 다른 기업을 찾아 옮겨 갈 것이다. 무엇보다 당신의 조직은 그들의 '젠더 스마트한 관점'에서 파생되는 이익을 놓치게 된다.

다행히도 성희롱 이슈나 악의적인 험담으로 인한 리스크를 현저하게 낮추며 스폰서-프로테제 관계를 구축하는 것은 충분히 가능한 목표다. 남성과 여성은 직장에서 신뢰와 전문성을 바탕으로 교류할 수 있다.

#미투 시대에도 흔들림 없는 관계를 구축하는 방법

성별을 막론하고 커리어 상승과 조직의 발전, 그리고 젊은 인재의 발굴을 무엇보다 중시하는 '선의의 스폰서'일지라도 오해와 가십의 중심에 설지도 모른다는 두려움과 마주한다면, 개인의 선의가 실현되는 선택 앞에서 주저할 수밖에 없다.

두려움을 해소하는 열쇠는 서로를 존중하는 열린 분위기다. 이러한 분위기를 조성하기 위해 스폰서 개인과 조직은 몇 가지 구체적인 조치를 취할 수 있다. 우선 스폰서 개인이 할 수 있는 일을 함께 살펴보자.

▋ 떠들썩하게 후원하라.

당신이 어떤 인재를 후원하고 있으며 그 이유가 무엇인지 모든 사람이 투명하게 알도록 하라. 이에 대해 케리 페라이노는 "남성 스폰서들은 여성 프로테제에 대한 지원을 떠들썩하게 해야 합니다. 모두가 볼 수 있는 곳에서 그와 만나세요. 공개적인 회의에서 그에게 프리젠테이션을 지시할 때는 그것이 두 사람의 스폰서십 관계에서 비롯된 역량 개발 훈련의 일환이라는 점을 분명히 해야 합니다"라고 말했다. 트레버 필립스는 그의 조언에 이렇게 첨언했다. "사람들은 잘 모르는 부분에 대해 쉽게 상상하죠. 그를 선택해 후원하는 이유를 간략히 정리해서 메일로 보내거나 회의에서 직접 얘기하세요. 모든 부분에서 100% 투명해야 합니다."

▋ 공개적인 장소를 활용하라.

반드시 바에서 밤늦게까지 술을 마셔야 유대감이 쌓이는 것은 아니다. 구내식

당이나 회사 근처의 스타벅스, 혹은 당신의 사무실 문을 활짝 열어 놓고 여성 혹은 남성 인재와 만나라. 프레디맥의 마크 핸슨은 "우리 회사에는 멋진 카페 테리아가 있어요. 저는 주로 그곳에서 프로테제를 만나죠. 상대가 어떤 생각을 갖고 있는지, 직업적인 목표는 무엇인지 터놓고 얘기할 때는 사무실보다 캐주 얼한 장소가 좋거든요. 내선전화가 시도 때도 없이 울리지 않는 것도 좋고요. 아침이든 점심이든 커피 타임이든 카페테리아는 최고의 선택이에요"라고 팁을 전했다.

▌개인사를 공유하되, 선을 넘지는 마라.
개인적인 이야기를 터놓지 않고는 진정한 유대를 쌓기 어렵다. 하지만 그럴 때 조차 선을 넘거나 상대방에게 오해 혹은 불편함을 유발할 수 있는 이야기는 자 제해야 한다. 사람이라면 누구나 가지고 있는 사적인 이야기를 아주 약간만 공 유하라. 케빈 로드는 이러한 완급 조절을 탁월하게 해낸 사람이었다. 그는 마실 라 헤이스에게 자녀들의 진학이나 취업에 대한 기대와 불안을 공유했다. 각 과 정을 비교적 최근에 겪은 사람으로서 헤이스는 최선을 다해 그를 도왔고, 실제 로 유용한 조언과 지침을 제공했다. 이러한 대화로 유대감의 물꼬가 트이자 헤 이스의 대학원 문제에 대해 상의하기가 훨씬 수월해졌고, 업무적으로도 더욱 친밀한 관계를 구축할 수 있었다.

▌가족 활동을 함께하라.
관계가 어느 정도 끈끈해졌다면 가족들에게 프로테제를 소개하는 방안을 고 려해 보라. 파트너와 함께하는 일요일 브런치에 그를 초대하는 것도 방법이다. 만약 당신이나 프로테제에게 자녀가 있다면, 아이들과 함께 동물원이나 박물 관에 갈 때 서로를 초대할 수도 있다. 가족 활동 참여는 의혹을 확대하는 게 아 니라 잠재우면서 유대감을 강화하는 현명한 선택지다. 조지 W. 부시와 콘돌리 자 라이스는 스포츠 센터에서 함께 운동하고, 여름마다 각자의 가정을 방문하 면서 친밀함을 쌓았다. 훗날 부시는 그가 진정한 '남매'로 느껴진다고 말했다.[33]

▌프로테제를 존중하고, 결코 가르치려 들지 마라.

프로테제는 자신을 낮추려는 경향을 보이기가 쉽다(여성이라면 더욱더 그럴 것이다). 그럴 때는 프로테제에게 "당신이 회의에 들어가는 이유는 뭐죠? 전화 연결을 하고 커피를 나르기 위해서입니까, 아니면 업무 역량과 경험을 증명하기 위해서입니까?"라고 묻자. 켄트 가디너가 그 자신의 역량에 대한 소니아의 인식을 어떻게 바꾸고 증명했는지 떠올려 보라(7장). 그는 관계가 시작될 때부터 소니아의 특별한 점을 파악하기 위해 함께 일하면서 관심을 쏟아부었고, 그가 능력을 증명한 후에는 곧바로 클라이언트 미팅에 대동해 프로테제에 대한 자신의 확신을 공개적으로 알렸다.

▌공정한 기회를 제공하라.

성과가 뛰어난 여성 인재를 승진에서 제외시킨다면 조직의 발전이 저해될 뿐 아니라 남성 상사의 커리어에까지 악영향을 미칠 수 있다. 법원이 '성희롱'이라는 결론을 내리기까지는 여러 요건과 증명이 필요하지만, '성차별'의 요건은 '얻을 자격이 있는 기회에서 당사자를 배제하는 행위' 단 한 가지뿐이다.

▌고위직 스폰서의 역할이 특히 중요하다.

조직의 다른 구성원들이 롤모델로 삼을 만큼 높은 위치에 있는 스폰서라면, 자신과 다른 성별의 프로테제를 헌신적으로 발굴하고 지원하는 모습을 공개적으로 강조해야 한다.

스폰서십은 기본적으로 두 사람의 개인적인 유대감을 바탕으로 한 투자이기 때문에 가장 큰 노력의 주체도 개인이 되어야 한다. 그러나 성별의 벽을 넘어 스폰서-프로테제 관계가 활성화되도록 조직 차원의 노력이 개입될 수 있으며, 현실적으로 그래야만 하는 유인도 여러 가지다. 이러한 문화가 정착된 조직은 매출 상승을 기대하고,

보다 더 균형 잡히고 서로를 존중하는 리더십 문화를 안착시킬 수 있다. 직장 내 성희롱을 비롯하여 성 관련 이슈로부터 안전한 조직 문화를 만들기 위해 회사 차원에서 시행할 수 있는 조치들을 알아보자.

▌ 성적 위법 행위에 무관용 원칙을 적용하라.

피해자 혹은 목격자가 당당히 목소리를 내고, 가해자가 반드시 처벌받으리라는 확신을 심어 줄 수 있도록 명백한 사내 법규를 제정해야 한다. 성희롱 이슈에 대한 비공개 합의를 원칙적으로 금지하는 것도 하나의 방법이다. 비공개 합의는 하비 와인스타인Harvey Weinstein과 같은 상습적 가해자들이 여성의 권리를 오랫동안 짓밟을 수 있었던 가장 큰 원인이었다.

▌ 예방 교육 및 훈련 지침을 업데이트하라.

유해한 남성성 문화와 방관자의 역할에 대한 신선한 통찰, 그리고 특히 차별에 반대하는 남성들의 연대가 가진 잠재력은 조직 구성원들에게 성별 차이를 초월하여 상대를 존중하는 법과 피해자들을 지원하고 가해자에게 대항하는 법을 가르치는 새로운 방식으로 자리 잡았다.

▌ 신고와 문제 해결을 위해 새로운 창구를 오픈하라.

성적 위법 행위를 신고했을 때 보복당할지도 모른다는 두려움을 해소하기 위해 조직 구성원들이 직속 관리자나 인사부서를 우회해서 목소리를 낼 수 있는 전용 창구를 만들어야 한다. 올보이시스AllVoices같은 애플리케이션이나 두 당사자가 신뢰할 수 있는 제3자에게 정보를 위탁할 수 있도록 설계된 정보 에스크로Escrow 같은 기술적 툴을 활용하는 것도 방법이다.[34]

▌ 공동의 가치를 강조하라.

사원부터 임원까지, 모든 직원이 같은 편이라는 사실을 상기시켜야 한다. 부당한 행위로부터 자유로운 직장 문화는 조직과 구성원 모두에게 이익을 가져다 준다(물론 가해자는 예외다. 그런 이는 애초에 이런 조직에서 환영받을 수 없다). 대다수의 남녀 구성원은 스폰서-프로테제 관계가 '성별의 속박'으로부터 자유로워지기를 희망하고 있다.

앞의 몇 가지 규칙을 지키고 제도화하면 자신과 다른 성별의 젊은 인재(혹은 LGBTQ 커뮤니티에 속하는 동성 인재)를 후원하면서도 평판 하락이라는 리스크에서 자유로울 수 있다. 이런 문화는 강력한 변화의 힘을 통해 스폰서와 프로테제 모두의 성과와 생산성을 향상시킨다. 최고 경영진의 다양성을 강화하고 조직 전체에 걸쳐 모든 성별에게 도움이 되는 건강한 근무 환경을 조성해 줄 것이다.

"

스폰서의 유산을 이끌어 간다는 것은
그를 맹목적으로 모방하는 것이 아니다.
프로테제는 자기 자신의 지성과 창의성을 동원하여
스폰서의 아이디어와
그가 남긴 유산을 강화해야 한다.

"

13장

사람, 리더가 남길 수 있는 최고의 유산

어느 순간이 되면 우리는 모두 현재의 직업적 경로에서 벗어나게 된다. 어쩌면 다른 조직에서 새로운 자리를 찾을 수도 있고, 직업 자체를 바꿀 수도 있다. 하지만 시기의 문제일 뿐, 사람이라면 누구나 '경력의 마지막 순간'을 맞이하게 된다.

야심 넘치는 인재들 중 상당수는 커리어를 마감한 후에도 긍정적인 발자국을 남기길 원한다. 그 발자국은 조직 문화 혁신일 수도 있고, 새로운 시장 개척이나 유의미한 수익률 개선일 수도 있으며, 다양성 혹은 지속 가능성의 확대일 수도 있다. 자신이 맡은 역할을 제대로 해냈다는 확신일 수도 있고, 적절한 후계자에게 배턴을 넘겨줌으로써 애써 이룬 성취가 수포로 돌아가지 않게 만들었다는 자신감일 수도 있다.

이러한 야심은 조직도의 모든 영역에 적용된다. 승진의 사다리 꼭대기에 있는 최고 경영진만이 이 조직을 내가 들어올 때보다 더 나은 곳으로 만들고 떠났다는 확신을 느끼고 싶어 하는 것은 아니다.

스폰서십은 이런 종류의 유산을 창조하는 가장 좋은 방법 중 하나다. 사실 조직의 성격에 관계없이 후임자가 전임자의 노력을 수포로 되돌리는 일은 얼마든지 가능하다. 하지만 당신의 후계자가 충성심과 가치관, 그리고 성과를 검증한 뒤 직접 고무하고 훈련시킨 인재라면, 당신과 상호 교환적인 거래 관계를 맺고 온전한 투자와 지원을 경험한 인재라면, 그는 당신의 유산을 단순히 유지하는 데에 그치지 않고 더욱 성장시킬 가능성이 상당히 높다.

인재혁신센터의 조사 결과는 모든 단계의 리더들에게 일명 '유산효과legacy effect'가 적용될 수 있다는 사실을 분명히 보여 준다. 이제 막 관리직에 오른 중간 관리자부터 최고 경영진까지, 프로테제를 양성한 응답자들 중 39%는 '본인의 직업적 유산에 만족한다'고 답변했다. 프로테제가 없는 응답자들 중 같은 대답을 한 비율은 25%에 그쳤다.

잘 키운 후배에서
조직의 후계자로

먼저 직업적 유산의 개념을 명확히 하기 위해 스폰서십을 통해서 연쇄적인 이익을 창출한 장본인, 스티브 하우에게로 돌아가 보자. 그가 얻은 첫 번째 이익은 자신의 빠른 승진이었다. 이 외에도 그는 조직의 인재 다양성을 강화시킴으로써 새로운 시장 개척과 여성 및 유색인종 인재 확보에 유리한 환경을 조성해 냈다. 나는 하우의 스폰서십이 '폭포Cascade' 같다고 묘사하곤 하는데, 이는 한 명의 프로테제를 발굴하고 훈련시키는 데서 그치지 않고 자신의 프로테제에게 그들만의 프로테제를 육성할 수 있도록 장려하는 하우의 원칙을 빗댄 것이다. 각각의 인재들은 성공적인 중국 비즈니스 라인 개척을 비롯하여 언스트 앤 영 아메리카를 성장시키는 결과물을 속속 내놓고 있다.

하우는 이러한 성과만으로도 이미 상당한 유산을 쌓았다. 여기에 더해 그는 최근 자신의 뒤를 이어 언스트 앤 영 아메리카의 대표 겸 경영 파트너를 맡게 된 프로테제를 발굴했다. 한 기업의 대표 정도 되어야 그의 선례를 따를 수 있는 것은 아니다. 그의 발자취는 조직 내에서 어떤 직위에 있던지 누구나 따를 수 있는 훌륭한 모범 사례다. 후계자를 고르는 문제에 있어서 하우는 주의에 주의를 기해 한 단계씩 밟아 나갔고, 여러 해에 걸쳐 서서히 검증 절차를 진행한 끝에 전폭적인 투자를 결정했다. 이처럼 잠재적인 후계자가 되어 자신의 배턴을 이어받을지 모르는 프로테제를 발굴할 때는 평소보다 신중한 계획이 필요하다.

천천히 시작하고 한 걸음 물러서서 지켜보기

하우는 우리가 11장에서 살펴본 언스트 앤 영의 포용성 리더십 프로그램을 통해 켈리 그리어를 만났다. 그 무렵 그리어는 이미 조직 내에서 성공적인 파트너이자 뛰어난 실적을 보증하는 인재로 평가받고 있었다. 하우는 첫눈에 그가 '똑똑하고 전략적이며 에너지가 넘치고 사려 깊은 데다 적극적인 사람'이라고 판단했다. 두 사람은 1년에 서너 번 정도 만나서 두어 시간 대화하는 관계를 지속했다.

"대표님은 제가 의견을 솔직히 말하고 질문을 던지면서 잘 모르는 부분에 대해 논의할 수 있도록 충분히 여유를 주셨어요." 그리어는 당시를 이렇게 회상했다. "결코 본인의 주장을 강요하신 적이 없었죠."

"켈리 그리어가 훌륭한 성과를 낼 인재라는 건 분명했습니다." 하우는 설명했다. "저는 그가 경험을 쌓고 자신의 능력을 증명하는 길을 걸을 수 있도록 지원해 주고 싶었어요." 실제로 그는 대화 시간을 통해 그리어를 조금씩 훈련시키기 시작했다. 때로는 자신의 경험을 들려주고, 때로는 커리어나 조직 구조에 대해 폭넓고 체계적인 통찰을 제공했다.

또한 하우는 때때로 스폰서가 취할 수 있는 최선의 선택이 한 걸음 물러서서 지켜보는 것이고, 그 과정 속에서 검증을 해야 한다는 사실도 깨달았다. "얼핏 보기엔 모든 자질을 다 갖춘 것처럼 보이던 인재도 검증 과정 중에 전혀 다른 인격이 튀어나오는 경우가 있어요." 하우는 조언했다. "이제 막 발굴한 인재인데도 충분히 전략적이고 사려 깊은 사람으로 보일 수 있어요. 하지만 더 큰 역할을 맡겼을 때 어떤지 잘 봐야 합니다. 예기치 못한 한계가 드러날 수 있습니다."

투자 수준 올리기

그리어가 테스트를 성공 이상이라고 할 만한 성과를 내며 통과하자, 하우는 그에게 언스트 앤 영의 파트너 선출직인 글로벌 자문 위원회와 미주 자문 위원회에 입후보하라고 권유했다. 두 위원회는 위원장과 함께 매 분기마다 기업의 운영 방향을 논의하는 조직이었다(당시 하우는 미주 자문위원회 위원장직을 맡고 있었다). "다른 파트너들, 그리고 경영지원 팀과 정기적으로 교류하는 것은 아주 좋은 경험이거든요." 하우는 설명했다. "저는 그 기회가 그의 시야를 확장시킬 것이라 확신했습니다." 그리어는 그의 조언에 따랐고 당당히 선발되었다. 그의 탁월한 역량에 감탄한 위원들은 바로 다음 임기부터 그리어에게 회의 주재를 맡겼다.

하우가 내민 다음 카드는 그리어조차 예상하지 못한 도전이었다. 그는 그리어에게 언스트 앤 영 아메리카의 인재 총괄 부대표직을 고려해 보라고 제안했다. "정말 깜짝 놀랐어요." 그리어는 당시를 이렇게 설명했다. "그동안 쭉 시장 관련 업무에만 집중해 왔기 때문에 인사 총괄은 상상도 못했던 급격한 전환이었죠."

뛰어난 스폰서답게 하우는 한 수 앞을 내다보고 있었다. 그는 프로테제가 특출한 능력을 증명해 내는 시점이 오면(그리어는 바로 이 단계에 와 있었다) 리더십과 조직 관리 역할을 경험해 볼 필요가 있다고 정확히 판단했다.

그는 언스트 앤 영의 발전을 위해 시장과 비즈니스, 인사 업무를 하나로 연결할 수 있는 인재가 필요하며 그리어가 그 적임자라고 보았다. 이는 그리어 입장에서도 새로운 경험을 쌓고 조직 구성원들에게 존재를 각인시킬 수 있는 절호의 기회였다.

"언스트 앤 영은 미국에만 7만 5000여 명, 세계적으로는 26만 여 명의 인재를 거느린 기업입니다." 하우는 말했다. "우리는 최고의 인재를 영입하고, 그들을 최고로 키워 내며, 그들에게 최고의 기회를 주고 있다는 확신이 필요합니다. 그리어가 그런 업무를 총괄하는 직위에 후보로 떠올랐다는 것은 그 자체로 엄청난 성과였어요. 실제로 당시 후보 리스트에는 쟁쟁한 시니어 파트너들의 이름이 올라 있었거든요. 게다가 오랜 시간 그리어를 지켜본 덕에, 저는 이사회가 그를 눈여겨보도록 설득할 수 있는 근거를 갖고 있었죠."

그리어는 설명했다. "대표님은 그 자리가 저를 중역 회의로 이끄는 디딤돌이라고 설명하셨어요. 조직의 다양한 부서와 리더들에게 제 존재를 노출하는 것도 귀중한 경험이 될 거라고 말씀하셨죠."

결과적으로 그리어는 그 자리를 차지했고, 하우는 그가 새 임무를 훌륭히 수행하는 모습을 면밀히 관찰했다.

"그리어가 그 자리에 앉아서 업무 지식뿐 아니라 지성과 소통 능력, 전략적 사고를 자유자재로 활용하는 모습을 확인했습니다." 하우가 말했다. "그에게서 비즈니스 리더에게 반드시 필요한 강인함도 엿볼 수 있었어요." 그리어의 강력한 리더십이 처음 발휘된 것은 다른 파트너들과 협상을 벌였던 글로벌 자문 위원회의 회의였다. 인사 총괄 부대표가 된 그리어는 이 능력을 활용하여 특정 사업 부문에 과감히 투자하는 한편 실적이 부진한 사업 부문에는 단호하게 지원을 축소했다.

최고의 자리에 맞춰 준비시키기

그리어가 언스트 앤 영의 인재 관리를 총괄하는 리더가 되고 1년이 흐른 뒤 그는 하우와 또다시 마주 앉아 자신의 미래에 대해 얘기했다. "그 자리에 그렇게 오래 있지는 않았어요." 그리어가 말했다. "어떤 분야를 총괄하는 부대표에게 임기 1년은 굉장히 짧은 기간이죠. 하지만 그사이 다른 요직에 공석이 생겼습니다. 대표님은 제게 물으셨어요. '시카고로 돌아가서 부대표 겸 중부 지역의 경영 파트너를 맡고 싶나, 아니면 여기서 인재 관리 역할을 계속하고 싶은가?'

대표님은 저와 함께한 초기 단계부터 제 능력의 범위가 넓다고 평가하셨죠. 인재 총괄로서 저는 인재 관리와 관련한 각종 안건에 대해 전략을 세우고 실행을 감독했습니다. 그전에는 시카고에서 시장 부문의 리더이자 경영 파트너를 맡아 조직을 위해 시장을 개척하고 리더십을 발휘하는 데 집중했어요.

부대표 겸 중부 지역 경영 파트너는 이 모든 경험을 하나로 묶어주는 직책이었죠. 이 역할을 제대로 수행하려면 총체적인 리더의 자질과 책임감을 지녀야 해요. 시장과 사람, 그리고 그사이에 있는 모든 요소를 진두지휘해야 하니까요. 그 자리를 받아들인다는 건 난생처음으로 조직의 이윤과 손실에 대해 온전히 책임을 진다는 의미였어요.

대표님과 저는 그 문제를 완전히 터놓고 얘기했어요. 다양한 시나리오와 선택 가능한 옵션들을 저울질했죠. 나중에야 대표님이 처음부터 그 자리가 제게 반드시 필요한 경험이라고 확신하셨다는 사실을 알게 되었지만, 당시에는 그 어떤 것도 강요하지 않으셨어요. 제가 시카고로 떠나겠다고 결심한 것은 수많은 정보를 주고받으며 자유롭게 대화한 끝에 자연스레 귀결된 결론이었습니다."

이 새로운 직책에 따르는 다중적인 책임이 여러 면에서 기업 경영자의 역할과 닮아 있는 것은 결코 우연이 아니었다. 새 임무를 수행하는 과정에서 그리어는 자연스레 자신의 다음 역할이 될 최고 경영자의 자질을 습득하게 되었다. 거대 다국적 기업의 수장에 걸맞은 다재다능한 리더답게 하우는 자신의 후계자가 될 프로테제에게도 그와 같은 유연성을 길러 주고자 했던 것이다.

새로운 리더십으로 전환하기

"언스트 앤 영의 대표로서 저의 마지막 임무이자 어쩌면 가장 중요한 임무는 공정하고 철저한 후계자 발굴 시스템을 확립하는 것이 었습니다. 우리에게는 적절한 후보를 선택하고 검증함으로써 리더십 전환이 물 흐르듯 진행될 수 있는 절차가 필요했어요." 하우가 말했다. "그리어는 그 절차를 거쳐 대표 자리를 따냈고, 덕분에 언스트 앤 영 아메리카는 사상 최초로 여성 리더의 지휘를 받게 되었죠. 하지만 그는 결코 여성이라서 그 자리를 차지한 게 아니에요. 그리어가 선발된 이유는 모든 후보 중에 최고였기 때문입니다. 그건 조직을 위해서 한 최선의 선택이었어요."

"하우 대표님은 리더로 향하는 제 여정의 중요한 전환점마다 그 자리에 계셨죠." 그리어가 설명했다. "제 한 걸음 한 걸음을 곁에서 지지해 주셨습니다. 심지어 당시에는 몰랐다가 나중에야 깨닫게 된 경우도 있었어요."

2017년 투표권을 지닌 파트너들이 그리어를 언스트 앤 영 아메리카의 대표 겸 경영 파트너로 선출했을 때, 하우는 그리어와 마주 앉아 두 사람이 함께한 15년 세월을 돌아보았다. 하우의 진심 어린 축하와 칭찬을 들으며, 그리어는 한 가지 깨달음을 얻었다. "제가 그 자리에 오른 건 결코 우연이 아니었어요." 그리어는 말을 이었다. "제 성공의 상당 부분은 대표님의 섬세한 계획 덕분이었죠. 그분은 아주 오랜 세월에 걸쳐 의도적으로 또 적절한 타이밍에 결정적인 전략을 실행하셨어요. 그러한 행동은 그 자체로 훌륭한 리더의 자질이에요. 한 기업의 대표에게 후계자의 성장에 투자함으로써 조직의 미래를 지키는 것보다 더 중요한 책임은 없으니까요."

글로벌 컨설팅 기업 스펜서 스튜어트Spencer Stuart의 연구는 CEO 가 프로테제를 후계자로 육성하는 것이 얼마나 현명한 선택인지 명확히 보여 준다.[35] 해당 자료에 따르면, 외부에서 영입된 CEO보다 내부에서 육성된 CEO가 더 좋은 성과를 낸다는 사실을 알 수 있다. 리더십이 전환된 시점에 회사의 경영 실적이 양호한 경우(동종 업계의 타 기업들과 비교했을 때), 외부 영입 CEO 중 43%가 부진한 성과를 보인 것으로 확인되었다. 반면 스펜서 스튜어트의 자료에 따르면, 같은 조건에서 내부 육성 CEO가 부진한 경우는 31%에 그쳤다. 처음부터 경영 실적이 좋지 못했던 경우에는 외부 영입 CEO의 48%, 내부 육성 CEO의 34%가 저조한 성적을 보였다.

스펜서 스튜어트의 조사는 또 하나의 시사점을 던져 준다. 그들의 조사 결과를 보면 '내부 육성 후계자'는 고작 한두 해 전부터 키운 인재를 뜻하는 것이 아님을 알 수 있다. 즉, 후계자를 육성할 때는 전직 CEO가 오랜 시간에 걸쳐 준비해야 한다는 뜻이다. 실제로 스펜서 스튜어트가 말하는 '외부형 내부 육성 후계자'(내부 육성 기간이 채 18개월이

▌외부 영입 후계자와 내부 육성 후계자의 성과 비교

: 경영 상황과 관계없이 내부 육성 후계자가 더 나은 성과를 보이고 있다.

경영 실적이 양호한 기업

	부진한 성과	탄탄한 성과	특출한 성과
내부 육성 CEO	31%	35%	26%
외부 영입 CEO	43%	29%	29%

경영 실적이 부진한 기업

	부진한 성과	탄탄한 성과	특출한 성과
내부 육성 CEO	34%	38%	28%
외부 영입 CEO	48%	28%	23%

참고: 경영 실적이 '양호'한 기업은 리더십 전환이 일어나기 전 해에 시장 평균을 웃도는 실적을 낸 기업이다. 경영 실적이 '부진'한 기업은 리더십 전환이 일어나기 전 해에 시장 평균을 밑도는 실적을 낸 기업이다.

출처: 인재혁신센터

안 되었는데 CEO로 임명된 후계자)의 경우 47%가 성과 부진을 보이며 모든 조사 대상 중 최악의 배팅임을 증명했다.[36]

뛰어난 프로테제를 찾아내고, 그에게 자본과 자원을 투자하고, 그 결과 훌륭한 후계자의 자질을 꽃피우는 것은 얼마든지 가능한 일이다. 지금부터 참담한 실패담의 주인공에서 찬란한 성공담의 주인공으로 도약하는 데 성공한 인물, 이 시대의 대표적인 비즈니스맨의 사례를 살펴보려 한다. 스티브 잡스를 만나 볼 차례다.

존 스컬리는 왜
애플의 CEO 자리에서 내려왔나

1983년 스티브 잡스는 애플 II라는 컴퓨터 하나로 부와 명예를 거머쥐었다. 하지만 그는 아직 젊었고 애플 II 하나만을 자신의 최종 유산으로 남기기에는 충분치 않다는 사실을 알고 있었다. 그의 전기를 쓴 작가 월터 아이작슨Walter Isaacson이 묘사했듯이, 잡스는 '우주에 한 획을 긋는' 업적을 남기고자 했다.[37] 당시 애플은 PC 시장을 장악하기 시작한 IBM과 경쟁을 벌이기 위해 근육을 강화해야 할 시기였다. 1983년 때마침 회장 자리가 공석이 되었을 때, 애플은 스타트업에서 대기업으로의 전환에 직면한 조직을 제대로 이끌어 줄 리더가 절실했다. 그들의 대표작인 매킨토시는 아직 개발 진행 중인 작품이었고, 성공 여부도 확신할 수 없었다. 만 28세의 스티브 잡스는 걸핏하면 조직에 싸움을 일으키는 존재였다. 스스로도 자신이 애플에 필요한 안정적이고 건실한 리더가 아니라 '지나치게 날 서고 미성숙한' 사람이라는 것을 알고 있었다.[38] 결국 그는 전문 CEO를 영입하기로 결정했다.

그가 선택한 인재는 펩시의 최연소 CEO이자 마케팅 천재라 불렸던 존 스컬리John Sculley였다. 하지만 이 관계는 처음부터 좀 애매했다. 무엇보다 둘 중 누가 스폰서이고 프로테제인지 명확히 구분할 수 없었다. 스컬리를 고용한 쪽은 잡스였지만, 스컬리는 그보다 나이도 많고 경험도 풍부한 데다 원칙적으로 직위 또한 높았다. 잡스는 스컬리가 자신을 리더의 재목으로 키워 주길 바랐다.

현재의 관점에서 확실한 것은 두 사람 모두 스폰서-프로테제 관계를 잘못 이해하고 진행시켰다는 점이다. 처음에 그들은 서로의 뛰어난 재능에 감탄을 연발했다. "내 인생에서 가장 놀라운 저녁이었습니다." 초창기에 진행한 스컬리와의 미팅에서 잡스는 말했다. "배울 점이 정말 많은 분이네요. 당신은 단연코 제가 만난 사람 중에 최고의 경영자입니다." 스컬리 또한 '이 젊고 열정적인 천재'에게 '홀딱 반해 버렸다'고 말했다.[39]

하지만 이러한 열의에도 불구하고 두 사람은 시간을 들여 상대방을 진정으로 알아 가는 데 실패했다. 다시 말해서 그들은 상대의 성과와 충성심을 제대로 검증하지 못했다. 초반의 불같은 열정이 사그라지자, 잡스와 스컬리는 이내 서로가 애플의 미래에 대해 결코 합의할 수 없는 의견을 가진 '극단적 반대파'라는 사실을 깨달았다.

자신을 키워 준 사람을 배신하다

1985년 무렵, 스컬리가 훌륭한 제품 디자인에 대한 잡스의 열정을 이해하지 못한다는 것이 분명해졌다. 게다가 그는 잡스에게 부족한 기술을 메워 주지도 못했고, 자신만의 강점인 효율적이고 절제된 경영 스타일을 제대로 살리지도 못했다. 시장에 출시된 매킨토시의 판매율은 매우 저조했으며 IBM의 PC 시장 점유율은 나날이 높아져만 갔다.[40]

스컬리와 잡스의 갈등이 공론화되자 이사회는 스컬리의 손을 들어 주었다. 그 결과 잡스는 제 손으로 세운 회사의 경영에서 손을 떼야 하는 처지가 되었다. 프로테제의 배신은 이것으로 끝이 아니었다. 잡스가 회사를 떠난 뒤, 이제 스컬리의 회사가 된 애플은 잡스가 새로운 사업조차 진행하지 못하도록 그를 고소하기에 이르렀다.[41]

스컬리의 애플은 초창기의 혁신에 매달려 몇 년간 좋은 시절을 누렸다. 하지만 얼마 못 가 시장 점유율과 매출이 꾸준히 하락하기 시작했다. 이사회는 결국 스컬리를 내쳤지만, 애플의 몰락은 끝이 보이지 않았다. 1996년 애플은 자신들이 개발에 큰 폭으로 기여한 PC 시장에서 고작 4%의 시장 점유율을 간신히 유지했고, 연 손실 규모는 약 10억 달러에 달했다.[42]

애플의 성공 신화를 지속하고 잡스의 리더십 역량을 개발하기 위해 영입된 스컬리는 자신의 스폰서를 조직에서 몰아냈을 뿐 아니라 그를 나락으로 떨어뜨리고 말았다.

팀 쿡이 우리에게
말해 주는 것들

1997년 잡스는 다시 애플로 돌아왔다. 처음에는 시간제 자문역으로 있었지만, 얼마 후 정식 CEO로 복귀했다. 그는 아이맥, 아이팟, 아이폰으로 이어지는 신제품을 줄줄이 출시했고 애플은 비로소 오늘날 우리가 아는, 혁신과 영향력, 그리고 수익성 면에서 전 세계 그 어떤 기업도 따라올 수 없는 조직으로 발전하기 시작했다.[43]

잡스는 혼자가 아니었다. 애플에 넘쳐 나는 뛰어난 엔지니어와 디자이너 군단을 차치하고도 그는 1998년부터 자신에게 성과와 충성을 바치고 기술 격차를 메워 주는 한 인재를 곁에 두고 있었다. 바로 그 인재, 팀 쿡은 잡스가 세상을 떠난 지금도 여전히 그의 유산을 강화하기 위해 최선을 다하고 있다.

잡스는 자신의 전기 작가인 월터 아이작슨에게 이런 말을 한 적이 있다. "우리(본인과 팀 쿡)는 함께 일하기 시작했고, 얼마 안 가 저는 그가 자신이 할 일을 정확히 아는 인재라는 확신을 얻었습니다. … 저는 더 이상 여러 가지 일에 신경 쓸 필요가 없었어요. 중요한 일은 그가 와서 상기시켜 줄 테니까요." 아이작슨은 잡스의 발언에 이런 의견을 덧붙였다. "애플에서 그(쿡)의 역할은 잡스의 아이디어를 구현하는 것이었고, 그는 최선을 다해 맡은 임무를 성취했다."[44]

둘의 관계는 시작부터 잡스와 스컬리의 스폰서십과 차원이 달랐다. 잡스는 단순히 쿡의 재능에 반한 것이 아니었다. 그는 프로테제에게 온전한 신뢰를 주기 '전에' 우선 함께 일하며 그를 검증했다. 쿡을 완전히 믿게 된 다음에도 잡스는 여러 해 동안 회사 경영을 직접 맡았다.

쿡은 단순히 충성스럽기만 한 것이 아니었다. 그는 뛰어난 성과 또한 가져왔다. 컴팩에서 공급 총괄 부사장을 지냈던 이력을 바탕으로 쿡은 애플의 재고 확인 기간을 2개월에서 '이틀'로 줄이고, 컴퓨터 생산 공정을 4개월에서 2개월로 줄였으며, 자재 공급처를 100곳에서 24곳으로 줄였다. 여기에 더해 그는 공급자들과의 거래 조건을 애플에 유리한 방향으로 조정하고, 그들 중 상당수가 애플의 제조 공장 근처로 이전하게 만듦으로써 물류 창고의 규모 또한 절반으로 축소했다.[45]

그가 가져온 것은 성과 이상이었다. 게다가 이러한 성취는 잡스 혼자서 절대 실현할 수 없는 것이었다. 공상가형 천재는 대개 안정성이 떨어진다. 잡스는 평소 고압적이고, 무례하며, 무절제하고, 지나친 완벽주의로 조직의 절차에 지장을 초래하는 것으로 유명했다. 반면 쿡은 침착하고, 조직적이며, 팀원들과도 원만히 조화를 이뤘다. 잡스가 애플의 불같은 감성을 담당했다면 쿡은 차분한 이성을 담당했다.

그는 능률적인 조직 운영과 정확한 예산 통제, 비할 데 없이 효율적인 공급망을 통해 잡스가 내놓은 뛰어난 제품과 마케팅 아이디어의 효과를 극대화했다.

수년간 췌장암과 싸워 온 잡스는 2011년 쿡에게 CEO 자리를 이어 달라고 요청했다. 그 무렵 잡스와 개인적으로도 무척 친밀해진 쿡은 그에게 자신의 간을 이식하라고 제안했지만 거절당했다.[46] 그리고 얼마 후 잡스는 세상을 떠났다.

숨을 거두기 전, 잡스는 쿡에게 스스로의 능력을 의심하거나 '잡스라면 어떻게 했을까?'라고 생각하는 것을 피하라고 충고했다.[47] 잡스가 이런 조언을 남기기로 결심한 이유는 매우 인상적이다. 그는 자신의 비전을 충실히 실현해 주리라고 믿을 수 있는 프로테제를 찾아냈고, 오히려 그가 도를 지나칠까 걱정했다. 스폰서의 유산을 이끌어 간다는 것은(스폰서가 적극적으로 활동하고 있을 때 보좌하는 것과 마찬가지로) 그를 맹목적으로 모방하는 것이 아니다. 프로테제는 자기 자신의 지성과 창의성을 동원하여 스폰서의 아이디어와 그가 남긴 유산을 강화해야 한다.

한 분기점에서 다음 분기점으로 나아가는 동안, 쿡은 애플을 혁신적이고 성공적이며 영감을 주는 기업으로 유지시켰다. 그리고 경영과 별개로 잡스가 사람들의 기억 속에 살아남을 수 있도록 최선을 다하고 있다. 그는 자주 잡스의 이야기를 꺼낸다. "잡스의 DNA는 애플의 핵심 정체성입니다." 2017년 2월, 쿡은 이렇게 말했다. "그의 철학은 앞으로도 100년 동안 애플에 살아 있을 것입니다."[48]

지난해 잡스의 생일이 돌아오자 쿡은 트위터에 그와의 추억을 공유하며 잡스가 남긴 말들을 공개했다.[49] 애플이 1000석 규모의 공연 시설을 오픈했을 때, 그는 망설임 없이 잡스의 이름을 붙였다.[50] 2017년 9월에 진행된 아이폰 발매 10주년 기념행사는 잡스의 모습을 담은 영상으로 문을 열었다.[51]

이것이 바로 능력과 충성심을 갖춘 프로테제가 가져다주는 혜택이다. 쿡은 스폰서가 현직에서 물러나고 한참 지난 뒤에도 그가 오랜 세월 헌신했던 조직을 발전시켰고 앞으로 더욱 번영시킬 것이다.

한 세기 동안 살아남은 유산

세상을 바꾸는 학자는 많지 않다. 자신의 이름을 딴 학파를 만들고, 죽은 지 수십 년이 지났는데도 세계 정세에 영향을 미치는 사람은 그보다 훨씬 적다.

이 모든 것을 이뤄 낸 학자가 존 메이너드 케인스다. 그가 수많은 뛰어난 경제학자들 사이에서도 이토록 차별화된 영향력을 행사하게 된 가장 큰 이유는 그가 스폰서로서 자신의 프로테제와 그들의 프로테제를 순차적으로 육성했기 때문이다.

그는 생전에 이미 전문성과 영향력 면에서 세계적인 인물이었다. 케인스가 베르사유조약을 비판하며 1919년 발간한 저서 《평화의 경제적 결과The Economic Consequences of the Peace》는 두 번의 세계대전 사이에 글로벌 경제 정책과 국제 관계를 형성하는 데 큰 역할을 했다.

1930년대 발간한 저서 《고용, 이자, 화폐의 일반이론The General Theory of Employment, Interest and Money》은 정부가 대공황을 종식시킬 프로그램을 가동하고 제2차 세계대전 이후의 핵심적인 경제 정책을 수립하는 데 지대한 영향을 미쳤다. 1944년에는 영국 대표로 브레턴우즈 회의에 참가하여 전후 세계를 규정하는 글로벌 통화 시스템과 무역 시스템을 구축하는 데 일조했다.

1946년 그는 사망했지만 '케인스학파'의 경제 정책은 오늘날까지도 각국 정부의 지도자들에게 중요한 참고 자료가 되고 있다. 나 또한 한 명의 경제학자로서 그의 영향력이 이토록 오래 유지될 수 있었던 가장 큰 이유를 아이디어 자체의 가치 덕분이라고 생각한다. 하지만 그 빛나는 아이디어가 시간의 흐름에 따라 더욱 큰 영향력을 얻을 수 있었던 것은 그가 프로테제를 양성하고, 그 프로테제가 또 다른 프로테제들을 키워 냈기 때문이다.

10장에서 다뤘던 존 이트웰 케임브리지대학교 경제학과 교수(겸 퀸스칼리지 총장)는 이렇게 말했다. "케인스는 늘 자신의 네트워크 안에 있는 사람들을 챙겼습니다. 그들에게 케임브리지에서 자리를 얻을 수 있다는 확신을 주었죠."

이트웰은 케인스가 키운 두 명의 프로테제, 리처드 칸Richard Kahn과 조앤 로빈슨Joan Robinson에 대해 얘기했다. 케인스는 두 경제학자가 케임브리지에서 자리를 잡도록 힘썼고, 그들은 차례로 신케인스학파의 바탕인 '수요 주도형' 경제 성장의 이론적 기반을 확립했다.

이와 더불어 칸과 로빈슨은 다음 세대를 위한 다리를 놓았다. 자신의 프로테제를 육성하기 시작한 것이다. 로빈슨은 당시 케임브리지에서 박사 과정을 밟고 있던 아마르티아 센Amartya Sen의 논문을 지도했다. 훗날 센은 인도의 국립대학인 델리대학교를 거쳐 MIT, UC버클리, 런던정경대학, 하버드대학교, 옥스퍼드대학교에서 학생들을 가르쳤고, 노벨 경제학상을 수상했다. 로빈슨의 또 다른 제자인 만모한 싱Manmohan Singh은 인도 총리가 되어 2008년 정치적 혼란에 빠진 나라를 이끌었다.[52] 케임브리지에서 받은 교육과 총리라는 지위 덕분에 싱은 국가적 위기에 케인스학파의 지혜를 빌려 대응했을 뿐 아니라 이러한 접근법을 정책화시켰다.[53]

또한 칸은 이탈리아의 경제학자 루이지 파지네티를 프로테제로 영입하여 케임브리지에 데려왔다. 파지네티는 존경받는 이론가이자 뛰어난 교수로 자리 잡았고, 수십 년 동안 케임브리지 교수진의 핵심 구성원으로 활동했다. 존 이트웰은 그의 프로테제 중 한 명이었다.

이트웰은 학계와 공직을 통해 케인스의 아이디어가 그의 이론에 호의적이지 않았던 마거릿 대처와 레이건 시대를 거쳐 살아남는 데 기여했다. 자기 자신의 프로테제들 덕에 케임브리지와 하버드에서의 입지 또한 지속적으로 유지했으며, 1990년대부터는 영국 상원의 노동당 대변인으로 활동하기도 했다.[54]

2008년 글로벌 금융 위기 때 케인스의 아이디어를 되살리려는 움직임이 광범위하게 일어났던 배경에는 이트웰을 비롯하여 케인스가 키웠던 프로테제의 프로테제들이 있었다. 당시 영국에서 재무장관을 지냈던 앨리스터 달링Alistair Darling은 당시 정부의 위기 대응 정책이 '다른 나라들과 마찬가지로 케인스의 아이디어에서 영향을 받았다'고 밝혔다.[55]

당신의 유산을 지키고 계속해서 인재를 양성할 프로테제를 찾는 것. 이것이 바로 당신이 사후 70년에도 해당 분야에서 영향력을 유지하는 방법이다.

마지막 장에서 유명한 스폰서-프로테제 사례들을 다루기로 결정한 것은 그들이 각자의 방식으로 스폰서들이 열망했던 가장 높은 성취를 이뤄 냈기 때문이다. 어떤 이는 세계적인 기업을 훌륭히 이끌고 적절한 후계자에게 성공적으로 배턴을 넘겼으며, 어떤 이는 세대를 거쳐 가며 글로벌 경제를 이끄는 학파를 만들어 냈다.

이 책의 독자 중 일부는 아직 경력의 시작 단계에 있을지도 모른다. 세상 모든 사람이 대기업을 이끌거나 세계 경제 정책에 영향을 미치는 학파를 만들겠다고 마음먹는 것도 아니다. 하지만 어떤 직위에 있든, 어떤 상황에 처해 있든 간에 성공적인 스폰서십을 이끌어 낸 사람은 보다 더 높은 자리와 확고한 유산을 기대할 수 있다. 당신이 중간 관리자든 최고 경영진이든, 당신의 고객과 팀과 조직을 성공으로 이끄는 가장 좋은 방법은 신뢰할 수 있는 프로테제와 책임을 공유하는 것이다.

당신이 은퇴를 하거나 지금까지와 다른 분야에서 새로운 경력을 시작한다 해도(조직 내에서 새로운 업무를 맡든, 다른 기업으로 이직하든, 아예 낯선 분야에 뛰어들든) 이러한 사실은 변하지 않는다. 만약 또 다른 도전을 시작하게 된다 해도 당신의 과거 프로테제는 향후 수십 년 동안 소중한 동료이자 동맹이 되어 줄 것이다.

확고한 직업적 유산은 스폰서와 프로테제가 함께 걷는 여정의 종착역이지만, 그것이 스폰서십의 유일한 가치는 아니다. 이 책의 각 장에 제시된 매뉴얼은 은퇴 후의 유산 확립 이전에 누릴 수 있는 스폰서십의 여러 가지 이점을 로드맵 형식으로 담고 있다. 스폰서는 직업적 성과와 조직의 발전을 기대할 수 있으며, 가치 있는 인재를 발굴하고 육성했다는 만족감 또한 얻을 수 있다.

세상을 바꾸고자 하는 사람이라면 누구나 뛰어난 후배들을 지원함으로써 보상을 받을 수 있다. 이 책의 매뉴얼을 잘 따라간다면, 당신의 영향력을 확대하고, 필요할 때 곁을 지켜 주며, 부족한 기술을 메워 주는 프로테제를 키울 수 있을 것이다. 프로테제는 바로 '당신'의 성공을 가속화하고 현재 몸담고 있는 분야에서 더 빨리, 더 멀리 나아갈 수 있도록 조력을 제공할 것이다.

마지막으로 스폰서십은 '상호 교환적인 관계'라는 사실을 다시 한번 강조하고 싶다. 스폰서-프로테제 관계는 분명 직업적인 거래지

만, 그 바탕에는 둘 모두의 성장을 추구하는 우호적인 관계가 깔려
있다. 프로테제는 당신이 제공한 투자로 큰 혜택을 받을 것이며 그
이익은 조직 전체에 영향을 미칠 것이다.

이것은 분명히 커다란 보상이다. 이러한 이익을 얻기 위해서는 진
지한 노력을 기울일 필요가 있다. 그 노력을 지금 당장 시작해 보는
것은 어떨까?

후배 하나 잘 키웠을 뿐인데

감사의 말

이 책은 나에게도 특별히 중요한 의미를 지닌다. 조건의 차이(성별과 인종, 문화적 차이부터 전문 분야의 차이에 이르기까지)를 막론하고 성공적인 커리어의 지름길이 되는 스폰서십의 힘을 입증하기 위해 지난 10년간 진행한 연구와 각종 저술 활동을 집대성한 결과물이기 때문이다. 게다가 원고를 집필하던 중에 나는 1년 동안 심각한 건강 문제를 겪었다. 그런 의미에서 나를 이끌어 주고 지탱해 준 이들에게 감사를 전할 수 있다는 것은 매우 뜻 깊은 일이다. 나의 완벽한 가족(남편과 아이들, 그리고 손주들)은 늘 넘치는 사랑과 함께 내 곁을 지켜 주었다. 뛰어난 기술과 판단력, 그리고 지혜로 내 건강을 되돌려 준 메모리얼 슬론 케터링Memorial Sloan Kettering 암센터의 의료진에게도 감사 인사를 전하고 싶다.

이 외에도 커다란 감사의 빚을 진 사람들에게 인사를 하고 싶다.

- 훌륭한 편집 능력으로 이 책의 탄생에 기여한 댄 호치Dan Horch와 넬 케이시Nell Casey.
- 인재혁신센터의 이사회, 경영진 및 세계적인 수준의 연구 팀 구성원들.
- 일대일 인터뷰에 귀중한 시간을 할애하며 스폰서십의 효과를 극대화하기 위해 필요한 전술과 도구들을 상세히 알려 준 40명 이상의 기업 경영진들. 그들의 소탈하고 정직한 목소리는 이 책 전체에 숨결을 불어넣었다.
- 《하버드비즈니스리뷰》의 뛰어난 편집부. 그중에서도 멀린다 메리노Melinda Merino, 코트니 캐시먼Courtney Cashman, 제니퍼 워링Jennifer Waring에게 깊은 감사를 전한다. 이 책은 하버드비즈니스리뷰 팀과 함께 출간한 다섯 번째 책이다. 내 인생에 이보다 더 멋진 경험은 없을 것이다.
- 이 책의 홍보를 맡아 준 로이스 칼튼의 로버트 레빈슨Robert Levinson과 헬렌 추르코Helen Churko. 두 사람 덕분에 이 책의 핵심적인 메시지가 더 널리 전파될 수 있었다.

서문: 지금 당신 뒤에는 누가 있는가?

1 Mark Anthony Green, "Meet Maverick Carter, the Man Behind LeBron's Billion-Dollar Nike Deal," *GQ Style*, May 17, 2016, https://www.gq.com/story/lebron-james-nike-deal-bilion-maverick-carter.

1장 당신에게는 '내 사람'이 있는가

2 인재혁신센터는 2010년부터 스폰서십의 가치라는 연구 분야에서 지극히 중요한 역할을 선도해 왔다. 현재까지 발표된 연구 자료 목록은 다음과 같다. "The Sponsor Effect: Breaking Through the Glass Ceiling" (*Harvard Business Review* research report, 2010); "The Relationship You Need to Get Right" (*Harvard Business Review* article, 2011); "Sponsor Effect: UK" (Center for Talent Innovation report, 2012); "Sponsor Effect 2.0" (Center for Talent Innovation report, 2012); "Vaulting the Color Bar" (Center for Talent Innovation report, 2013); *Forget a Mentor, Find a Sponsor* (Harvard Business Review Press book, 2014); *Growing Global Executives* (Center for Talent Innovation book, 2015); and "Sponsor Effect Canada" (Center for Talent Innovation report, 2016). The survey underlying this book was fielded by NORC at

the University of Chicago. It was conducted online and over the phone in January 2018 among 3,213 respondents (half men half women) between the ages of 21 and 65, who were currently employed in white-collar occupations and had at least a bachelor's degree. Data is weighted to be representative of the US population on key demographics (age, sex, education, race/ethnicity, etc.).

3   Sylvia Ann Hewlett, with Kerrie Peraino, Laura Sherbin, and Karen Sumberg, "The Sponsor Effect: Breaking Through the Last Glass Ceiling," *Harvard Business Review* research report, December 2010.

4   Steve Goldstein, "Sheryl Sandberg Leans In for Larry Summers," MarketWatch, July 31, 2013, http://blogs.marketwatch.com/capitolreport /2013/07/31/sheryl-sandberg-leans-in-for-larry-summers/; Sheryl Sandberg, "Larry Summers' True Record on Women," *Huffington Post*, May 25, 2011, https://www. huffingtonpost. com/sheryl-sandberg/what-larry-summers-has-do_b_142126.html.

5   Peter Fearon, "Condi Now: The Cost of Loyalty," Newser, September 3, 2007, http://www.newser.com/story/6844/condi-now-the-cost-of-loyalty.html.

6   Dana Hughes, "Georg W. Bush's Legacy on Africa Wins Praise, Even from Foes," ABC News, April 26, 2013, http://abcnews.go.com/blogs/politics/2013/04/ george-w-bushs-legacy-on-africa-wins-praise-even-from-foes/.

2장 스폰서십, 한계를 이겨 낸 리더들의 원칙

7   United States Department of Education, "Bachelor's, Master's, and Doctor's Degrees Conferred by Postsecondary Institutions, by Sex of Student and Discipline Division: 2013-14," Institute of Education Sciences, National Center for Education Statistics, https://nces.ed.gov/programs/digest/d15/tables/dt15_318.30. asp?current=yes; United States Department of Education, "Bachelor's Degrees Conferred by Postsecondary Institutions, by Race/Ethnicity and Sex of Student: Selected Years, 1976-77 through 2014-15," Institute of Education Sciences, National Center for Education Statistics, https://nces.ed.gov/programs/digest/ d16/tables/dt16_322.20.asp?current=yes; United States Department of Education,

"Master's Degrees Conferred by Postsecondary Institutions, by Race/Ethnicity and Sex of Student: Selected Years, 1976–77 through 2014–15," Institute of Education Sciences, National Center for Education Statistics, https://nces.ed.gov/programs/digest/d16/tables/dt16_323.20.asp?current=yes; United States Department of Education, "Doctor's Degrees Conferred by Postsecondary Institutions, by Race/Ethnicity and Sex of Student: Selected Years, 1976–77 through 2014–15," Institute of Education Sciences, National Center for Education Statistics, https://nces.ed.gov/programs/digest/d16/tables/dt16_324.20.asp?current=yes.

8   Equal Employment Opportunity Commission, "2015 Job Patterns for Minorities and Women in Private Industry (EEO-1)," US Equal Employment Opportunity Commission, https://www1.eeoc.gov/eeoc/statistics/employment/jobpat-eeo1/2015/index.cfm#select_label.

9   Valentina Zarya, "Female *Fortune* 500 CEOs Are Poised to Break This Record in 2017," Fortune, December 22, 2016, http://fortune.com/2016/12/22/female-fortune-500-ceos-2017/; "Black *Fortune* 500 CEOs Decline by 33%," Diversity Inc., June 30, 2015, http://bestpractices.diversityinc.com/ talent-management/shortfalls-and-bias-driven-discrepancies-war-for-talent/black-fortune-500-ceos-decline-by-33-in-past-year/.

10 Sylvia Ann Hewlett, with Kerrie Peraino, Laura Sherbin, and Karen Sumberg, "The Sponsor Effect: Breaking Through the Last Glass Ceiling," *Harvard Business Review* research report, December 2010.

11 Sylvia Ann Hewlett, Melinda Marshall, and Laura Sherbin, *Sponsor Effect 2.0: Road Maps for Sponsors and Protégés* (New York: Center for Talent Innovation, 2012).

12 "The Sponsor Effect"

13 "The Sponsor Effect"; *Sponsor Effect* 2.0; Sylvia Ann Hewlett and Ripa Rashid, *Growing Global Executives: The New Competencies* (New York: Center for Talent Innovation, 2015); Sylvia Ann Hewlett, Todd Sears, Karen Sumberg, and Christina Fargnoli, *The Power of "Out" 2.0: LGBT in the Workplace* (New York, Center for Talent Innovation, 2013).

14 Unpublished data from Hewlett, *Sponsor Effect 2.0*.

3장 잘 키운 후배가 당신에게 가져다줄 보상들

15 그의 이름은 티거르 티아가라잔의 요청으로 공개하지 않았다.

16 Sheelah Kolhatkar, "Mayor Bloomberg's Delicate Condition," *Entrepreneur*, December 8, 2008, https://www.entrepreneur.com/article/199110.

5장 STEP2: 전혀 다른 성향의 인재를 주목하라

17 Tom Kludt, "News Anchor Joins Lawsuit Alleging Racial Discrimination, Harassment at Network," CNN Business, April 26, 2017, http://money.cnn.com/2017/04/25/media/fox−news−racial−discrimination−lawsuit/index.html.

18 Jordan Bryan, "Connector Managers Drive Service Rep Productivity," Gartner, October 24, 2018, https://www.cebglobal.com/blogs/corporate−hr−howgenpact−retains−new−mothers−on−its−workforce/; Saumya Bhattacharya, "Career 2.0: Genpact Gives Women on Break a Chance to Comeback," *Economic Times*, July 7, 2015, https://economictimes.indiatimes.com/jobs/career−2−0−genpactgives−women−on−break−a−chance−to−comeback/articleshow/47965854.cms; Shubhra Rishi, "How Genpact Is Addressing the Gender Imbalance in Their IT Workforce," *CIO & Leader*, February 28, 2017, http://www.cioandleader.com/article/2017/02/28/how−genpact−addressing−gender−imbalance−their−itworkforce.

19 Sylvia Ann Hewlett, Melinda Marshall, and Laura Sherbin, with Tara Gonsalves, *Innovation, Diversity, and Market Growth* (New York: Center for Talent Innovation, 2013).

7장 STEP4: 부족한 것이 있다면 훈련시켜라

20 Sylvia Ann Hewlett, Melinda Marshall, and Laura Sherbin, with Tara Gonsalves, *Innovation, Diversity, and Market Growth* (New York: Center for Talent Innovation, 2013).

9장 STEP6: 이것은 거래다, 그것도 아주 철저한

21 Nicholas Fandos and Maggie Haberman, "Ronny Jackson, Failed V.A. Pick, Is Unlikely to Return as Trump's Doctor," *New York Times*, April 29, 2018, https:// www.nytimes.com/2018/04/29/us/politics/ronny-jackson-trump-whitehouse. html.

10장 STEP7: 3가지 투자법으로 호혜의 고리를 만들어라

22 "Working Mother Names #1 Best Company for Moms: Unilever," AP News, September 25, 2018, https://apnews.com/15bc42aa583244178538e5af0a39d8e5.

12장 #미투를 넘어서면 얻을 수 있는 것들

23 Center for Talent Innovation, *What #MeToo Means for Corporate America* (New York, 2018), 14-15.

24 위의 책, 26.

25 *What #MeToo Means for Corporate America*.

26 Brandon N. Cline, Ralph A. Walkling, and Adam S. Yore, "The Consequences of Indiscretions: Sex, Lies, and Firm Value," *Journal of Financial Economics* (forthcoming), https://papers.ssrn.com/sol3/papers .cfm?abstract_id=1573327.

27 Julie Creswell, Kevin Draper, and Rachel Abrams, "At Nike, Revolt Led by Women Leads to Exodus of Male Executives," *New York Times*, April 28, 2018, https:// www.nytimes.com/2018/04/28/business/nike-women.html.

28 *What #MeToo Means for Corporate America*, 55.

29 Claire Cain Miller, "Unintended Consequences of Sexual Harassment Scandals," *New York Times*, October 9, 2017, https://www.nytimes.com/2017/10/09/upshot/

as−sexual−harassment−scandals−spook−men−it−can−backfire−forwomen.
html?_r=0.

30 위와 같음.

31 Sylvia Ann Hewlett, Melinda Marshall, and Laura Sherbin, with Tara Gonsalves, *Innovation, Diversity, and Market Growth* (New York: Center for Talent Innovation, 2013), 19.

32 Andrea Turner Moffett, *Harness the Power of the Purse* (Los Angeles: Rare Bird Books, 2015).

33 Peter Beaumont, "The Sphinx," *Guardian*, April 3, 2004, https://www .theguardian. com/world/2004/apr/04/september11.usa; Paul Harris, "How Condoleezza Rice Became the Most Powerful Woman in the World," *Guardian*, January 15, 2005, https://www.theguardian.com/world/2005/jan/16/usa.paulharris1;Sheryl Gay Stolberg, "Dinner with Rice," *New York Times*, January18, 2009, https://thecaucus. blogs.nytimes.com/2009/01/18/dinner−with−rice/.

34 Ian Ayres and Cait Unkovic, "Information Escrows," *University of Michigan Law Review* 111, no. 2 (2012); Daniel Zielinski, "Apps Bypass HR to Send Harassment Reports Directly to Senior Leaders," Society for Human Resource Management, February 12, 2018, https://www.shrm.org/resourcesandtools/hrtopics/technology/pages/apps−bypass−hr−to−send−harassment−reports−directly−tosenior−leaders.aspx.

13장 사람, 리더가 남길 수 있는 최고의 유산

35 Spencer Stuart, "Select Insights from the 2017 Spencer Stuart S&P 500 CEO Study," April 2017.

36 위와 같음.

37 Walter Isaacson, *Steve Jobs* (New York: Simon and Schuster, 2011), 92.

38 위의 책, 148.

39 위의 책, 150-153.

40 위의 책, 194-195.

41 위의 책, 217.

42 위의 책, 296.

43 Kurt Badenhausen, "Apple Heads the World's Most Valuable Brands of 2017 at $170 Billion," *Forbes*, May 23, 2017, https://www.forbes.com/sites/kurtbadenhausen/2017/05/23/apple-heads-the-worlds-most-valuable-brands-of-2017-at-170-billion.

44 Walter Isaacson, *Steve Jobs* (New York: Simon and Schuster, 2011), 359-360.

45 위와 같음.

46 "Steve Jobs Rejected Liver Transplant Offer from Tim Cook," *Guardian*, March 13, 2015, https://www.theguardian.com/technology/2015/mar/13/steve-jobs-rejected-liver-transplant-offer-from-tim-cook.

47 Daisuke Wakabayashi, "Tim Cook's Vision for 'His' Apple Begins to Emerge," *Wall Street Journal*, July 7, 2014, https://www.wsj.com/articles/ tim-cooks-apple-takes-shape-1404757939.

48 Arjun Kharpal, "Apple's Tim Cook: Steve Jobs' Philosophy Will Be at Apple in 100 Years," CNBC.com, February 9, 2017, https://www.cnbc.com/2017/02/09/apple-ceo-tim-cook-steve-jobs-philosophy-will-be-at-apple-in-100-years.html.

49 Jonathan Vanian, "Apple CEO Tim Cook Shares Words of Wisdom from Steve Jobs," *Fortune*, February 24, 2017, http://fortune.com/2017/02/24/apple-ceo-tim-cook-steve-jobs/.

50 Mike Wuerthele, "Apple Park's Campus Auditorium Named 'Steve Jobs Theater,' Opens Later in the Year," AppleInsider, February 22, 2017, http://appleinsider.com/articles/17/02/22/apple-parks-campus-auditorium-named-steve-jobs-theater-opens-later-in-year.

51 Jena McGregor, "Steve Jobs Still Looms Large at Apple. Tim Cook Seems Just Fine with That," *Washington Post*, September 13, 2017, https://www.washingtonpost.

com/news/on−leadership/wp/2017/09/13/steve−jobs−still−loomed−large−atapples−big−event−tim−cook−seems−just−fine−with−that/?utm_term=.9342efbc62d3.

52 Mark Tully, "Architect of the New India," *Cambridge Alumni Magazine*, Michaelmas 2005.

53 Manmohan Singh, speech at G20 Meeting, *Hindustan Times*, November 16, 2008, https://www.hindustantimes.com/business/manmohan−singh−s−speechat−g20−meet/story−CSEJcziMIepsfELSKrcleO.html.

54 "Labour's New Front Bench Team," Labour website, https://web.archive.org/web/20110809174053/http://www2.labour.org.uk/labours−new−frontbench−team.

55 Alistair Darling, *Back from the Brink: 1,000 Days at Number 11* (London: Atlantic Books, 2011), 177.

후배 하나 잘 키웠을 뿐인데